二手车鉴定评估与交易一本通

宁德发 主编

化学工业出版社
·北京·

本书主要内容包括汽车基本知识、二手车鉴定评估基础知识、二手车现场鉴定、二手车价格评估、事故车损失评估、二手车交易等，内容全面，实用性强，既有一定的理论深度，又有较强的实践性，有助于提高读者的专业水平和解决实际问题的能力。

本书可作二手车鉴定评估专业人员的培训教材和学习二手车交易知识的参考书，也可作职业院校汽车类专业的教材。

图书在版编目（CIP）数据

二手车鉴定评估与交易一本通/宁德发主编．—北京：化学工业出版社，2017.3（2020.11重印）

ISBN 978-7-122-29015-1

Ⅰ.①二… Ⅱ.①宁… Ⅲ.①汽车-鉴定②汽车-价格评估 Ⅳ.①U472.9②F766

中国版本图书馆CIP数据核字（2017）第024117号

责任编辑：陈景薇	文字编辑：冯国庆
责任校对：王素芹	装帧设计：王晓宇

出版发行：化学工业出版社(北京市东城区青年湖南街13号 邮政编码100011)
印　　装：大厂聚鑫印刷有限责任公司
787mm×1092mm 1/16 印张15 字数389千字 2020年11月北京第1版第5次印刷

购书咨询：010-64518888　　　　　　　售后服务：010-64518899
网　　址：http://www.cip.com.cn

凡购买本书，如有缺损质量问题，本社销售中心负责调换。

定　价：49.00元　　　　　　　　　　　　　　　　　　　　版权所有　违者必究

前言 FOREWORD

　　随着我国汽车行业的蓬勃发展，汽车产销量连续多年持续增长，汽车已经走进我国普通家庭。一方面，许多人要购买新车，原来的旧车就需要卖出；另一方面，许多人因为各种原因选择购买二手车。我国的二手车市场逐渐走向繁荣，前景十分广阔，但同时也存在很多问题亟待解决。在此背景条件下，二手车鉴定评估师成为市场稀缺的热门职业之一。现阶段二手车鉴定评估师人才培养与二手车行业的发展需要脱节，人才缺乏问题严重，加强二手车鉴定评估人才的培养势在必行。为此，我们编写了此书。

　　本书共六章，内容包括汽车基本知识、二手车鉴定评估基础知识、二手车现场鉴定、二手车价格评估、事故车损失评估及二手车交易。

　　本书内容全面，实用性强，既有一定的理论深度，又有很强的实践性，有助于提高读者的专业水平和解决实际问题的能力。本书可作二手车鉴定评估专业人员的培训教材和学习二手车交易知识的参考书，也可作职业院校汽车类专业的教材。

　　本书由宁德发主编，参与编写的人员还有杨晓、荣星、郭芃、杜岳、于振斌、许洁、张宁、张祎、张金玉、张静、李良军、肖利萍、李艳飞、李凌、孙雨安、孙莉媛、李丹、宋立音、白雅君。

　　由于笔者的经验和学识有限，虽然尽心尽力编写，但难免有不足之处，敬请广大读者批评指正。

编　者

目录 CONTENTS

第1章　汽车基本知识　　1

1.1　汽车的分类 1
1.2　汽车型号编制规则 2
1.3　发动机型号编制规则 6
　　1.3.1　发动机型号组成 7
　　1.3.2　发动机型号编制举例 8
1.4　车辆识别代号 9
　　1.4.1　车辆识别代号的定义 9
　　1.4.2　车辆识别代号的基本内容 10
　　1.4.3　车辆识别代号的作用 13
1.5　汽车的主要技术参数和性能指标 15
　　1.5.1　汽车的主要技术参数 15
　　1.5.2　汽车的主要性能指标 21
1.6　汽车经济使用寿命 23
　　1.6.1　汽车经济使用寿命的意义 24
　　1.6.2　汽车经济使用寿命的指标 24
　　1.6.3　影响汽车经济使用寿命的因素 25

第2章　二手车鉴定评估基础知识　　27

2.1　二手车鉴定评估概念认知 27
2.2　二手车鉴定评估机构 31
2.3　二手车鉴定评估前期准备工作 32

第3章　二手车现场鉴定　　35

3.1　证件核对 35
　　3.1.1　二手车的法定证件 35
　　3.1.2　二手车各种税费单据 39
3.2　二手车技术状况的静态检查 43
　　3.2.1　静态检查中的识伪检查 44
　　3.2.2　静态检查中的外观检查 45

3.3 二手车技术状况的动态检查 ... 58
   3.3.1 无负荷时的工况检查 ... 58
   3.3.2 路试检查 ... 59
   3.3.3 路试后检查 ... 62
3.4 二手车技术状况的仪器检查 ... 62
   3.4.1 汽车动力性检测 ... 62
   3.4.2 转向系统检测 ... 65
   3.4.3 汽车制动性检测 ... 65
   3.4.4 车轮侧滑检测 ... 67
   3.4.5 四轮定位检测 ... 69
   3.4.6 前照灯技术状况检测 ... 71
   3.4.7 汽车污染检测 ... 73
3.5 二手车拍照 ... 78
   3.5.1 二手车拍照的技术要求 ... 78
   3.5.2 二手车拍照的一般要求与拍照位置 ... 78

第4章 二手车价格评估 / 80

4.1 二手车价格评估基础知识 ... 80
   4.1.1 二手车价格评估的假设条件 ... 80
   4.1.2 二手车价格评估的计价标准 ... 81
   4.1.3 二手车价格评估的类型和方法 ... 82
   4.1.4 二手车价格评估方法的比较与选择 ... 82
4.2 车辆的损耗与贬值 ... 84
   4.2.1 车辆的有形损耗与贬值 ... 84
   4.2.2 车辆的无形损耗与贬值 ... 86
4.3 车辆损耗的指标及计算方法 ... 91
   4.3.1 车辆损耗的指标参数 ... 91
   4.3.2 车辆成新率的计算方法 ... 93
4.4 二手车评估方法及实例分析 ... 108
   4.4.1 二手车评估方法 ... 108
   4.4.2 二手车评估实例分析 ... 121
4.5 二手车鉴定评估报告及案例 ... 130
   4.5.1 二手车鉴定评估报告 ... 130
   4.5.2 二手车鉴定评估报告案例 ... 134

第5章 事故车损失评估 / 141

5.1 车辆碰撞事故损坏 ... 141
   5.1.1 车辆碰撞事故的分类及特征 ... 141
   5.1.2 车辆碰撞机理 ... 142
   5.1.3 车辆碰撞损伤类型 ... 145
5.2 碰撞损伤的诊断与测量 ... 148
   5.2.1 车辆碰撞损伤影响因素 ... 148
   5.2.2 碰撞对不同车身结构的影响 ... 148
   5.2.3 车辆碰撞损伤的检查 ... 150
5.3 主要零部件损伤评估 ... 155

  5.3.1 车身前部及后部损伤评估 ………………………………………………… 155
  5.3.2 车身其他板件损伤评估 …………………………………………………… 159
  5.3.3 机电设备及总成损伤评估 ………………………………………………… 162
  5.3.4 漆面修整费用评估 ………………………………………………………… 166
 5.4 汽车水灾损失分析 ……………………………………………………………… 167
 5.5 汽车火灾损失分析 ……………………………………………………………… 168
 5.6 汽车修理工时费用的确定 ……………………………………………………… 169
  5.6.1 汽车的修理与更换工件 …………………………………………………… 169
  5.6.2 作业工时 …………………………………………………………………… 170
 5.7 车辆损伤评估报告的撰写 ……………………………………………………… 173

第6章 二手车交易 / 176

 6.1 二手车交易知识 ………………………………………………………………… 176
  6.1.1 合法完备的二手车交易过程 ……………………………………………… 176
  6.1.2 二手车交易市场经营者与二手车经营主体 ……………………………… 176
  6.1.3 二手车交易的相关规定及意义 …………………………………………… 177
  6.1.4 常见的二手车交易模式 …………………………………………………… 179
 6.2 二手车交易程序 ………………………………………………………………… 184
 6.3 二手车交易过户业务 …………………………………………………………… 186
 6.4 办理车辆转移登记手续 ………………………………………………………… 190
  6.4.1 二手车办理转移登记所需的手续及证件 ………………………………… 191
  6.4.2 同城车辆所有权转移登记 ………………………………………………… 192
  6.4.3 异地车辆所有权转移登记 ………………………………………………… 195
 6.5 办理其他税、证变更 …………………………………………………………… 198
  6.5.1 车辆购置税的变更 ………………………………………………………… 198
  6.5.2 车辆保险合同的变更 ……………………………………………………… 199
 6.6 二手车交易合同 ………………………………………………………………… 200
 6.7 二手车经销 ……………………………………………………………………… 209
  6.7.1 二手车收购定价 …………………………………………………………… 209
  6.7.2 二手车销售定价 …………………………………………………………… 212
  6.7.3 二手车置换 ………………………………………………………………… 216
 6.8 二手车交易案例 ………………………………………………………………… 220

附录1 机动车强制报废标准规定 / 223

附录2 二手车交易规范 / 226

参考文献 / 234

第1章
汽车基本知识

 1.1 汽车的分类

根据《汽车和挂车类型的术语和定义》(GB/T 3730.1—2001)和《机动车辆及挂车分类》(GB/T 15089—2001),并结合我国汽车工业的发展状况,将汽车分为乘用车与商用车两大类。各国在车型细分上没有统一的标准。对于乘用车和商用车之下的细分类是根据我国自身特点进行划分的,具体情况如下。

(1) 乘用车 在其设计和技术特征上主要用于载运乘客及其随身行李或临时物品的汽车,包括驾驶员座位在内最多不超过9个座位,它也可以牵引一辆挂车。

与旧分类相比,乘用车涵盖了轿车、微型客车以及不超过9座的轻型客车,而载货汽车与9座以上的客车不属于乘用车。有一类特殊情况,即因为部分车型如金杯海狮同一长度的车既有9座以上的,又有9座以下的,在实际统计中,将其车型全部列为商用车。

乘用车下细分为基本型乘用车、多功能车、运动型多用途车及交叉型乘用车四类,这是根据现阶段我国汽车工业发展的特点进行区别划分的。

① 基本型乘用车 它的概念大致等同于旧标准中的轿车,但在统计范围上又不完全等同于轿车,这种区别主要在于将旧标准轿车中的部分非轿车品种,如GL8、奥德赛、切诺基排除在基本型乘用车外,而将原本属于轻型客车中的"准轿车"列入了基本型乘用车统计,因为这些特殊的车型产销数量不是很多,对于分析基本型乘用车的市场发展趋势影响不大。

② 多功能车(MPV) 与后面提到的运动型多用途车一样,均属于近年来行业引进的外来称呼,它是集轿车、旅行车和厢式货车的功能于一身,车内每个座椅都可以调节,并有多种组合方式,前排座椅可以180°旋转的车型。近年来,该车型已有很多企业在生产,如上海通用的GL8、东风柳州的风行以及江淮的瑞风,而一些企业生产的类似产品在实际统计中可能也列入多功能车统计。该车型在旧标准中部分列入了轿车统计,部分列入了轻型客车统计。

③ 运动型多用途车(SUV) 该车型源自于美国,这类车既可载人,又可载货,行驶范围广泛,驱动方式应为四轮驱动。近几年我国轻型越野车以及在皮卡基础上改装的运动型多用途车发展较快,但在驱动方式上不一定是四轮驱动,行业在分析市场时往往将这几类产品放到一起,本次分类改革也将这几类车型统一归为运动型多用途车类。所以,我国的此类产品范围要广于国外。同时为了方便分析比较,在运动型多用途车下又按照驱动方式不同分为四驱运动型与两驱运动型多用途车。该类车型主要包括长丰猎豹、北京吉普的切诺基、长城赛弗、郑州日产的帕拉丁等。在旧分类中,除了部分切诺基列入轿车中外,其他则列入了轻型客车中。

④ 交叉型乘用车 该车型是指不能列入上述三类的其他乘用车。这部分车型主要指的是旧

分类中的微型客车,现如今新推出的不属于上述三类的车型也列入交叉型乘用车统计。

上述四类车型又分别按照厢门、排量、变速箱的类型及燃料类型进行了细分。

(2)商用车　在设计和技术特征上用来运送人员及货物的汽车,并且可以牵引挂车,乘用车不包括在内。

相对旧分类,商用车包含了所有的载货汽车与9座以上的客车。在旧分类中,整车企业外销的底盘是列入整车统计的;在新分类中,将底盘单独列出,分别为客车非完整车辆(客车底盘)与货车非完整车辆(货车底盘)。商用车分为客车、货车、半挂牵引车、客车非完整车辆以及货车非完整车辆,共5类。

① 客车　在设计和技术特征上用来载运乘客及其随身行李的商用车辆,包括驾驶员座位在内座位数超过9座。

新分类中的客车含义要狭于旧分类中的客车。原因是9座及以下的客车列入了乘用车,底盘单独列出的为客车非完整车辆。

在客车细分类中,先后按照车身长度、用途和燃料类型进行了细分类。因为车身长度是按照米数来细分的,所以统计信息更加详细,按照旧分类中的大、中、轻型客车的划分标准进行归类。列出各用途客车,有助于进行细分市场的分析。

② 货车　一种主要为载运货物而设计和装备的商用车辆,能否牵引挂车都可以。

与新分类的客车类似,新分类的货车含义也狭于旧分类中的货车,对应关系为旧分类中的货车=新分类中的货车+半挂牵引车+货车非完整车辆。

货车是按照总重量、用途及燃料类型来细分的。

③ 半挂牵引车　装备有特殊装置、用于牵引半挂车的商用车辆。

在旧分类中,半挂牵引车是列入载货汽车统计的,没有单独列出;新分类是作为商用车的一大类单独列出的。我国加入WTO后,港口运输量逐渐增加,为半挂牵引车的发展提供了机遇,近年来该车型发展非常快。

对于半挂牵引车,车辆分类依据的重量是基于行驶状态中的半挂牵引车的重量,加上半挂车传递至牵引车上最大垂直静载荷,以及牵引车自身最大设计装载重量(若有的话)的和。

④ 客车非完整车辆　客车非完整车辆指客车底盘,客车非完整车辆按照长度进行细分。

⑤ 货车非完整车辆　货车非完整车辆指货车底盘,货车非完整车辆按照总重量进行细分。

1.2　汽车型号编制规则

为了方便汽车在生产、管理、使用、维修过程中的识别,我国于1988年制定了国家标准《汽车产品型号编制规则》(GB 9417—88),用简单的汉语拼音字母及阿拉伯数字来编号表示国产汽车的企业代号、类型代号、主要特征参数代号、产品序号和企业自定代号等。必要时附加企业自定代号,对于专用汽车和专用半挂车增加专用汽车分类代号,如图1-1所示。

特别提示

汽车型号应表明汽车的生产企业、汽车类型和主要的特征参数、产品序号以及企业自定代号等内容。完整的汽车型号包括企业名称代号、车辆类别代号、主要参数代号、产品序号和企业自定代号这五部分内容。

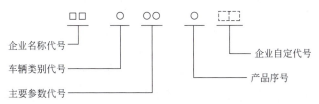

图 1-1 汽车型号组成示意图

□用汉语拼音字母表示；○用阿拉伯数字表示；[ ]用汉语拼音字母或阿拉伯数字表示均可

（1）企业名称代号　企业名称代号位于产品型号的第一部分，用两个字母表示。如 EQ——东风汽车有限公司；CA——第一汽车集团公司；DN——东南汽车工业有限公司；JX——江铃汽车集团有限公司；CQ——重庆红岩汽车有限公司。

（2）车辆类别代号　车辆类别代号表明车辆分属的种类，用一位阿拉伯数字表示。我国的车辆类别代号见表 1-1。

表 1-1　我国的车辆类别代号

车辆类别代号	车辆种类	车辆类别代号	车辆种类
1	载货汽车	5	专用汽车
2	越野汽车	6	客车
3	自卸汽车	7	轿车
4	牵引汽车	8	半挂车及专用半挂车

注：此表也适用于所列车辆的底盘。

（3）主要参数代号　主要参数代号用两位阿拉伯数字表示。

① 载货汽车、越野汽车、自卸汽车、牵引汽车、专用汽车与半挂车的主要参数代号为车辆的总质量（t），牵引汽车的总质量包括牵引座上的最大质量。当总质量在 100t 以上时，允许用 3 位数字表示。

② 客车及半挂车的主要参数代号为车辆长度（m）。当车辆长度小于 10m 时，表示汽车长度的单位是 0.1m。当车辆长度等于或大于 10m 时，表示汽车长度的单位是 m。

③ 轿车的主要参数代号为发动机排量（L），精确到小数点后一位，并以其数值的 10 倍数值表示。

④ 专用汽车及专用半挂车的主要参数代号，当适用定型汽车底盘或定型半挂车底盘改装时，若其主要参数与定型底盘原车的主要参数之差不大于原车的 10%，则沿用原车的主要参数代号。

⑤ 主要参数不足规定位数时，在参数前以"0"占位。

（4）产品序号　产品序号用阿拉伯数字表示，数字由 0、1、2…依次使用。0 代表第一代产品，1 代表第二代产品，以此类推。

当车辆主要参数有变化，但变化不大于原定型设计主要参数的 10% 时，其主要参数代号不变；主要参数的变化大于 10%，则应改变主要参数代号；若因为数字修约而主要参数代号不变时，则应改变其产品序号。

（5）企业自定代号　同一种汽车结构略有变化需要区别时（例如汽油、柴油发动机，长、短轴距，单、双排座驾驶室，平、凹头驾驶室，左、右置方向盘等），可用字母或阿拉伯数字表示，位数也由企业自定。供用户选装的零部件（如暖风装置、收音机、地毯、绞盘等）不属于结构特征变化，不给予企业自定代号。

应用举例如下。

BJ2020S——BJ 代表北京汽车集团有限公司，2 代表越野车，02 代表该车总质量为 2t，0 代表该车为第一代产品，S 代表厂家自定义。

EQ1141——EQ 代表东风汽车有限公司，1 代表载货汽车，14 代表该车总质量为 14t，1 代表该车为第二代产品。

若是专用汽车，则在汽车型号的中间加 3 位"专用汽车分类代号"（包括专用汽车结构特征代号 1 位和专用汽车用途特征代号 2 位），如图 1-2 所示。专用汽车结构特征代号见表 1-2。专用汽车用途特征代号一般采用汉语拼音表示，见表 1-3。

表 1-2 专用汽车结构特征代号

结构特征	厢式汽车	特种结构汽车	罐式汽车	起重举升汽车	专用自卸汽车	仓栅式汽车
代号	X	T	G	J	Z	C

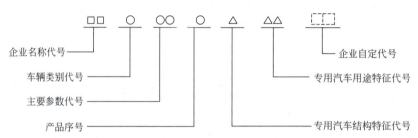

图 1-2 专用汽车型号组成示意图

表 1-3（a） 厢式汽车用途特征代号

术语	汉字缩写	用途特征代号	术语	汉字缩写	用途特征代号
保温车	保温	BW	手术车	手术	SS
殡仪车	殡仪	BY	计划生育车	生育	SY
餐车	餐车	CC	图书馆车	图书	TS
厕所车	厕所	CS	通信车	通信	TX
电视车	电视	DS	厢容可变车	厢变	XB
防疫车	防疫	FY	宣传车	宣传	XC
工程车	工程	GC	消毒车	消毒	XD
化验车	化验	HY	通信指挥消防车 勘察消防车 宣传消防车	消防	XF
警备车	警备	JB			
检测车	检测	JC			
监测车	监测	JE	血浆运输车	血浆	XJ
救护车	救护	JH	修理车	修理	XL
计量车	计量	JL	厢式运输车	厢运	XY
警犬运输车	警犬	JQ	运钞车	运钞	YC
检修车	检修	JX	翼开启厢式车	翼开	YK
勘察车	勘察	KC	仪器车	仪器	YQ
冷藏车	冷藏	LC	邮政车	邮政	YZ
淋浴车	淋浴	LY	X 射线诊断车	诊断	ZD
囚车	囚车	QC	指挥车	指挥	ZH
爆破器材运输车	器运	QY	住宿车	住宿	ZS
伤残运送车	伤残	SC	地震装线车	装线	ZX
售货车	售货	SH			

第1章 汽车基本知识

表 1-3（b） 罐式汽车用途特征代号

术语	汉字缩写	用途特征代号	术语	汉字缩写	用途特征代号
油井液处理车	处理	CL	清洗车	清洗	QX
散装电石粉车	电粉	DF	散装水泥车	水泥	SN
低温液体运输车	低液	DY	洒水车	洒水	SS
粉粒物料运输车	粉料	FL	吸粪车	吸粪	XE
粉粒食品运输车	粉食	FS	水罐消防车 泡沫消防车 供水消防车	消防	XF
供水车	供水	GS			
化工液体运输车	化液	HY			
混凝土搅拌运输车	搅拌	JB	下灰车	下灰	XH
飞机加油车	机加	JJ	吸污车	吸污	XW
加油车	加油	JY	液化气体运输车	液气	YQ
沥青洒布车	沥青	LQ	液态食品运输车	液食	YS
沥青运输车	沥运	LY	运油车	运油	YY
绿化喷洒车	喷洒	PS			

表 1-3（c） 专用自卸汽车用途特征代号

术语	汉字缩写	用途特征代号	术语	汉字缩写	用途特征代号
摆臂式自装卸车	摆臂	BB	污泥自卸车	污卸	WX
摆臂式垃圾车	摆式	BS	厢式自卸车	厢式	XS
背罐车	背罐	BG	车厢可卸式垃圾车	厢卸	XX
粉粒物料自卸车	粉料	FL	运棉车	运棉	YM
车厢可卸式汽车	可卸	KX	压缩式垃圾车	压缩	YS
自卸式垃圾车	垃圾	LJ	自装卸式垃圾车	自装	ZZ

表 1-3（d） 起重举升汽车用途特征代号

术语	汉字缩写	用途特征代号	术语	汉字缩写	用途特征代号
高空作业车	高空	GK	随车起重运输车	随起	SQ
后栏板起重运输车	后起	HQ	登高平台消防车 举高喷射消防车 云梯消防车	消防	XF
飞机清洗车	清洗	QX			
汽车起重机	起重	QZ			
航空食品装运车	食品	SP	翼开启栏板起重运输车	翼开	YK

表 1-3（e） 仓栅式汽车用途特征代号

术语	汉字缩写	用途特征代号
畜禽运输车	畜禽	CQ
散装粮食运输车	粮食	LS
散装饲料运输车	饲料	SL
养蜂车	养蜂	YF
散装种子运输车	种子	ZZ

表 1-3（f） 特种结构汽车用途特征代号

术语	汉字缩写	用途特征代号	术语	汉字缩写	用途特征代号
井架安装车	安装	AZ	试井车	试井	SJ
测井车	测井	CJ	扫路车	扫路	SL
车辆运输车	车辆	CL	沙漠车	沙漠	SM
测试井架车	测试	CS	固井水泥车	水泥	SN
静力触探车	触探	CT	输砂车	输砂	SS
采油车	采油	CY	通井车	通井	TJ
氮气发生车	氮发	DF	投捞车	投捞	TL
地锚车	地锚	DM	调剖车	调剖	TP
电源车	电源	DY	泵辅消防车 联用消防车 二氧化碳消防车 机场消防车 照明消防车 抢险救援消防车 干粉消防车 后援消防车 排烟消防车	消防	XF
氮气增压车	氮增	DZ			
油井防砂车	防砂	FS			
固井管汇车	管汇	GH			
锅炉车	锅炉	GL			
供液泵车	供液	GY			
混凝土泵车	混泵	HB			
混砂车	混砂	HS			
炸药混装车	混装	HZ			
洗井车	井车	JC	修井车	修井	XJ
井控管汇车	井控	JK	洗井清蜡车	洗蜡	XL
集装箱运输车	集装	JZ	抽油泵运输车	运泵	YB
机场客梯车	客梯	KT	放射性源车	源车	YC
立放井架车	立放	LF	压裂管汇车	压管	YG
连续管作业车	连管	LG	路面养护车	养护	YH
排液车	排液	PY	压裂车	压裂	YL
清蜡车	清蜡	QL	压缩机车	压缩	YS
抢险车	抢险	QX	运材车	运材	YA
清障车	清障	QZ	钻机车	钻机	ZJ
照明车	照明	ZM	可控震源车	震源	ZY

1.3 发动机型号编制规则

发动机（也称内燃机）型号由阿拉伯数字（以下简称数字）、汉语拼音字母或国际通用的英文缩略字母（以下简称字母）组成。由国外引进的内燃机产品，可以保留原产品型号或在原型号基础上进行扩展。经国产化的产品应按《内燃机产品名称和型号编制规则》(GB/T 725—2008) 的规定编制。

1.3.1 发动机型号组成

按《内燃机产品名称和型号编制规则》(GB/T 725—2008) 的规定，发动机型号包括下列四部分，如图 1-3 所示。

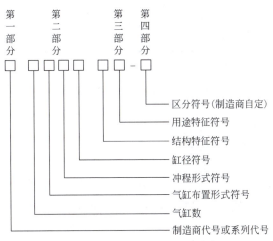

图 1-3 发动机型号的表示方法

第一部分：由制造商代号或系列符号组成。本部分代号由制造商根据需要选择相应 1～3 位字母表示。

第二部分：由气缸数、气缸布置形式符号、冲程形式符号、缸径符号组成。

① 气缸数用 1～2 位数字表示。

② 气缸布置形式符号按表 1-4 规定。

表 1-4 气缸布置形式符号

符号	含义
无符号	多缸直列及单缸
V	V 型
P	卧式
H	H 型
X	X 型

注：其他布置形式符号见《往复式内燃机 词汇 第 1 部分：发动机设计和运行术语》(GB/T 1883.1—2005)。

③ 冲程形式为四冲程时符号省略，二冲程用 E 表示。

④ 缸径符号一般用缸径或缸径/行程数字表示，也可用发动机排量或功率数表示。其单位由制造商自定。

第三部分：由结构特征符号、用途特征符号组成，其符号及含义见表 1-5 和表 1-6。

表 1-5 结构特征符号及含义

符号	结构特征	符号	结构特征
无符号	冷却液冷却	Z	增压
F	风冷	ZL	增压中冷
N	凝气冷却	DZ	可倒转
S	十字头式		

表 1-6 用途特征符号及含义

符号	用途	符号	用途
无符号	通用型及固定动力（或制造商自定）	D	发电机组
T	拖拉机	C	船用主机、右机基本型
M	摩托车	CZ	船用主机、左机基本型
G	工程机械	Y	农用三轮车（或其他农用车）
Q	汽车	L	林业机械
J	铁路机车		

注：内燃机左机和右机的定义按《单列往复式内燃机 右机和左机定义》（GB/T 726—94）的规定。

第四部分：区分符号。同系列产品需要区分时，允许制造商选用适当符号表示。第三部分与第四部分可用"-"分隔。

1.3.2 发动机型号编制举例

（1）柴油机型号举例

① G12V190ZL　12 缸、V 型、四冲程、缸径 190mm、冷却液冷却、增压中冷、发电用（G 为系列代号）。

② R175A　单缸、四冲程、缸径 75mm、冷却液冷却（R 为系列代号、A 为区分符号）。

③ YZ26102Q　6 缸直列、四冲程、缸径 102mm、冷却液冷却、汽车用（YZ 为扬州柴油机厂代号）。

④ 8E150C-1　8 缸、直列、二冲程、缸径 150 mm、冷却液冷却、船用主机、右机基本型（1 为区分符号）。

⑤ JC12V26/32ZLC　12 缸、V 型、四冲程、缸径 260mm、行程 320mm、冷却液冷却、增压中冷、船用主机、右机基本型（JC 为济南柴油机股份有限公司代号）。

⑥ 12VE230/300ZC2　12 缸、V 型、二冲程、缸径 230mm、行程 300mm、冷却液冷却、增压、船用主机、左机基本型。

⑦ G8300/380ZDZC　8 缸、直列、四冲程、缸径 300mm、行程 380mm、冷却液冷却、增压可倒转、船用主机、右机基本型（G 为系列代号）。

（2）汽油机型号举例

① IE65F/P　单缸、二冲程、缸径 65mm、风冷、通用型。

② 492Q/P-A　4 缸、直列、四冲程、缸径 92mm、冷却液冷却、汽车用（A 为区分符号）。

（3）燃气机型号举例

① 12V190ZL/T　12 缸、V 型、四冲程、缸径 190mm、冷却液冷却、增压中冷、燃气为天然气。

② 16V190ZLD/MJ　16 缸、V 型、四冲程、缸径 190mm、冷却液冷却、增压中冷、发电用、燃气为焦炉煤气。

（4）双燃料发动机型号举例

① G12V190ZLS　12 缸、V 型、缸径 190 mm、冷却液冷却、增压中冷、燃料为柴油/天然气双燃料（G 为系列代号）。

② 12V26/32ZL/SC2　12 缸、V 型、缸径 260 mm、行程 320 mm、冷却液冷却、增压中冷、柴油/沼气双燃料。

燃料符号及名称见表 1-7。

表 1-7 燃料符号及名称

符号	燃料名称	备注
无符号	柴油	
P	汽油	
T	天然气（煤层气）	管道天然气
CNG	压缩天然气	
LNG	液化天然气	
LPG	液化石油气	
Z	沼气	各类工业化沼气（农业有机废弃物、工业有机废水物、城市污水处理、城市有机垃圾）允许用 1～2 个字母的形式表示，如"ZN"表示农业有机废弃物产生的沼气
W	煤矿瓦斯	浓度不同的瓦斯允许用 1 个小写字母的形式表示，如"Wd"表示低浓度瓦斯
M	煤气	各类工业化煤气如焦炉煤气、高炉煤气等，允许在 M 后加 1 个字母区分煤气的类型
S SCZ	柴油/天然气双燃料 柴油/沼气双燃料	其他双燃料用两种燃料的字母表示
M	甲醇	
E	乙醇	
DME	二甲醇	
FME	生物柴油	

注：1. 一般用 1～3 个拼音字母表示燃料，也可用相应的英文缩写字母表示。
2. 其他燃料允许制造商用 1～3 个字母表示。

1.4 车辆识别代号

1.4.1 车辆识别代号的定义

车辆识别代号（VIN）是指车辆生产企业为了识别某一辆车而为该车辆指定的一组字码，由 17 位字码构成，分为三部分，即世界制造厂识别代号（WMI）、车辆说明部分（VDS）及车辆指示部分（VIS）。

17 位字码车辆识别代号（VIN）可以确保每个车辆制造厂生产的车辆其识别代号具有唯一性，30 年内在全世界范围内不重复出现。所以，车辆识别代号被称为"汽车身份证"。车辆识别代号中包含车辆的制造厂家、生产年代、车型、车身形式、发动机以及其他装备等信息。

在汽车上使用车辆识别代号，是各国政府为了管理机动车辆实施的一项强制性规定。有了车辆识别代号，就可以通过计算机对车辆进行检索管理，在处理交通事故、开展交通事故保险赔偿、破获被盗车辆等方面发挥重要作用。各国政府均制定了这方面的专门技术法规，强制要求汽车厂在汽车上使用车辆识别代号。我国实行车辆识别代号备案制度，规定负责编制和标示车辆识别代号的制造厂必须在首次使用车辆识别代号前至少1个月，向中国汽车技术研究中心标准化研究所备案。

1.4.2 车辆识别代号的基本内容

对年产量≥500辆的制造厂，车辆识别代号的第一部分为世界制造厂识别代号（WMI），第二部分为车辆说明部分（VDS），第三部分为车辆指示部分（VIS），如图1-4所示。

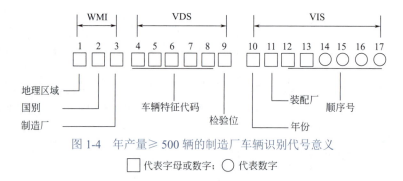

图1-4 年产量≥500辆的制造厂车辆识别代号意义

对年产量<500辆的制造厂，车辆识别代号的第一部分为世界制造厂识别代号（WMI），其中第3位指定为数字9；第二部分为车辆说明部分（VDS）；第三部分为车辆指示部分（VIS），其中第12～14位由国家机构指定，如图1-5所示。

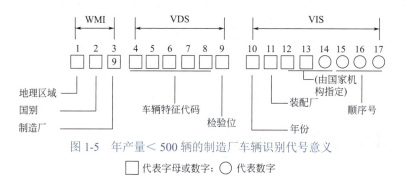

图1-5 年产量<500辆的制造厂车辆识别代号意义

（1）第一部分：世界制造厂识别代号（WMI） 该代号必须经过申请、批准和备案后方可使用。WMI是美国汽车工程师学会（SAE）根据地理区域分配给各个车辆制造厂家的代码。该代码由3位字码组成，它包含了下列信息。

第1位字码标明厂家所在地理区域（按照大洲划分，如非洲、亚洲、欧洲、大洋洲、北美洲和南美洲），用字母或数字表示。

第2位字码标明地理区域内的一个国家，用字母或数字表示。第1、第2位字码的组合将能确保国家识别标志的唯一性。美国汽车工程师协会（SAE）负责分配国家代码，如10～19为美国，L0～L9和LA～LZ为中国。它规定了所有在我国境内生产的汽车产品的WMI编号必须在该区段内。由此可用VIN代码的首字母是否为"L"来判断某车是否为国产车。

第3位字码是由国家机构指定的、用以标明某个特定的制造厂的一个字母或数字字码。

WMI代号通过第1～3位字码的组合保证制造厂识别标志的唯一性。汽车制造厂代码由各国的授权机构负责分配。对于年产量≥500辆的制造厂，世界制造厂识别代号由3位字码组成；对于年产量＜500辆的制造厂，世界制造厂识别代号的第3位字码为数字9，此时，VIN的第12～14位字码（GB 16735—2004中所规定的VIN代号的第三部分）应由国家机构指定，以便识别特定的制造厂。

（2）第二部分：车辆说明部分　该部分由VIN代号的第4～9位共6位字码组成，用来说明车辆的一般特性，其代码及顺序由制造厂决定。如果制造厂不用其中的一位或几位字码，应在该位置填入制造厂选定的字母或数字占位。

其中，第4～8位说明车辆特征，常见车辆类型的特征说明见表1-8。

表1-8　VIN代号第4～8位说明的车辆特征

车辆类型	第4～8位说明的车辆特征
轿车	种类、系列、车身类型、发动机类型及约束系统类型
MPV	种类、系列、车身类型、发动机类型及车辆额定总重
载货车	型号或种类、系列、底盘、驾驶室类型、发动机类型、制动系统及车辆额定总重
客车	型号或种类、系列、车身类型、发动机类型及制动系统

第9位为检验位。检验位可为0～9中任一数字或字母"X"。用以核对VIN记录的准确性。制造厂在确定了VIN的其他16位字码后，检验位应由以下步骤计算得出。

① VIN中的数字和字母对应值。VIN中的数字和字母对应值见表1-9及表1-10。

表1-9　VIN中的数字对应值

VIN中的数字	0	1	2	3	4	5	6	7	8	9
对应值	0	1	2	3	4	5	6	7	8	9

表1-10　VIN中的字母对应值

VIN中的字母	A	B	C	D	E	F	G	H	J	K	L	M	N	P	R	S	T	U	V	W	X	Y	Z
对应值	1	2	3	4	5	6	7	8	1	2	3	4	5	7	9	2	3	4	5	6	7	8	9

② 给VIN中的每一位指定一个加权系数。VIN中每一位置的加权系数见表1-11。

表1-11　VIN中每一位置的加权系数

VIN中的位置	1	2	3	4	5	6	7	8	9	10	11	12	13	14	15	16	17
加权系数	8	7	6	5	4	3	2	10	*	9	8	7	6	5	4	3	2

注：* 对应位置为VIN中的第9位，第9位为检验位，没有加权系数。

③ 将检验位之外的16位每一位的加权系数乘以此位数字或字母的对应值，再将各乘积相加，求得的和被11除。

④ 除得的余数即为检验位；若余数是10，检验位应为字母X。

例 1-1 LFVBA21J323021749

位数	1	2	3	4	5	6	7	8	9	10	11	12	13	14	15	16	17
VIN 代码	L	F	V	B	A	2	1	J	3	2	3	0	2	1	7	4	9
对应值	3	6	5	2	1	2	1	1	3	2	3	0	2	1	7	4	9
加权系数	8	7	6	5	4	3	2	10		9	8	7	6	5	4	3	2
乘积总和	24+42+30+10+4+6+2+10+18+24+0+12+5+28+12+18=245																

245/11=22⋯3。

例 1-2 LFWADRJF011002346

位数	1	2	3	4	5	6	7	8	9	10	11	12	13	14	15	16	17
VIN 代码	L	F	W	A	D	R	J	F	0	1	1	0	0	2	3	4	6
对应值	3	6	6	1	4	9	1	6		1	1	0	0	2	3	4	6
加权系数	8	7	6	5	4	3	2	10		9	8	7	6	5	4	3	2
乘积总和	24+42+36+5+16+27+2+60+9+8+0+0+10+12+12+12=275																

275/11=25⋯0。

（3）第三部分：车辆指示部分　该部分由 VIN 代号的第 10～17 位共 8 位字码组成。
① 第 10 位字码指示年份。年份代码规定见表 1-12。30 年循环 1 次。

表 1-12　年份代码规定

年份	代码	年份	代码	年份	代码	年份	代码
2001 年	1	2011 年	B	2021 年	M	2031 年	1
2002 年	2	2012 年	C	2022 年	N	2032 年	2
2003 年	3	2013 年	D	2023 年	P	2033 年	3
2004 年	4	2014 年	E	2024 年	R	2034 年	4
2005 年	5	2015 年	F	2025 年	S	2035 年	5
2006 年	6	2016 年	G	2026 年	T	2036 年	6
2007 年	7	2017 年	H	2027 年	V	2037 年	7
2008 年	8	2018 年	J	2028 年	W	2038 年	8
2009 年	9	2019 年	K	2029 年	X	2039 年	9
2010 年	A	2020 年	L	2030 年	Y	2040 年	A

注意：表中不使用 I、O、Q、U 和 Z 5 个字母，以避免和相近数字或字母混淆。

② 第 11 位字码可用来指示装配厂，若无装配厂，制造厂可规定其他的内容。
③ 第 12～17 位分两种情况：若制造厂的年产量≥500 辆，第 12～17 位字码表示生产顺序号；若制造厂的年产量＜500 辆，第 12～14 位字码将与第一部分的 3 位字码（第 1～3 位）一起表示一个车辆制造厂识别代号，第 15～17 位字码表示生产顺序号。

> **特别提示**
>
> 车辆识别代号不能使用字母I、O和Q。
>
> 车辆识别代号在文件上表示时应写成一行,且不要有空格;打印在车辆上或车辆标牌上时也应标示在一行。特殊情况下,因为技术上的原因必须标示在两行上时,两行之间不得有间隙,每行的开始与终止处应选用一个分隔符表示。分隔符必须是不同于车辆识别代号所用的任何字码,且不易与车辆识别代号中的字码混淆的其他符号。

1.4.3 车辆识别代号的作用

车辆识别代号(VIN)是识别一辆汽车不可缺少的工具,其作用如下。

① VIN 的每位代码代表着汽车某一方面的信息参数。依照识别代号编码顺序,从 VIN 中可以识别出该车的生产国家、制造公司或生产厂家、车辆类型、品牌名称、车型系列、车身形式、发动机型号、车型年款(即哪年生产的车型)、安全防护装置型号、检验数字、装配工厂名称以及出厂顺序号码等。

② 17 位代号编码经过排列组合的结果能够使车型生产在 30 年之内不会发生重号现象,就像身份证号码一样,不会产生重号错认,因此又称为"汽车身份证"。因为现在生产的汽车车型更新换代年限在逐渐缩短,通常 8～12 年就淘汰,不再生产,所以 17 位识别代号编码已足够应用。

③ 各国机动车辆管理部门办理牌照时可以将其输入计算机存储,以备需要时调用,比如处理交通事故、保险索赔、查获被盗车辆、报案等。

④ 因为汽车修理逐步实行计算机管理和故障分析诊断,在各种测试仪表和维修设备中均存储有 17 位识别代号编码 VIN 的数据,以作为修理的依据。17 位识别代号编码在汽车配件经营管理上也发挥重要作用,在查找零件目录中汽车零件号之前,首先需确认 17 位识别代号编码的车型、年款,否则会产生误购、错装等现象。VIN 识别代号编码通常以标牌的形式,装贴在汽车的不同部位。如图 1-6 所示为日本本田汽车各种标牌位置示意。

⑤ 利用 VIN 数据规定还可以鉴别出拼装车、走私车,因为它们通常是不按 VIN 规定进行组装的;走私车的 VIN 代号首位字母不是"L"。

⑥ 各国车辆识别代号(VIN)的区别。各国有关车辆识别代号的技术法规各不相同,也有共同之处,如美国法规定为车辆识别代号的第 9 位必须是工厂检查数字,而 EU(欧盟)指令将 17 位代号编码分成三组(VMI、VDS、VIS),只对每一组的含义范围作出规定。

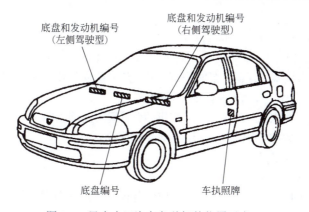

图 1-6 日本本田汽车各种标牌位置示意

> **特别提示**
>
> 美国规定识别代号编码的位置应安装在仪表板左侧,在车外透过挡风玻璃能够清楚地看到而方便检查。而 EU 规定识别代号编码应安装在汽车右侧的底盘车架上或标写在厂家铭牌上等。

随着车型年款的不同以及汽车发往国家的不同(各国政府对 VIN 有不同规定),VIN 规定会有所不同。有的按照公司各车分部进行规定(如美国通用汽车),有的直接按照系列车型或车名进行规定(如日本雷克萨斯汽车)。在实际应用中,通常要有两种 VIN 规定才可验证出一辆车的型号和车型参数。随着年代的变化,今后还会陆续出现各种 VIN 规定。

车辆识别代号编码实例如下。

例 1-3　德国奔驰汽车公司(BENZ)

WDBGA57B6PB127810

第 1 位是生产国别码,W——德国。

第 2~3 位是生产厂代码,DB——戴姆勒·奔驰。

第 4 位是车身及底盘系列代码,G——140 系列。

第 5 位是发动机类型代码,A——汽油发动机;B——柴油发动机。

第 6~7 位是车型代码,57——S600 四门轿车 5.0L。

第 8 位是乘客保护装置情况代码,A——三点式安全带;B——三点式安全带及防撞安全气囊;C——三点式安全带及紧急情况收缩装置;D——座椅式安全带及驾驶员防撞安全气囊;E——座椅式安全带及驾驶员、前排乘员防撞安全气囊。

第 9 位是 VIN 检验数代码。

第 10 位是车型年款代码,P——1993 年。

第 11 位是总装工厂代码。

第 12~17 位是出厂序号代码。

例 1-4　我国神龙汽车有限公司(LDC)

LDC131D2010020808

第 1 位是生产国别码,L——中国。

第 2~3 位是生产厂代码,DC——神龙汽车有限公司。

第 4~5 位是车型系列代码,13——RL·神龙·富康 ZX 1.46L 型轿车。

第 6 位是汽车类型代码,1——两厢五门轿车。

第 7 位是发动机类型代码,D——TU3JP/K 装有三元催化器。

第 8 位是变速器类型代码,2——五挡 MA 变速器。

第 9 位是 VIN 检验数代码。

第 10 位是车型车款代码,1——2001。

第 11 位是总装工厂代码,0——湖北武汉蔡甸区神龙汽车有限公司。

第 12~17 位是出厂顺序号代码。

1.5 汽车的主要技术参数和性能指标

1.5.1 汽车的主要技术参数

1.5.1.1 尺寸参数

（1）车长　车长是指垂直于车辆纵向对称平面，并分别抵靠在汽车前、后最外端突出部位的两垂面之间的距离，如图1-7所示。

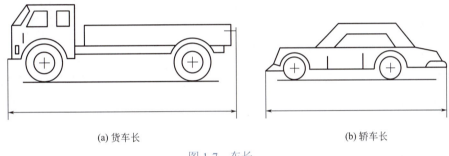

(a) 货车长　　　　　　　　　　　　(b) 轿车长

图1-7　车长

全挂车车长的定义同上，但全挂车车长有包括和不包括牵引杆两种长度，按照国家标准规定，第二个数值写在括号内。在确定包括有牵引杆在内的全挂车车长时，牵引杆需位于车辆正前方，牵引杆的销孔或连接头中心线应垂直于水平面。

半挂车车长的定义同上，但半挂车除全长外，还有半挂车牵引杆销中心到半挂车后端之间的距离，此数值按照国家标准规定写在括号内。

国家标准《道路车辆外廓尺寸、轴荷及质量限值》（GB 1589—2004）及《机动车运行安全技术条件》（GB 7258—2012）均规定了我国道路车辆的汽车总长极限尺寸。

① 三轮汽车　车长为4600mm，当采用方向盘转向、由传动轴传递动力、具有驾驶室且驾驶员座椅后设计有物品放置空间时，车长的限值为5200mm。

② 货车及半挂牵引车　车长限值不适用于不以运输为目的的专用作业车；设计总质量不大于26000kg的汽车起重机的车长限值为13000mm。货车及半挂牵引车车长限值见表1-13。

表1-13　货车及半挂牵引车车长限值

车辆类型		车长/mm
两轴	最大设计总质量≤3500kg	6000
	最大设计总质量>3500kg，且≤8000kg	7000①
	最大设计总质量>8000kg，且≤12000kg	8000①
	最大设计总质量>12000kg	9000①
三轴	最大设计总质量≤20000kg	11000
	最大设计总质量>20000kg	12000
四轴	—	12000

① 当货厢与驾驶室分离，且货厢为整体封闭式，车长限值增加1000mm。

③ 乘用车及客车　乘用车及客车车长限值见表1-14。

表1-14　乘用车及客车车长限值

车辆类型	车长/mm
乘用车及两轴客车	12000
三轴客车	13700
单铰接客车	18000

④ 挂车　挂车车长限值见表1-15。

表1-15　挂车车长限值

车辆类型		车长/mm
半挂车①	一轴	8600
	两轴	10000②
	三轴	13000③
中置轴（旅居）挂车		8000
其他挂车	最大设计总质量≤10000kg	7000
	最大设计总质量＞10000kg	8000

① 运送不可拆解物体的低平板专用半挂车车宽限值为3000mm；车长限值不适用于运送不可拆解物体的低平板专用半挂车、运送车辆的专用半挂车（但与牵引车组成的列车长度需符合本规定）和运送单箱长度大于12.2m（40ft）的框架式集装箱半挂车。

② 对于整体封闭式厢式半挂车、集装箱半挂车以及五轴汽车列车的罐式半挂车，车长最大限值为13000mm。

③ 自2008年1月1日起，在高等级公路上使用的整体封闭式厢式半挂车，车长最大限值为14600mm。

⑤ 汽车列车　汽车列车车长限值见表1-16。

表1-16　汽车列车车长限值

车辆类型	车长/mm
铰接列车	16500①
货车列车	20000

① 运送不可拆解物体的低平板列车和运送单箱长度大于12.2m（40ft）的框架式集装箱列车除外；自2008年1月1日起，与整体封闭式厢式半挂车组成的铰接列车在高等级公路上使用时，车长最大限值为18100mm。

（2）车宽　车宽是指平行于车辆纵向对称平面，并分别抵靠车辆两侧固定突出部位（除后视镜、侧面标志灯、转向指示灯、挠性挡泥板、折叠式踏板、防滑链及轮胎与地面接触部分的变形外）的两平面之间的距离，如图1-8所示。

国家标准《道路车辆外廓尺寸、轴荷及质量限值》（GB 1589—2004）和《机动车运行安全技术条件》（GB 7258—2012）均规定，我国道路车辆车宽的极限尺寸如下：

① 三轮汽车车宽为1600mm，当采用方向盘转向、由传动轴传递动力、具有驾驶室且驾驶员座椅后设计有物品放置空间时，车宽限值为1800mm。

② 最高设计车速小于70km/h的四轮货车，车宽为2000mm。

③ 其他车宽为2500mm。

货厢为整体封闭式的厢式货车（且货厢与驾驶室分离）、整体封闭式厢式半挂车、整体封闭式厢式汽车列车以及车长大于11000mm的客车，车宽最大限值为2550mm。

运送不可拆解物体的低平板挂车列车车宽限值为3000mm。

（3）车高　车高是指车辆没有装载且处于可运行状态，车辆支撑平面与车辆最高突出部位相抵靠的水平面之间的距离，如图1-9所示。

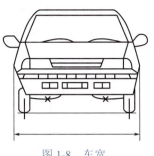 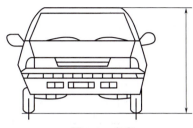

图 1-8　车宽　　　　　　　　　图 1-9　车高

国家标准《道路车辆外廓尺寸、轴荷及质量限值》（GB 1589—2004）和《机动车运行安全技术条件》（GB 7258—2012）均规定，我国道路车辆的车高极限尺寸如下。

① 三轮汽车车高为 2000mm，当采用方向盘转向、由传动轴传递动力、具有驾驶室且驾驶员座椅后设计有物品放置空间时，车高的限值为 2200mm。

② 最高设计车速小于 70km/h 的四轮货车，车高为 2500mm。

③ 其他车高为 4000mm。

④ 定线行驶的双层客车高度限值为 4200mm。

⑤ 对于集装箱挂车列车指装备空集装箱时的高度，2007 年 1 月 1 日以前，集装箱挂车列车的车高最大限值为 4200mm。

（4）其他尺寸规定　国家标准《道路车辆外廓尺寸、轴荷及质量限值》（GB 1589—2004）和《机动车运行安全技术条件》（GB 7258—2012）还有以下规定。

① 当汽车或汽车列车处于满载状态、外后视镜底边离地高度不足 1800mm 时，其单侧外伸量不得超出汽车或汽车列车最大宽度处 200mm。外后视镜底边离地高度不小于 1800mm 时，其单侧外伸量不得超出汽车或汽车列车最大宽度处 250mm。

② 汽车的顶窗、换气装置等处于开启状态时，不得超出车高 300mm。

③ 汽车的后轴和挂车的前轴之间的距离不得小于 3000mm（牵引中置轴挂车除外）。

④ 挂车及两轴货车的货箱栏板高度不得超过 600mm；两轴自卸车、三轴及三轴以上货车的货箱栏板高度不得超过 800mm；三轴及三轴以上自卸车的货箱栏板高度不得超过 1500mm。

（5）轴距　轴距是指通过车辆同一侧相邻两车轮的中点，并垂直于车辆纵向平面的两垂线之间的距离，如图 1-10（a）所示。对于三轴以上的车辆，其轴距由从最前面的相邻两车轮之间的轴距分别表示，总轴距则是各轴距之和，如图 1-10（b）所示。

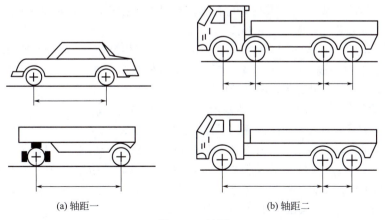

(a) 轴距一　　　　　　　　(b) 轴距二

图 1-10　轴距

（6）轮距　汽车轴的两端是单车轮时，轮距为车轮在支撑平面上留下轨迹的中心线之间的距离，如图1-11（a）所示。汽车车轴的两端是双车轮时，轮距为车轮中心平面（双轮车中心平面为外车轮轮辋内缘等距的平面）之间的距离，如图1-11（b）所示。

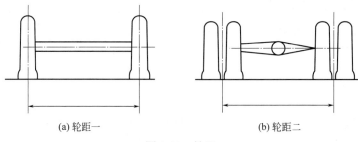

图1-11　轮距

（7）前悬　前悬是指通过两前轮中心的垂面与抵靠在车辆最前端（包括前拖钩、车牌和任何固定在车辆前部的刚性部件），并且垂直于车辆纵向对称平面的垂面之间的距离，如图1-12所示。

（8）后悬　后悬是指通过车辆最后车轮轴线的垂面与抵靠在车辆最后端（包括牵引装置、车牌以及任何固定在车辆后部的刚性部件），并且垂直于车辆纵向对称平面的垂面之间的距离，如图1-13所示。

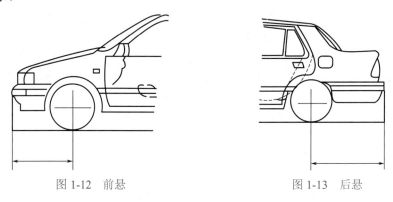

图1-12　前悬　　　　　　　　　图1-13　后悬

国家标准《机动车运行安全技术条件》（GB 7258—2012）对后悬作出以下规定。

客车及封闭式车厢（或罐体）的车辆后悬不允许超过轴距的65%；专用作业车和轮式专用机械车，在保证安全的情况下，其后悬可按客车后悬要求核算，其他机动车后悬应小于等于轴距的55%；机动车后悬均不应大于3.5m。

多轴机动车的轴距按第一轴至最后轴的距离计算（对铰接客车按第一至第二轴的距离计算），后悬从最后一轴的中心线往后计算。客车后悬以车身外蒙皮尺寸计算，如后保险杠突出于后背外蒙皮，则以后保险杠尺寸计算，不计后尾梯。

（9）最小离地间隙　最小离地间隙是指车辆支撑平面与车辆上的中间区域内最低点之间的距离。中间区域是平行于车辆纵向对称平面，且与其等距离的两平面之间所包含的部分，两平面之间的距离是同一轴上两端车轮内缘最小距离（b）的80%，如图1-14所示。

（10）接近角　接近角是指车辆静载下，地平面与前车轮轮胎相切平面之间的最大夹角，这样，在车辆前轴的前方，车辆的所有点都位于切平面之上，而且车辆上的所有刚性部件（除踏板外）也都应位于此切平面之上，如图1-15所示。

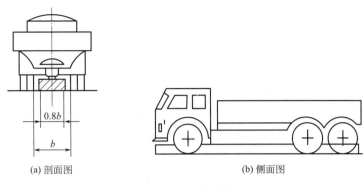

图 1-14 最小离地间隙

（11）离去角　离去角是指车辆静载下，地平面与后车轮轮胎切平面之间的最大夹角，这样，在车辆最后轴的后部，车辆上所有点和刚性部件都位于这个平面上，如图 1-16 所示。

图 1-15 接近角　　　　　　　　图 1-16 离去角

（12）转弯直径　转弯直径是指当方向盘转到极限位置时，内、外转向轮的中心平面在车辆支撑平面上的轨迹圆直径，如图 1-17（a）所示。因为转向轮的左右极限转角一般不相等，所以有左转弯直径与右转弯直径之别。非转向内轮的中心平面在车辆支撑平面上的轨迹圆直径具有实际意义，称为非转向内轮转弯直径，如图 1-17（b）所示。

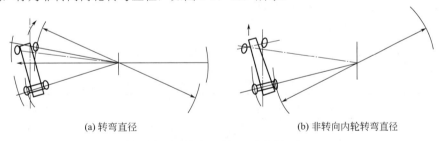

图 1-17 转弯直径和非转向内轮转弯直径

（13）通道圆与外摆值　汽车或汽车列车（不包括具有作业功能的专用装置的突出部分）必须能在同一个车辆通道圆内通过，车辆通道圆的外圆直径 D_1 为 25.00m，车辆通道圆的内圆直径 D_2 为 10.60m。汽车或汽车列车由直线行驶过渡到上述圆周运动时，任何部分超出直线行驶时的车辆外侧面垂直面的值（车辆外摆值）T 都不能大于 0.80m。车辆通道圆与外摆值如图 1-18 所示。

1.5.1.2 重量参数

（1）轴荷　轴荷是指汽车满载时各车轴对地面的垂直载荷。国家标准《道路车辆外廓尺寸、轴荷及质量限值》（GB 1589—2004）和《机动车运行安全技术条件》（GB 7258—2012）均有规定。

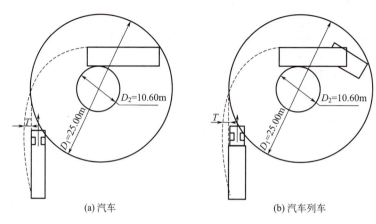

(a) 汽车　　　　　　　　　　(b) 汽车列车

图 1-18　车辆通道圆与外摆值

① 汽车及挂车单轴的最大允许轴荷不得超过表 1-17 规定的限值。

表 1-17　汽车及挂车单轴的最大允许轴荷的限值

车辆类型		最大允许轴荷的限值 /kg
挂车及两轴货车	每侧单轮胎	6000[①]
	每侧双轮胎	10000[②]
客车、半挂牵引车及三轴以上（含三轴）的货车	每侧单轮胎	7000[①]
	每侧双轮胎　非驱动轴	10000[②]
	每侧双轮胎　驱动轴	11500

① 安装名义断面宽度超过 400mm（公制系列）或 13.00in（英制系列，1in=0.0254m）轮胎的车轴，其最大允许轴荷不得超过规定的各轮胎负荷之和，且最大限值为 10000kg。
② 装备空气悬架时，最大允许轴荷的最大限值为 11500kg。

② 汽车及挂车并装轴的最大允许轴荷不得超过表 1-18 规定的限值。

表 1-18　汽车及挂车并装轴的最大允许轴荷的限值

车辆类型			最大允许轴荷的限值 /kg
汽车	并装双轴	并装双轴的轴距 < 1000mm	11500
		并装双轴的轴距 ≥ 1000mm，且 < 1300mm	16000
		并装双轴的轴距 ≥ 1300mm，且 < 1800mm	18000[①]
挂车	并装双轴	并装双轴的轴距 < 1000mm	11000
		并装双轴的轴距 ≥ 1000mm，且 < 1300mm	16000
		并装双轴的轴距 ≥ 1300mm，且 < 1800mm	18000
		并装双轴的轴距 ≥ 1800mm	20000
	并装三轴	相邻两轴之间的轴距 ≤ 1300mm	21000
		相邻两轴之间的轴距 1300mm，且 ≤ 1400mm	24000

① 驱动轴为每轴每侧双轮胎且装备空气悬架时，最大允许轴荷的限值为 19000kg。

③ 其他类型车轴的最大允许轴荷不得超过该轴轮胎数乘以 3000kg。

（2）汽车总重量　汽车总重量是指装备齐全时的汽车自身重量与按规定装满客（包括驾驶员）、货时的载重量之和，也称满载重量。

（3）载重量　汽车载重量是指在硬质良好路面上行驶时所允许的额定载重量。当汽车在碎石路面上行驶时，载重量应有所减少（为好路面的 75%～80%）。越野汽车的载重量是指越野行驶或土路上行驶的载重量。

1.5.2　汽车的主要性能指标

汽车的主要性能包括动力性、燃油经济性、制动性、操纵稳定性、行驶平顺性、排放污染物及噪声。

（1）动力性　从获得尽量高的平均行驶速度的观点出发，汽车的动力性可用以下三个指标来评定。

① 汽车的最高车速　汽车的最高车速是指在平直良好的路面上（水泥混凝土路面和沥青混凝土路面）所能达到的最高行驶速度。

② 汽车的加速能力　汽车的加速能力是指汽车在行驶中迅速增加行驶速度的能力。汽车的加速能力一般用汽车的原地起步加速性和超车加速性来评价。

a. 原地起步加速性是指汽车由停车状态起步后以最大的加速度加速，并恰当地选择最有利的换挡时机，逐步换到最高挡后达到某一预定的距离或车速所需的时间。通常用 0～400m 所需的时间来表示，也可用 0～100km/h 所需的时间来表示。

b. 超车加速性是指汽车用最高挡或次高挡由某一预定车速（该挡最低稳定车速或 30km/h）全力加速到某一高速所需的时间。这段时间越短，说明超车加速能力越强，从而能够减少超车过程中的并行时间，有助于保障安全。

③ 汽车的爬坡能力　汽车的爬坡能力是指汽车满载时在良好的路面上以最低前进挡所能爬上的最大坡度。

（2）燃油经济性　汽车在一定的使用条件下，以最小的燃油消耗量完成单位运输工作的能力称为汽车的燃油经济性。

汽车的燃油经济性通常用一定运行工况下汽车行驶 100km 的燃油消耗或一定燃油量能使汽车行驶的里程来衡量。

在我国及欧洲，燃油经济性指标的单位用 L/100km 表示，即行驶 100km 所消耗的燃油量（L）。可见，其数值越大，汽车的燃油经济性越差。在美国，汽车燃油经济性的单位是 mile/US gal（1mile=1609.344m，1US gal=3.785dm^3），即每加仑燃油可以行驶的英里数。可见，其数值越大，表明燃油经济性越好。这项指标是用来比较相同载重量汽车的燃油经济性或分析同一汽车的燃油经济性的。

对于不同载重量的汽车在相同的运行条件下完成单位运输工作量的燃油经济性的评价，则常常用完成单位货物周转量的平均燃油消耗量来衡量，其单位为 U（100t·km）。

（3）制动性　汽车的制动性直接关系着汽车的行车安全。只有在确保行车安全的前提下才能充分利用汽车的其他使用性能，如提高汽车的行驶速度、机动性能等。

汽车的制动性主要通过制动效能、制动抗热衰退性和制动时汽车的方向稳定性三个方面进行评价。

① 制动效能　制动效能是指汽车快速降低行驶速度直至停车的能力。制动效能是制动性能最基本的评价指标，它由一定初速度下的制动距离、制动减速度及制动时间来评定。

制动距离与行车安全有直接关系,而且最直观,所以交通管理部门一般按制动距离来制定安全法规。

② 制动抗热衰退性　汽车的制动抗热衰退性是指汽车高速制动、短时间多次重复制动或下长坡连续制动时制动效能的热稳定性。

③ 制动时汽车的方向稳定性　制动时汽车的方向稳定性是指汽车在制动时按指定轨迹行驶的能力,即不发生跑偏、侧滑或失去转向的能力。一般规定一定宽度的试验通道,制动稳定性良好的汽车,在试验时不得产生不可控制的效能使它偏离这条通道。

(4) 操纵稳定性　汽车的操纵稳定性包括互相联系的两部分内容:一是操纵性;二是稳定性。

操纵性是指汽车可以及时而准确地执行驾驶员的转向指令的能力;稳定性是指汽车受到外界扰动（路面扰动或突然阵风扰动）后,能自行快速恢复正常行驶状态和方向,而不发生失控以及抵抗倾覆、侧滑的能力。

(5) 行驶平顺性　汽车行驶时,对路面不平度的隔振特性,称为汽车的行驶平顺性。汽车行驶时,路面的不平度会激起汽车的振动。当这种振动达到一定程度时,将使乘客感到不舒服和疲劳,或使运载的货物损坏。振动引起的附加动载荷将加快有关零部件的磨损,缩短汽车的使用寿命。车轮载荷的波动会影响车轮和地面之间的附着性能,因而关系到汽车的操纵稳定性。

汽车的振动随行驶速度的提高而加剧。在汽车的行驶过程中,常因为车身的强烈振动而限制了行驶速度的发挥。

(6) 排放污染物　汽车排放污染主要包括三个排放源:一是由发动机排气管排出的发动机燃烧废气,汽油车的主要污染物成分为一氧化碳（CO）、烃类化合物（HC）、氮氧化合物（NO_x）,而柴油车除了释放这三种有害物质外,还排放大量的颗粒物;二是曲轴箱排放物,由发动机在压缩和燃烧过程中未燃的烃类化合物从燃烧室漏向曲轴箱再排向大气而产生,主要为烃类化合物;三是燃料蒸发排放物,主要由发动机供油系统的化油器以及燃油箱的燃料蒸发而产生。在未加控制时,曲轴箱和燃料蒸发排放的烃类化合物各约占烃类化合物总排放量的 1/4。

汽车污染物各排放源相对排放量见表 1-19。

表 1-19　汽车污染物各排放源相对排放量　　　　　单位:%

名称	成分		
	CO	HC	NO_x
曲轴箱	1～2	15～25	1～2
燃油系统	0	15～25	0
排气管	98～99	55～70	98～99

近年来我国对轻型汽车、重型汽车、摩托车及农用车相继发布了一系列新车排放标准,控制因素有排气污染物、燃油蒸发、曲轴箱通风、排气可见污染物、烟度和噪声等。这些标准对于防止机动车对空气的污染起到了十分重要的作用。

(7) 噪声　随着汽车工业和城市交通的发展,城市汽车拥有量逐渐增加。各种调查和测量结果表明,城市交通噪声是目前城市环境中最主要的噪声源。所以,在汽车设计和使用中,不仅追求其动力性、经济性等性能,也将噪声作为一个重要指标。按照噪声产生的过程,汽车噪声源一般可分为与发动机转速有关的噪声源和与车速有关的噪声源,如图 1-19 所示。

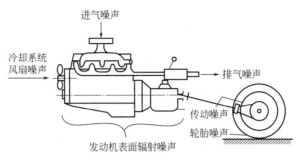

图 1-19 主要噪声源示意图

与发动机转速有关的噪声源主要包括进气噪声、排气噪声、冷却系统风扇噪声和发动机表面辐射噪声。用发动机带动旋转的各种发动机附件（如空气压缩机、发电机等）的噪声也属此类。

与车速有关的噪声源包括传动噪声（变速器、传动轴）、轮胎噪声、车体产生的空气动力噪声。

为了有效地控制城市交通噪声，我国制定了各种机动车辆的噪声标准，规定了机动车辆的车外、车内噪声的测量方法和限值标准，如《汽车加速行驶车外噪声限值及测量方法》(GB 1495—2002)。

1.6 汽车经济使用寿命

汽车使用寿命是指从汽车开始使用到无法使用之间的整个时期。它可以用累计使用年数或累计行驶里程数表示，主要可分为技术使用寿命、经济使用寿命以及合理使用寿命等。

（1）技术使用寿命 机动车技术使用寿命是指车辆从开始使用，直到其主要机件到达技术极限状态而不能再继续修理时为止的总工作时间或总行驶里程。这种技术极限状态的标志，在结构上表现为零部件工作间隙变大；在性能上通常表现为车辆总体的动力状态或燃料、润滑材料的极度消耗。

机动车的技术使用寿命，主要取决于各部分总成的设计水平、制造质量以及合理的使用与维修。机动车到达技术使用寿命时，需对车辆进行报废处理，其零部件也不得再作为备件使用。机动车维修工作做得好，机动车的技术使用寿命会延长，但通常随着机动车使用时间的延长，机动车维修费用也日益增加。

（2）经济使用寿命 机动车经济使用寿命是指机动车使用到相当里程及使用年限，对其进行全面经济分析之后得出机动车已经到达经济不合理、使用成本较高的寿命时刻。

所谓全面经济分析，即是从机动车使用总成本出发，分析车辆制造成本、使用和维修费用、使用者管理开支、车辆当前的折旧以及市场价格可能变化等一系列因素，经过分析做出综合的经济评定，并确定其是否经济合理，能否继续应用。

（3）合理使用寿命 机动车合理使用寿命是以机动车经济使用寿命为基础，考虑整个国民经济的发展及能源节约等因素，制定出符合我国实际情况的使用年限。也就是说，机动车已经到达了经济寿命，是否要更新，还需视国情而定，如考虑更新机动车的来源、更新资金等因素。为此，国家按照上述情况制定出机动车更新的技术政策，考虑国民经济的可能并进行修正，规定车辆更新期限。

它们之间的关系为技术使用寿命＞合理使用寿命≥经济使用寿命。下面重点讲解汽车经济使用寿命。

1.6.1 汽车经济使用寿命的意义

汽车经济使用寿命是指汽车经济使用的理想时期，研究汽车的使用寿命，主要是研究汽车的经济使用寿命。

有资料表明，在一辆汽车的整个使用时期内，汽车的制造费用占全部使用期内总费用的 15% 左右，而汽车的管理、使用、维修费用则占 85% 左右。因此，现代汽车的经济使用寿命的长短，很重要的一点就是在汽车设计制造时，必须充分预测到车辆今后可能达到的使用维修费用。若汽车在长期使用中，能保持其使用维修费用低，则其经济使用寿命将较长；反之，则较短。

发达国家的汽车使用期限完全按经济规律确定，除考虑车辆本身的运行费用增长外，还应考虑新车型性能的改进和价格下降等因素。表 1-20 为几个国家载重汽车的平均经济使用寿命。

表 1-20　几个国家载重汽车的平均经济使用寿命

国别	美国	日本	德国	法国	英国	意大利	中国
平均经济使用寿命 / 年	10.3	7.5	11.3	12.1	10.6	11.2	10

1.6.2 汽车经济使用寿命的指标

（1）年限　年限作为使用寿命的指标即指汽车从开始投入运行到报废的年数。这种方法除考虑运行时的损耗外，还应考虑车辆停放期间的自然损耗。此方法计算比较简单，但无法充分、真实地反映汽车的使用强度和使用条件，造成同年限的车辆差异较大。

（2）行驶里程　行驶里程作为使用期限的指标即指汽车从开始投入运行至报废期间总的行驶里程数。这种方法反映了汽车的真实使用强度，但反映不出运行条件及停驶期间的自然损耗。

专业运输车辆，因其运行条件差异较大，虽然使用年限大致相同，但累计行驶里程相差悬殊。汽车运输业中，大部分以行驶里程作为考核车辆各项指标的基数，但对在用汽车评估时，行驶里程常常作为参考依据。

（3）折算年限　折算年限作为使用年限的指标是将汽车总的行驶里程和年平均行驶里程之比所得的年限，即

$$T = \frac{L}{L_n} \tag{1-1}$$

式中　T——折算年限，年；
　　　L——总的累计行驶里程，km；
　　　L_n——平均行驶里程，km/年。

年平均行驶里程是用统计方法确定的，与车辆的技术状态、完好率、平均技术速度和道路条件等因素有关。对于营运汽车，在使用过程中，因为车辆的技术状况、平均技术速度和道路条件等因素的不同，年平均行驶里程的差异较大，但车辆的年平均使用强度基本相同。所以，按折算年限基本上可以在全国范围内取得统一指标。这对于社会专业运输和社会零散使用车辆也是适用的。但因为使用强度相差太大，年平均行驶里程不相同，其使用年限也不一样。社会零散车辆的管理水平、使用水平、维修水平通常都比较低，所以这些车辆又不能按专业运输车辆的指标要求，需相对于专业运输企业车辆的使用寿命做适当的修正。此种（使用年限）表示方法既反映了车辆的使用情况及使用强度，又包括了运行条件和某些停驶时间较长车辆的自然损耗。

（4）大修次数　汽车在使用过程中，当动力性与经济性下降到一定程度，已无法用正常的维护及小修方法使其恢复正常技术状况时，就要进行大修。

运输技术部门除用里程作为指标外,也用大修次数作为指标。汽车报废以前,截止到第几次大修最为经济,应权衡买新车的费用加旧车未折完的损失和大修费用加经营费用的损失,来预测截止到某次大修最经济合算。

1.6.3 影响汽车经济使用寿命的因素

影响机动车经济使用寿命的因素包括车辆的损耗、车辆的来源与使用强度、车辆的使用条件等。

(1) 车辆的损耗 从车辆的有形损耗及无形损耗两个方面进行分析。

无形损耗是指因技术进步、生产的发展,出现了性能好、生产效率高的新车型,或原车型价格下降等情况,促使在用车辆提前更新。实际上为旧车型相对新车型的贬值。

有形损耗是指车辆在使用过程中本身的消耗,主要与车辆使用成本有关。

$$C=C_1+C_2+C_3+C_4+C_5+C_6+C_7+C_8+C_9 \tag{1-2}$$

式中　C_1——燃料费用;

C_2——维护和小修费用;

C_3——大修费用;

C_4——基本折旧费用;

C_5——轮胎费用;

C_6——驾驶员工资费用;

C_7——管理费用;

C_8——养路费用;

C_9——其他费用。

其中 $C_5 \sim C_9$ 是与车辆经济使用寿命无关的因素。当使用寿命确定后,C_4 基本是一个定值,只有 $C_1 \sim C_3$ 是随行驶里程(或使用年限)的增长、车况的下降而增加的。所以,对 $C_1 \sim C_3$ 与车辆经济寿命有关的因素进一步分析,从而可按照最佳经济效益确定其经济使用寿命。

① 车辆的燃料费用 车辆随行驶里程的增加,技术状况越来越差,其主要性能不断下降,燃料和润滑材料消耗不断增加。

② 车辆的维修费用 维修费用是指车辆在使用过程中,各级维护费用与日常小修费用的总和,它主要由维修过程中实际消耗工时费及材料费来确定。随车辆行驶里程的增加,各级维护作业中的附加小修项目以及日常小修作业项目的费用也随之增加,其变化关系基本上是线性关系,如图1-20所示。

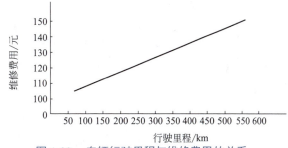

图1-20　车辆行驶里程与维修费用的关系

车辆行驶里程和维修费用的关系为

$$C_2=a+bL \tag{1-3}$$

式中　C_2——维修费用;

a——维修费用的初始值;

b——维修费用的增长强度(由试验统计资料来确定);

L——累计行驶里程。

式(1-3)中的 b 值是维修费用随行驶里程增加的增长强度,不同车型与不同的使用条件,b 值也不相同。常将维修费用的增长强度 b 作为确定汽车经济使用寿命的主要依据之一,b 值越大,车辆维修费用随着行驶里程增加的速度越快。

③ 车辆的大修费用　根据国内初步统计表明，新车第一次大修的费用通常为车辆原值的10%左右。以后随里程（或年限）的增长，大修费用也在逐渐增加，而大修间隔里程也在逐渐缩短。在计算大修费用时，要将某次的大修费用均摊在此次大修至下次大修的间隔里程段内，即相当于对大修后间隔里程段的投资。

(2) 车辆的来源与使用强度　按使用部门不同，车辆的来源归纳为以下几类。

① 交通专业运输车辆　专门从事运输生产的营运车辆。这些车辆是为整个社会服务的，使用条件复杂，使用强度比较大。通常客车年平均行驶里程为5万千米左右，货车为4.5万千米左右。货车拖挂率、实载率都比较高，管理、使用和维修水平也比较高，车辆基础资料齐全。

② 社会专业运输车辆　各行各业专门从事运输的车辆，主要是为本行业的运输生产服务的，包括商业、粮食、冶金、林业等部门的运输车辆。

③ 社会零散运输车辆　机关、企事业单位和个人的非营运车辆，主要是为零散运输和生活服务的公务、商务用车。这些车辆通常没有专门的管理机构和维修基地，使用情况差异很大。

④ 城市出租车辆　城市和乡镇为客运及货运服务的车辆，大多集中在大中城市，多以国产轿车、轻型客车从事客运出租经营，以微型、轻型货车从事货运出租经营。客运出租车辆的使用强度很大，对于轿车通常年平均行驶里程在10万千米左右，货运出租车辆的使用强度受货运市场影响较大。目前，因为货运量不足，导致车辆闲置，其使用强度不是很大。但因为车主受利益驱动，车辆经常超载运行，使得车辆机件磨损迅速上升，大大影响了车辆的使用寿命。此外，这些车辆的管理、使用、维修水平情况差异也非常大。

⑤ 城市公共交通车辆　通常这些车辆常年服役，不参与二手车市场交易。

上述车辆中，到二手车交易市场交易较多的是社会零散车辆以及城市出租车辆。前者使用强度不大，通常车况较好；后者车况较差。

(3) 汽车的使用条件　汽车的经济使用寿命除受使用对象影响外，还受复杂的使用条件影响。我国地域辽阔，各地自然条件差别较大，具体考虑使用条件如下。

① 道路条件　道路对汽车使用寿命的影响很大，直接影响车辆技术状况，使其年平均行驶里程相差较大。道路对车辆使用寿命的影响主要是道路等级与路面情况两种因素。道路条件可分为两类五个等级。

a. 两类　第一类是汽车专用公路、高速公路、一级公路和二级汽车专用公路；第二类是一般二级公路、三级公路和四级公路。

b. 五个等级　高速公路具有特别的政治、经济意义，是专供汽车分道高速行驶，且全部控制出入的公路；一级公路是连接重要政治、经济中心，通往重点工矿区、港口、机场，专供汽车分道行驶并部分控制出入、部分立体交叉的公路；二级公路是连接政治、经济中心或大工矿区、港口、机场等地的专供汽车行驶的公路；三级公路是沟通县或县以上城市的干线公路；四级公路是沟通县、乡（镇）、村等的支线公路。

因为我国历史的原因，道路数量、质量与车辆、人口增长的速度不相适应，从而构成了我国道路混合交通的特殊性，即快慢车同道而行，机动车、非机动车及行人同道混行；平原地区地势平坦、道路宽阔、路面质量好；北方地区，年降雨量比较小，对道路，特别是土路影响不大，只是冬天出现冰雪路，影响车辆运行；南方地区，年降雨量大，特别是雨季，道路泥泞、湿滑，乡村土路则地面松软、凹陷、泥泞，无法行车；城市或城郊，道路四通八达，但人口稠密、车辆多、行人多、交通拥挤、道路堵塞。

② 特殊使用条件　特殊使用条件主要包括一些特殊的自然条件和地理环境，如寒冷、沿海、风沙、高原、山区等地区。在这些特殊使用条件下工作的汽车均会缩短其经济使用寿命。

第 2 章 二手车鉴定评估基础知识

2.1 二手车鉴定评估概念认知

（1）二手车鉴定评估的主体　二手车鉴定评估的主体是指二手车鉴定评估业务的承担者，即从事二手车鉴定评估的机构及专业鉴定评估人员。

按照我国政府于 1991 年 11 月颁布的《国有资产评估管理办法》第九条规定，资产评估公司、会计师事务所、审计事务所、财务咨询公司，必须获有省级以上国有资产评估资格证书，才能从事国有资产评估业务。对其他所有制的资产评估，也应比照《国有资产评估管理办法》的规定执行。

二手车鉴定评估机构是由专业二手车鉴定评估人员构成的。鉴定评估人员的素质，对于评估工作水平和评估结果的质量有十分重要的影响。二手车鉴定评估人员必须掌握一定的资产评估业务理论；熟悉并掌握资产评估的基本原理及方法；具有一定的政策水平，熟悉并掌握国家颁布的与二手车交易相关的政策、法规、行业管理制度及有关技术标准；具有一定的二手车专业知识和实际的检测技能，可以借助必要的检测工具，对二手车的技术状况进行准确的判断及鉴定；具有收集、分析和运用信息资料的能力并掌握一定的评估技巧；具备经济预测、财务会计、市场、金融、物价、法律等知识；具有良好的职业道德，遵纪守法、公正廉明，保证汽车评估质量。另外，二手车鉴定评估的从业人员还须经过严格的考试或考核，取得国家劳动和社会保障部颁发的《旧机动车鉴定评估师》证书。

（2）二手车鉴定评估的客体　二手车鉴定评估的客体是指待评估的车辆，它是鉴定评估的具体对象。依据车辆的用途，可以将机动车辆分为营运车辆、非营运车辆以及特种车辆。其中营运车辆又可分为公路客运、公交客运、出租客运、旅游客运、货运和租赁几种类型。特种车辆可分为警用、消防、救护以及工程抢险等若干种车型。合理科学地对机动车进行分类，有助于在评估过程中进行信息资料的搜集和应用。如同一种车型，因为其用途不同，车辆在用状态所需要的税费可能就会有较大的差别，其重置成本的构成也常常差异较大。

二手车鉴定评估的一个主要目的，就是在二手车的交易过程中，准确地确定二手车的价格，并以此作为买卖成交的参考底价。根据 2005 年 8 月发布的《二手车流通管理办法》的规定，以下车辆不允许进行交易。

① 已报废或者达到国家强制报废标准的车辆。
② 在抵押期间或者未经海关批准交易的海关监管车辆。
③ 在人民法院、人民检察院、行政执法部门依法查封、扣押期间的车辆。
④ 通过盗窃、抢劫、诈骗等违法犯罪手段获得的车辆。

⑤ 发动机号码、车辆识别代号或者车架号码与登记号码不相符，或者有凿改迹象的车辆。

⑥ 走私、非法拼（组）装的车辆。

⑦ 不具有第二十二条所列证明、凭证的车辆。

⑧ 在本行政辖区以外的公安机关交通管理部门注册登记的车辆。

⑨ 国家法律、行政法规禁止经营的车辆。

另外，车辆上市交易前，必须先到公安交通管理机关申请临时检验，经检验合格，在其行驶证上签注检验合格记录后，才能进行交易。检验被交易车辆的车架号码和发动机号码的符号、数字以及各种外文字母的全部拓印，发现不一致或改动、凿痕、重新打刻等人为修改或毁坏的车辆，一律扣留审查。

（3）二手车鉴定评估的目的和任务　　二手车鉴定评估的目的是为了正确反映机动车的价值量及其变动，为将要发生的经济行为提供公平的价格尺度。

① 确定二手车交易的成交额　　二手车在交易市场上进行买卖时，买卖双方对于二手车交易价格的期望是不同的，甚至相差甚远。所以需要鉴定评估人员站在公正、独立的立场对被交易的二手车进行客观的鉴定评估，评估的价格当作买卖双方成交的参考底价。

② 车辆的转籍、过户　　二手车的转籍、过户可能因交易行为或者由于其他经济行为而发生。如单位和个人以其所拥有的机动车辆来偿还其债务，若债权债务双方对车辆的价值有异议时，也需要委托二手车鉴定评估师对相关车辆的价值进行评定估算；否则，车辆将无法转籍和过户。

③ 抵押贷款　　银行为了保证放贷安全，要求贷款人以机动车辆作为贷款抵押物。放贷者为回收贷款安全起见，需对二手车进行鉴定评估，而这种贷款的安全性在一定程度上取决于对抵押评估的准确性。

④ 法律诉讼咨询服务　　当事人遇到机动车辆诉讼时，委托鉴定评估师对车辆进行评估，有利于把握事实真相。在法院判决时，可以根据鉴定评估师的结论为法院司法裁定提供现时价值依据。

⑤ 车辆拍卖　　对于公务车辆、执法机关罚没车辆、抵押车辆、企业清算车辆、海关获得的抵税和放弃车辆等，均需要对车辆进行鉴定评估，以在预期之日为拍卖车辆提供拍卖底价。

⑥ 车辆置换　　车辆置换业务，一种是以旧换新业务；另一种是以旧换旧业务。这两种情况均会涉及对置换车辆的鉴定评估。对机动车辆评估结果的准确与否，直接关系到置换双方的利益。车辆的置换业务特别是以旧换新业务在我国的汽车市场是一个崭新的业务，有着广阔的市场前景。

⑦ 车辆保险　　在对车辆进行投保时，所缴纳的保费高低和车辆本身的价值大小有直接关系。同样，当保险车辆发生保险事故时，保险公司需要对事故车辆进行理赔。为了保证保险双方的利益，也需要对核保理赔的车辆进行公平的鉴定评估。

⑧ 担保　　担保是指车辆所有人，以其拥有的机动车辆为其他单位或个人的经济行为提供担保，并承担连带责任的行为。担保车辆价值的确定，需要对车辆进行公平的鉴定评估。

⑨ 典当　　当典当双方对典当车辆的价值预期有较大的悬殊时，为了确保典当业务的正常进行，可以委托二手车鉴定评估师对典当车辆的价值进行评估，典当行可以此作为放款的依据。对于典当车辆的处理，同样也需要委托二手车鉴定评估师为其提供鉴定评估服务。

除此以外还有企业或个人的产权变动，如企业合资、合作和联营；企业分设、合并和兼并；企业出售、股份经营、企业清算或企业租赁等资产业务，一定要进行评估，其中也有二手车评估业务。但这部分业务是局部或整体资产评估，而且涉及国有资产，按国家有关规定，国有资产占用单位在委托评估前须向国有资产管理部门办理评估立项申请，等到批准后方可委托评估机构进行评估。

在接受车辆评估委托时，明确车辆评估的目的非常重要。对车辆的鉴定评估是一种市场价格的评估，因此对于客户提出不同的委托目的，需要有不同的评估方法。

如对于交易类的评估，一般使用的计算公式为

$$评估值 = 综合成新率 \times 重置成本 \times 市场波动因素 \qquad (2-1)$$

拍卖类的评估计算公式一般为

$$评估值 = 综合成新率 \times 重置成本 \times 市场波动因素拍卖折现率 \qquad (2-2)$$

而委托、咨询类在它的换算公式中不考虑市场波动因素，是一种不变现而仅是对其价值进行评估的一种方式，它的计算公式为

$$评估值 = 综合成新率 \times 重置成本 \qquad (2-3)$$

综上所述，可以很清晰地看出，对于同一辆车，因为不同的评估目的，其评估出来的结果会有所不同。

⑩ 鉴别非法车辆　二手车鉴定评估还有一个重要任务，就是要鉴定、识别走私车、盗抢车、非法拼装车、报废车、手续不全的车，禁止这些车辆在二手车交易市场上交易。

（4）二手车鉴定评估的业务类型　二手车鉴定评估的业务类型是指鉴定评估的业务性质。按照鉴定评估服务对象不同，把鉴定评估的业务类型分为交易类与咨询服务类。交易类业务是服务于二手车交易市场内部的交易业务，它是一种收取交易管理费的有偿服务；咨询服务类业务是服务于二手车交易市场部的非交易业务，它是一种按各地方政府物价管理部门制定的有关规定，对二手车鉴定评估的有偿服务，如融资业务的抵押贷款评估、为法院提供的咨询服务等。

（5）二手车鉴定评估的价值概念　二手车评估中的价值和价格，从目前应用状况上看，远不及经济学中定义的那样严格。两者概念经常处于混用状态，通常来说，可以理解为交易价值或市场价值的概念。

① 二手车评估的价值是交易价值　从某种意义上来说，二手车评估的价值是效用价值，是从"有用即值钱"的角度去探究它值多少钱。二手车评估值从表面上看是鉴定评估从业人员判定、估算的价值，但是车辆价值的真实体现是产权交易发生时的交易价值，而交易价值的最终判定者是交易双方当事人。成功和正确的价值估定是交易双方当事人均认为合理并被认同的价值，因此二手车鉴定评估人员也应从交易双方当事人角度考虑二手车的价值问题。

② 二手车评估的价值是市场价值　从某种意义上说，被评估车辆价值的真正意义是其作为市场价值的货币表现。由于二手车的评估依据来源于市场，具有现实的、接受市场检验的特征；二手车的价值是一个动态的概念，因此对其评估中的价值是指特定时间、地点和市场条件下的价值，具有较强的实效性，即二手车评估值是指评估基准日的市场价值。

（6）二手车鉴定评估的程序　在二手车鉴定评估过程中，严格遵循二手车鉴定评估的程序是确保鉴定评估工作科学性的重要表现。规范的鉴定评估可以减少鉴定评估人员在操作时的随意性和个性化问题，从而降低因为鉴定评估人员素质不同给鉴定工作所带来的影响。在二手车鉴定评估实践中，通常按照以下步骤进行操作。

① 接受委托，核查委托方提供的资料。
② 确定评估人员，制定评估实施方案，确定评估方法。
③ 对二手车进行现场查勘、核实，确定二手车成新率。
④ 进行市场调查和取证，确定机动车重置成本。
⑤ 确定机动车评估现值或确定二手车拍卖底价。
⑥ 撰写并出具二手车评估报告书。

（7）二手车鉴定评估的依据和原则

① 二手车鉴定评估工作与其他工作一样，在评估时必须有正确科学的依据，这样方可得出较正确的结论。其主要依据如下。

a．理论依据　二手车鉴定评估的理论依据是资产评估学，按照国家规定的方法操作。

b．政策法规　二手车鉴定评估工作政策性强，依据的主要政策法规包括《国有资产评估管理办法》《国有资产评估管理办法实施细则》《旧机动车交易管理办法》《汽车报废标准》等，以及其他方面的政策法规。

c．价格依据　一是历史依据，主要是二手车的账面原值、净值等资料，它具有一定的客观性，但不得作为评估的直接依据；二是现实依据，即在评估价值时均要以基准日这一时点的现时条件为准，即现时的价格，现时的车辆功能状态。

② 二手车鉴定评估的原则是对二手车鉴定评估行为的规范。为了确保鉴定评估结果的真实、准确，并做到公平合理，被社会承认，就必须遵循一定的原则。

a．公平性原则　公平、公正是二手车鉴定评估工作人员必须遵守的一项最基本的道德规范。鉴定评估人员的思想作风、工作态度应当公正无私。对于评估结果应该是公正、合理的，而绝对不能偏向任何一方。

b．独立性原则　独立性原则是要求二手车鉴定评估工作人员应该依据国家的相关法规和规章制度及可靠的资料数据，对被评估的二手车价格独立地做出评估。坚持独立性原则，是保证评估结果具有客观性的基础。鉴定评估人员的工作不得受外界干扰和委托者意图的影响，而应公正客观地进行评估工作。

c．客观性原则　客观性原则是指评估结果需以充分的事实为依据。它要求对二手车价值的计算所依据的数据资料必须真实，对技术状况的鉴定分析应该实事求是。

d．科学性原则　科学性原则是指在二手车评估过程中，必须根据评估的特定目的，选用合适的评估标准和方法，使评估结果准确合理。

e．专业性原则　专业性原则要求鉴定评估人员接受国家专业的职业培训，经职业技能鉴定合格后由国家统一颁发执业证书，持证上岗。

f．可行性原则　可行性原则也叫作有效性原则。要想使鉴定评估的结果真实可靠又简便易行，就要求鉴定评估人员是合格的，具有良好的素质；评估中利用的资料数据是真实可靠的；鉴定评估的程序和方法是合法的、科学的。

(8) 二手车鉴定评估的方法　二手车鉴定评估的方法可分为鉴定类估价与收购类估价两类。鉴定类估价又包括四种评估方法，即现行市价法、收益现值法、清算价格法和重置成本法。收购类估价目前多采用折旧法进行评估。

(9) 二手车鉴定评估的特点　机动车作为一类资产，不同于其他类型的资产而有其自身的特点。其主要特点，一是单位价值较大，使用时间较长；二是工程技术性强，使用范围广；三是使用强度、使用条件、维护水平差异很大；四是使用管理严，税费附加值高。车辆本身的这些特点决定了二手车鉴定评估具有下列特点。

① 二手车鉴定评估以技术鉴定为基础　机动车辆本身具有很强的工程技术特点，其技术含量较高。机动车在长期的使用过程中，因为机件的摩擦和自然力的作用，使它处于不断磨损的过程中。随着使用里程及使用年数的增加，车辆实体的有形损耗和无形损耗加剧；其损耗程度的大小，因为使用强度、使用条件、维修水平等不同而差异很大。所以，评定车辆实物和价值状况，往往需要通过技术检测等手段来鉴定其损耗程度。

② 二手车鉴定评估都以单台为评估对象　二手车单位价值相差大、规格型号多、车辆结构差异很大。为了确保评估质量，对于单位价值大的车辆，通常都是分整车、分部件地进行鉴定评估。为了简化鉴定评估工作程序，节省时间，对于以产权转让作为目的、单位价值小的车辆，也不

排除采取经验法直接获得评估价格的评估方式。

③ 二手车鉴定评估要考虑其手续构成的价值　因为国家对车辆实行"户籍"管理，使用税费附加值高，所以，对二手车进行鉴定评估时，除了估算其实体价值以外，还需考虑由"户籍"管理手续和各种使用税费构成的价值。

2.2　二手车鉴定评估机构

（1）二手车鉴定评估机构的职能

① 评估职能　评估即评价、估算，指对某一事物或物质进行评判和预估。评估职能是评估所应具有的作用。二手车鉴定评估机构和其他评估人一样具有一种广义的评估职能，包括评价职能、勘验职能、鉴定职能、估价职能等。二手车鉴定评估机构对二手车进行评估，得到评估结论，并说明得出结论的充分依据以及推理过程，体现出其评估职能。评估职能是二手车鉴定评估机构的关键职能。

② 公证职能　二手车鉴定评估机构对二手车评估结论做出符合实际、可以信赖的证明。二手车鉴定评估机构之所以具有公证职能，原因如下。

a. 二手车鉴定评估机构具有丰富的二手车评估知识和技能，在判断二手车评估结论准确与否的问题上最具资格和权威性。

b. 作为当事人之外的第三方，二手车鉴定评估机构完全站在中立、公正的立场上就事论事、科学办事。

公证职能是二手车鉴定评估机构的重要职能，并具有下列特征：第一，这种公证职能虽然不具备定论作用，但却有促成事故结案、买卖成交的作用，因为当事人双方难以找出与评估结论完全不同的原因或理由；第二，这种公证职能虽然不具备法律效力，但是该结论可以接受法律的考验。这是由于二手车鉴定评估机构的评估结论确定之后，必须经当事人双方接受方可结案或买卖成交。一旦当事人双方有一方不能接受，则可选择其他途径解决，比如调解协商、仲裁或诉讼。但是，二手车鉴定评估机构可以接受委托方的委托出庭辩护，甚至可以被聘请为诉讼代理人出庭诉讼，本着对委托方尤其是对评估报告负责的原则，促成双方接受既定结论。

③ 中介职能　二手车鉴定评估机构作为中介人，从事评估经济活动，并且参与相关利益的分配，为当事人提供服务，具有鲜明的中介职能。这是因为二手车鉴定评估机构可以受托于双方当事人的任何一方；二手车鉴定评估机构以当事人以外的第三方身份从事二手车评估经营活动，从当事人一方获得委托，以中间人立场执行二手车评估，并收取合理费用。这样，二手车鉴定评估机构以中间人的身份，独立地开展二手车评估，从而得出评估结论，促使双方当事人接受该结论，为当事人提供中介服务。

（2）二手车鉴定评估机构的地位

① 二手车鉴定评估机构执行评估业务时，既不代表双方当事人，也不受行政权力等外界因素影响。

② 在开展二手车评估业务的整个进程中，汽车评估执业人员保持着独立的思维方式及判断标准。

③ 二手车鉴定评估人员的评估分析及结论保持独立性，这一特征在二手车鉴定评估机构所出具的评估报告中得以充分体现。

④ 二手车鉴定评估人员具有知识密集性和技术密集性的特征，在二手车评估领域具有一定的权威地位，但从法律的角度来看，这种权威地位是相对的。从市场地位而言，二手车鉴定评

估人员必须坚持独立的立场，不管针对哪一方委托的事务都应做出客观、公平的评判。

（3）设立二手车鉴定评估机构应具备的条件和程序

① 二手车鉴定评估机构应具备的条件　根据《二手车流通管理办法》（商务部、公安部、国家工商行政管理总局、国家税务总局令 2005 年第 2 号）第九条规定，二手车鉴定评估机构应具备的条件如下。

　a. 经营者必须是独立的中介机构。

　b. 有固定的经营场所和从事经营活动的必要设施。

　c. 有三名以上从事二手车鉴定评估业务的专业人员（包括本办法实施之前取得国家职业资格证书的二手车鉴定评估师）。

　d. 有规范的规章制度。

② 设立二手车鉴定评估机构程序　根据《二手车流通管理办法》第十条规定，设立二手车鉴定评估机构，应当按下列程序办理。

　a. 申请人向拟设立二手车鉴定评估机构所在地省级商务主管部门提出书面申请，并提交符合本办法第九条规定的相关材料。

　b. 省级商务主管部门自收到全部申请材料之日起 20 个工作日内做出是否予以核准的决定，对予以核准的，颁发《二手车鉴定评估机构核准证书》；不予核准的，应当说明理由。

　c. 申请人持《二手车鉴定评估机构核准证书》到工商行政管理部门办理登记手续。

外商投资设立二手车交易市场、经销企业、经纪机构、鉴定评估机构的申请人，应当分别持符合《二手车流通管理办法》第八、第九条规定和《外商投资商业领域管理办法》有关外商投资法律规定的相关材料报省级商务主管部门。省级商务主管部门进行初审后，自收到全部申请材料之日起 1 个月内上报国务院商务主管部门。合资中方有国家计划单列企业集团的，可直接将申请材料报送国务院商务主管部门。国务院商务主管部门自收到全部申请材料 3 个月内会同国务院工商行政管理部门，做出是否予以批准的决定，对予以批准的，颁发或者换发《外商投资企业批准证书》；不予批准的，应当说明理由。申请人持《外商投资企业批准证书》到工商行政管理部门办理登记手续。

2.3　二手车鉴定评估前期准备工作

鉴定评估的前期准备工作是指进行二手车鉴定评估前需要做的一系列工作，主要包括业务洽谈、实地考察、签订二手车鉴定评估委托书以及拟定鉴定评估作业方案等。

（1）业务洽谈　业务洽谈是承接评估业务的第一步。与客户洽谈的主要内容包括车主基本情况、车辆情况、委托评估目的、时间要求等。通过业务洽谈，应该初步了解以下情况。

① 车主基本情况　车主即二手车所有人，指车辆所有权的单位或个人。接受委托前需了解委托者是否是车主，是车主的即有车辆处置权；若不是车主本人，还要看是否有车主签名的处置委托书及委托者身份证明，相符者也有车辆处置权，否则，无车辆处置权。同时还需了解车主单位（或个人）名称、隶属关系和所在地等。

② 委托评估的目的　委托评估目的是指委托者评估二手车的经济行为。常见的二手车委托评估目的包括交易、转籍、拍卖、置换、抵押、担保、咨询、司法裁决等经济行为。根据委托评估目的，选择适合的计价标准与评估方法。我国二手车市场的业务主要以交易为主，委托者委托评估的目的大部分是为二手车成交提供参考底价。

③ 评估对象及其基本情况

a. 二手车类别，是乘用车，还是商用车等。

b. 二手车名称、型号、生产厂家、出厂日期。

c. 二手车初次注册登记日期、行驶里程。

d. 二手车来历，是第一次交易，还是再次交易；第一次交易的车辆，应了解其新车来历，是正常市场上购买的，还是走私罚没处理或是捐赠免税车。

e. 车籍，指车辆注册登记地。

f. 使用性质，是私家车、公务用车、商用车，还是专业运输车或是出租营运车。

g. 手续是否齐全，是否年检。

对上述基本情况了解清楚以后，即可做出是否接受委托的决定。如果接受委托，就要签订二手车鉴定评估委托书。

（2）实地考察　对于评估数量较多的业务，在签订二手车鉴定评估委托书之前，需安排到车辆停放地点实地考察评估对象的情况。实地考察的目的是了解鉴定估价的工作量、工作难易程度、车辆现时状态（在用、已停放很久不用、在修、停驶待修等）。

（3）签订二手车鉴定评估委托书　二手车鉴定评估委托书是受托方和委托方对各自权利责任及义务的协议，是一项具有经济合同性质的契约。二手车鉴定评估委托书见表2-1。

二手车鉴定评估委托书必须符合国家法律、法规及资产评估业的管理规定。涉及国有资产的二手车鉴定评估业务，需由委托方提供国有资产管理部门关于评估立项申请的批复文件，经核实后，才能接受委托，签署委托书。

表2-1　二手车鉴定评估委托书

编号：_____

_____机动车鉴定评估机构：

因□交易□转籍□拍卖□置换□抵押□担保□咨询□司法裁决需要，特委托你单位对车辆（车牌号码_____车辆类型_____发动机号/车架号_____）进行技术状况鉴定并出具评估报告书。

附：委托评估车辆基本信息

车主		身份证号码/法人代码证书		联系电话	
住址				邮政编码	
经办人		身份证号码		联系电话	
住址				邮政编码	
车辆情况	厂牌型号			使用用途	
	载重量/座位/排量			燃料种类	
	初次登记日期	年　月　日		车身颜色	
	已使用年限	年　个月	累计行驶里程/万千米		
	大修次数	发动机/次		整车/次	
	维修情况				
	事故情况				

续表

价值反映	购置日期	年 月 日	原始价格/元	
	车主报价/元			

备注:

填表说明:
(1) 若被评估车辆使用用途曾经为营运车辆,需在备注栏中予以说明。
(2) 委托方必须对车辆信息的真实性负责,不得隐瞒任何情节,凡由此引起的法律责任及赔偿责任由委托方负责。
(3) 本委托书一式两份,委托方、受托方各一份。

委托方:(签字、盖章)   经办人:(签字盖章)
　　　年　月　日   　　　年　月　日

(4) 拟定鉴定评估作业方案　鉴定评估方案是二手车鉴定评估机构依据二手车鉴定评估委托书的要求而制定的规划和安排,主要内容包括评估目的、评估对象和评估范围、评估基准日,安排具有鉴定评估资格的评估人员和协助评估人员工作的其他人员,现场工作计划、评估程序、评估具体工作和时间安排、拟采用的评估方法及其具体步骤等。

确定鉴定评估方案后,下达二手车鉴定评估作业表(表2-2),进行鉴定评估工作。

表2-2　二手车鉴定评估作业表

车主			所有权性质	□公□私	联系电话	
住址					经办人	
原始情况	厂牌型号		号牌号码		车辆类型	
	车辆识别代号(VIN)				车身颜色	
	发动机号		车架号			
	载重量/座位/排量				燃料种类	
	注册登记日期	年　月	车辆出厂日期		年　月	
	已使用年限	年　月	累计行驶里程	万千米	用途	
检查核对交易证件	证件	□原始发票□机动车登记证书□机动车行驶证 □法人代码证或身份证□其他				
	税费	□购置附加税□车船使用税□车辆保险□其他				
结构特点						
现时技术状态						
维护保养情况			现时状态			
价值反映	账面原值/元		车主报价/元			
	重置成本/元		成新率/%		评估价格/元	

鉴定评估目的:

鉴定评估说明:

注册二手车鉴定估价师(签名):   复核人(签名):
　　年　月　日   　　年　月　日

填表说明:
(1) 现时技术状况:必须如实填写对车辆进行技术鉴定的结果,客观真实地反映出二手车主要部分(含车身、底盘、发动机、电气、内饰等)以及整车的现时技术状况。
(2) 鉴定评估说明:应详细说明重置成本的计算方法、成新率的计算方法以及评估价格的计算方法。

第 3 章
二手车现场鉴定

3.1 证件核对

3.1.1 二手车的法定证件

二手车的法定证件主要包括机动车来历证明、机动车行驶证、机动车登记证书、机动车号牌、道路运输证、机动车检验合格标志等。

（1）机动车来历证明　是二手车来源的合法证明。机动车来历证明主要包括下列几个方面。

① 在国内购买机动车的来历凭证，可分为新车来历证明与二手车来历证明。在国外购买的机动车，其来历凭证是该车销售单位开具的销售发票及其翻译文本。

a. 新车来历证明　新车来历证明是指经国家工商行政管理机关验证（加盖工商验证章）的机动车销售发票（即原始购车发票），如图 3-1 所示。一般在购买新车时，可在当地的工商行政管理局机动车市场管理分局办理工商验证手续。

b. 二手车来历证明　二手车来历证明是指经国家工商行政管理机关验证（加盖工商验证章）的二手车交易发票。二手车交易发票反映了即将交易的车辆曾经是一辆已经交易过的合法使用的二手车。2005 年 10 月《二手车流通管理办法》颁布施行，全国统一了"二手车销售发票"，目前国内大部分地区使用的是新版的"二手车销售统一发票"。而在统一发票以前，各地的旧车交易发票样式繁多，造成了管理上的困难。

② 人民法院调解、裁定或者判决转移的机动车，其来历凭证为人民法院出具的已经生效的《调解书》《裁定书》或《判决书》以及相应的《协助执行通知书》。

③ 仲裁机构仲裁裁决转移的机动车，其来历凭证是《仲裁裁决书》及人民法院出具的《协助执行通知书》。

④ 继承、赠予、中奖以及协议抵偿债务的机动车，其来历凭证是继承、赠予、中奖和协议抵偿债务的相关文书及公证机关出具的《公证书》。

⑤ 资产重组或者资产整体买卖中包含的机动车，其来历凭证为资产主管部门的批准文件。

⑥ 国家机关统一采购并调拨到下属单位未注册登记的机动车，其来历凭证为全国统一的机动车销售发票以及该部门出具的调拨证明。

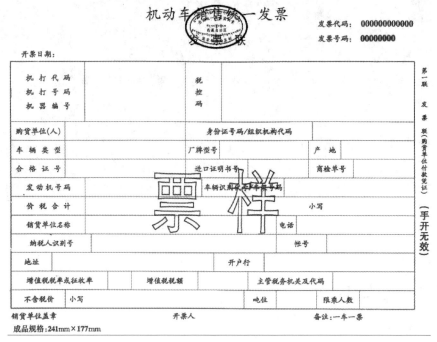

图 3-1 新车来历证明

⑦ 国家机关已注册登记并且调拨到下属单位的机动车,其来历凭证为该部门出具的调拨证明。

⑧ 经公安机关破案发还的被盗抢且已经向原机动车所有人理赔完毕的机动车,其来历凭证是保险公司出具的"权益转让证明书"。

⑨ 更换发动机、车身、车架的来历凭证,是销售单位开具的发票或是修理单位开具的发票。

(2) 机动车行驶证　是由公安机关交通管理部门依法对车辆进行注册登记核发的证件。它是机动车取得合法行驶权的凭证,如图 3-2 所示。《中华人民共和国道路交通安全法》第十一条规定,机动车行驶证是车辆上路行驶必须携带的证件。

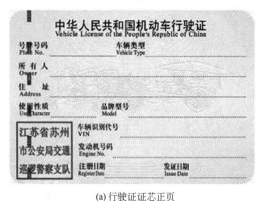
(a) 行驶证证芯正页

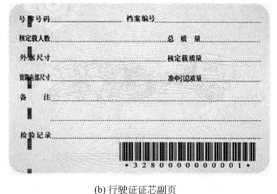
(b) 行驶证证芯副页

图 3-2 机动车行驶证

(3) 机动车登记证书　由公安机关交通管理部门核发和管理,是机动车的"户口本"及所有权证明,具有产权证明的性质,如图 3-3 所示。所有机动车的详细信息和机动车所有人的资料都记载在上面。当证书上所登记的原始信息发生变动时,机动车所有人应当及时到车辆管理所办理变更登记；当机动车所有权转移时，原机动车所有人需将机动车登记证书做变更登记后随车交给现机动车所有人。所以，机动车登记证书是机动车从"生"到"死"的完整记录。

图 3-3

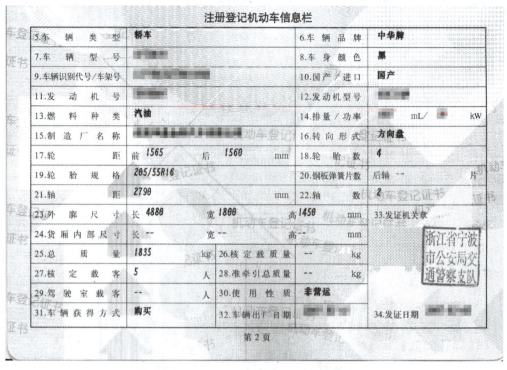

(b) 内容

图 3-3　机动车登记证书

（4）机动车号牌　是由公安局车辆管理机关依法对机动车进行注册登记核发的号牌。它与机动车行驶证一同核发，其号码和行驶证一致。机动车号牌是机动车取得合法行驶权的标志。

（5）道路运输证　是县级以上人民政府交通主管部门设置的道路运输管理机构对从事旅客运输（包括城市出租客运）、货物运输的单位及个人核发的随车携带的证件，如图3-4所示（各地样式可能有所不同）。营运车辆转籍过户时，需到运管机构及相关部门办理营运过户有关手续。道路运输证只有运营车辆才有，非运营车辆没有此证。

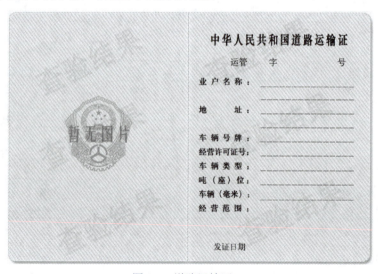

图 3-4　道路运输证

(6)机动车检验合格标志

① 机动车安全技术检验合格标志　机动车必须进行安全技术检验,检验合格后,公安机关发放合格标志,如图3-5所示。根据《中华人民共和国道路交通安全法实施条例》第十三条的规定,机动车检验合格标志需粘贴于前挡风玻璃右上角。

图 3-5　机动车检验合格标志

② 营运车辆综合性能检测合格标志　凡在我国境内从事客、货运输的车辆,每年必须经汽车综合性能检测站检测,检测合格后由道路运输管理部门核发"综合性能检测合格"标志,且要求粘贴于前挡风玻璃右上角。

③ 机动车环保检验合格标志　机动车必须进行环保技术检验,检验合格后,由环保部门核发合格标志,且要求粘贴于前挡风玻璃右上角。

(7)准运证　是广东、福建、海南三省口岸进口并需运出三省以及三省从其他口岸进口需销往外省市的进口新旧机动车,必须经国家商务部审批核发的证件。准运证一车一证。

(8)轿车定编证　轿车是国家规定的专项控制商品之一,轿车定编证是各地政府落实国务院有关严格控制社会集团购买力的通知精神,由各地方政府控制社会集团购买力办公室签发的证件。国家为了支持轿车工业的发展,决定取消购买车辆控购审批。各地政府按照当地实际情况,所执行的控购情况并不相同。

3.1.2　二手车各种税费单据

二手车的税费包括车辆购置税、车船税及机动车保险费等。

(1)车辆购置税　是国家向所有购置车辆的单位和个人,包括国家机关和单位以纳税形式征收的一项费用。其目的是解决发展公路运输事业和国家财力紧张的突出矛盾,筹集交通基础建设资金。

① 车辆购置税的计算　车辆购置税的征收标准,目前是按照车辆计税价的10%计征,由车辆登记注册地的主管税务机关征收。它是购买车辆后支出的最大一项费用。

$$车辆购置税应纳税额 = 计税价格 \times 10\% \tag{3-1}$$

计税价格按照下列情况确定。

a. 纳税人购买自用应税车辆的计税价格,是纳税人购买应税车辆而支付给销售商的全部价款和价外费用,不包括增值税税款。也就是说按照取得的"机动车销售统一发票"上开具的价费合计金额除以 1+17% 作为计税依据,乘以 10% 就是应缴纳的车辆购置税。

> **特别提示**
>
> 　　国家对车辆购置税税收计税标准政策的调整，例如2009年1月20日～12月31日期间，排量在1.6L及以下的小排量乘用车，车辆购置税税率减半征收（5%），而2010年又提高到7.5%。

　　b．纳税人购买进口自用车辆的应税车辆计税价格计算公式为

$$\text{计税价格} = \text{关税完税价格} + \text{关税} + \text{消费税} \tag{3-2}$$

　　c．纳税人自产、受赠、获奖或者以其他方式取得并自用车辆，计税依据是国家税务总局核定的应税车辆最低计税价格。

　　购买自用或进口自用车辆，纳税人申报的计税价格低于同类型应税车辆的最低计税价格，又没有正当理由的，计税依据是国家税务总局核定的应税车辆最低计税价格。最低计税价格是指国家税务总局根据车辆生产企业提供的车辆价格信息并参照市场平均交易价格核定的车辆购置税计税价格。

　　申报的计税价格低于同类型应税车辆的最低计税价格，又没有正当理由的，是指纳税人申报的车辆计税价格低于出厂价格或进口自用车辆的计税价格。

　　d．按特殊情况确定的计税依据。对于进口旧车、由于不可抗力因素导致受损的车辆、库存超过3年的车辆、行驶8万千米以上的试验车辆、国家税务总局规定的其他车辆，主管税务机关根据纳税人提供的"机动车销售统一发票"或有效凭证注明的价格确定计税价格。

　　② 车辆购置税的征收范围　车辆购置税的具体征收范围依照《中华人民共和国车辆购置税暂行条例》所附车辆购置税征收范围表（表3-1）执行。

表3-1　车辆购置税征收范围表

应税车辆	具体范围	注释
汽车	各种汽车	
摩托车	轻便摩托车	最高设计时速不大于50km/h，发动机气缸总排量不大于50mL的2个或者3个车轮的机动车
	两轮摩托车	最高设计时速大于50km/h，或者发动机气缸总排量大于50mL的2个车轮的机动车
	三轮摩托车	最高设计时速大于50km/h，或者发动机气缸总排量大于50mL，空车质量不大于400kg的3个车轮的机动车
电车	无轨电车	以电能为动力，由专用输电电缆线供电的轮式公共车辆
	有轨电车	以电能为动力，在轨道上行驶的公共车辆
挂车	全挂车	无动力设备，独立承载，由牵引车辆牵引行驶的车辆
	半挂车	无动力设备，与牵引车辆共同承载，由牵引车辆牵引行驶的车辆
农用运输车	三轮农用运输车	柴油发动机，功率不大于7.4kW，载重量不大于500kg，最高车速不大于40km/h的3个车轮的机动车
	四轮农用运输车	柴油发动机，功率不大于28kW，载重量不大于1500kg，最高车速不大于50km/h的4个车轮的机动车

　　③ 车辆购置税的免税、减税范围　车辆购置税的免税、减税范围按下列规定执行。

　　a．外国驻华使馆、领事馆和国际组织驻华机构及其外交人员自用的车辆免税。

b. 中国人民解放军和中国人民武装警察部队列入军队武器装备订货计划的车辆免税。
c. 设有固定装置的非运输车辆免税。
d. 有国务院规定予以免税或者减税的其他情形的，根据规定免税或者减税。
e. 对于挖掘机、平地机、叉车、装载车（铲车）、起重机（吊车）、推土机六种车辆免税。

（2）车船税　车船税征收依据是2012年1月1日起实施的《中华人民共和国车船税法》。根据规定，凡在中华人民共和国境内，车辆、船舶（以下简称车船）的所有人或者管理人为车船税的纳税人，需依照本法的规定缴纳车船税。车船税由地方税务机关负责征收。车船税征收标准见表3-2。

表 3-2　车船税征收标准

税目	计税单位	每年税额/元	备注
载客汽车	每辆	60～660	包括电车
载货汽车	按自重每吨	16～120	包括半挂牵引车、挂车
三轮汽车低速货车	按自重每吨	24～120	—
摩托车	每辆	36～180	—
船舶	按净重每吨	3～6	拖船和非机动驳船分别按船舶税额的50%计算

注：专项作业车、轮式专用机械车的计税单位及每年税额由国务院财政部门、税务主管部门参照本表确定。

《中华人民共和国车船税法》第三条规定，下列车船免征车船税。
① 捕捞、养殖渔船。
② 军队、武警专用的车船。
③ 警用车船。
④ 依照法律规定应当予以免税的外国驻华使馆、国际组织驻华机构及其有关人员的车船。

《中华人民共和国车船税法》第五条规定，省、自治区、直辖市人民政府根据当地实际情况，可以对公共交通车船，农村居民拥有并主要在农村地区使用的摩托车、三轮汽车和低速载货汽车定期减征或者免征车船税。

（3）机动车保险费　机动车保险是各种机动车在使用过程中发生事故，造成车辆本身以及第三者人身伤亡和财产损失后的一种经济补偿制度。机动车保险费是机动车所有人向保险公司所交付的和保险责任相适应的费用，其目的是在机动车发生意外事故时，转嫁风险，使自己避免较大损失。机动车保险实际上是一种运用社会集体的力量，共同建立规避风险基金进行补偿或给付的经济保障。

我国机动车保险险种分为基本险与附加险两大类。基本险又称主险，是指不需附加在其他险别之下的，可以独立承保的险别，简单地说，可以独立投保的保险险种称为基本险。附加险是相对于主险（基本险）而言的，顾名思义是指附加在主险合同下的附加合同。它不能单独投保，要购买附加险必须先购买主险。基本险与附加险又分别有不同险种。基本险分为车辆损失险（简称车损险）、第三者责任险及车辆盗抢险（车辆盗抢险是从2007年4月1日起由附加险升为主险的）。机动车附加险又分为车上人员责任险、无过失责任险、车载货物掉落责任险、玻璃单独破碎险、划痕险、车辆停驶损失险、自燃损失险、新增设备损失险和不计免赔特约险等。若附加险的条款和基本险条款发生抵触，抵触之处的解释以附加险条款为准；若附加险条款未作规定，则以基本险条款为准。保险人根据承保险别分别承担保险责任。

① 车损险　车损险是指保险车辆遭受保险责任范围内的自然灾害（不包括地震）或意外事故，造成保险车辆本身损失，保险人根据保险合同的规定给予赔偿的保险。车损险是一种商业险种，车主自愿购买，不得强制购买。

② 第三者责任险　第三者责任险是指保险期间内，被保险人或其允许的合法驾驶人使用被保险机动车过程中发生意外事故，导致第三者遭受人身伤亡或财产直接损毁，承保人依法给予赔偿的经济赔偿责任。保险合同中的第三者是指因被保险机动车发生意外事故遭受人身伤亡或者财产损失的人，但不包括被保险机动车本车上人员、投保人、被保险人及保险人。第三者责任险曾经是我国多数地区强制实行的险种，目前我国机动车第三者责任险分为商业性的第三者责任险（简称三者险）及公益性的机动车交通事故责任强制保险（简称交强险）两种。

交强险是我国首个由国家法律规定实行的强制保险制度。交强险是由保险公司对被保险机动车发生道路交通事故造成受害人（不包括本车人员和被保险人）的人身伤亡、财产损失，在责任限额内予以赔偿的强制性责任保险。交强险具有法定性、强制性、广覆性和公益性的特点。交强险与第三者责任险的区别主要表现在下列几个方面。

a. 实行强制性投保和强制性承保。交强险的强制性体现在所有上路行驶的机动车的所有人或管理人必须依法投保该险种，而且保险公司不得拒绝承保和随意解除合同。

b. 赔偿原则发生变化。目前实行的机动车第三者责任险，保险公司是依据被保险人在交通事故中所承担的事故责任来确定其赔偿责任的。交强险实施后，不论被保险人是否在交通事故中负有责任，保险公司都将按照《机动车交通事故责任强制保险条例》（以下简称《条例》）以及交强险条款的具体要求在责任限额内进行赔偿。

c. 保障范围宽。为了有效控制风险，减少损失，机动车第三者责任险规定有不同的责任免责事项及免赔率（额）；而交强险除被保险人故意造成交通事故等少数几种情况外，其保险责任几乎涵盖了所有道路交通风险，且不设免赔率和免赔额。

d. 按不盈不亏原则制定保险费率。交强险不以盈利为目的，并实行和其他保险业务分开管理、单独核算；而机动车第三者责任险则不用与其他车险险种分开管理、单独核算。

e. 实行分项责任限额。机动车第三者责任险不论人伤还是物损，均在一个限额下进行赔偿，并由保险公司自行制定责任限额水平；交强险由法律规定实行分项责任限额，即分为死亡伤残赔偿限额、医疗费用赔偿限额、财产损失赔偿限额和被保险人在道路交通事故中无责任的赔偿限额。

f. 实行统一条款和基础费率，并且费率和交通违章挂钩。在机动车第三者责任险中不同保险公司的条款费率彼此存在差异；而交强险实行全国统一的保险条款和基础费率。

《条例》规定，公安机关交通管理部门、农业（农业机械）主管部门（以下统称机动车管理部门）应当依法对机动车参加机动车交通事故责任强制保险的情况实施监督检查。对未参加交通事故责任强制保险的机动车，机动车管理部门不得予以登记，机动车安全技术检验机构不得予以检验。

公安机关交通管理部门及其交通警察在调查处理道路交通安全违法行为和道路交通事故时，需依法检查机动车交通事故责任强制保险的保险标志，如图 3-6 所示。

(a) 正面　　　　　　　　　　　(b) 反面

图 3-6　交通事故责任强制保险标志

上路行驶的机动车未放置保险标志的，公安机关交通管理部门应当扣留机动车，通知当事人提供保险标志或者补办相关手续，可以处警告或者20元以上200元以下罚款。

伪造、变造或者使用伪造、变造的保险标志，或是使用其他机动车的保险标志，由公安机关交通管理部门予以收缴，扣留该机动车，处200元以上2000元以下罚款；构成犯罪的，依法追究刑事责任。

③ 盗抢险　盗抢险全称是机动车辆全车盗抢险。盗抢险是一种商业险，不是强制性购买的。机动车辆全车盗抢险的保险责任为全车被盗窃、被抢劫、被抢夺造成的车辆损失以及在被盗窃、被抢劫、被抢夺期间受到损坏或车上零部件、附属、设备丢失需要修复的合理费用。可见，机动车辆全车盗抢险的保险责任包含两部分：一是因为被盗窃、被抢劫、被抢夺造成的保险车辆的损失；二是由于保险车辆被盗窃、被抢劫、被抢夺造成的合理费用支出。对上述两部分费用由保险公司在保险金额内负责赔偿。

（4）客、货运附加费　是国家本着取之于民、用之于民的原则，向从事客、货营运的单位或个人征收的专项基金。它属于地方建设专项基金，各地征收的名称叫法不同，收取的标准也不尽相同。客运附加费是用于公路汽车客运站点设施建设的专项基金；货运附加费是用作港航、站场、公路和车船技术改造的专项基金。

3.2　二手车技术状况的静态检查

二手车技术状况的静态检查是指在静态情况下，评估人员依靠目测、触摸、自身专业技能和工作经验，辅以简单的量具，对二手车的技术状况进行静态直观检查。所需工具和用品如下。

① 一个笔记本和一支钢笔或铅笔，用于记录看到、听到和闻到的异常情况，以及需要让机械师进一步检测和考虑的事情。

② 一个手电筒，用于照亮发动机机舱和汽车下面又暗又脏的地方。

③ 一些棉丝头或纸巾，用来擦手或用于擦干净将要检查的零件。

④ 一块大的旧毛毯或帆布，用作仰面检查汽车下面是否有漏油、磨损或损坏的零件等。

⑤ 一段300～400mm的清洁橡胶管或塑料管，可以作为"听诊器"，用来倾听发动机或其他不可见地方是否有不正常的噪声。

⑥ 一个卷尺或小金属直尺，用于测量车辆与车轮罩之间的距离。

⑦ 一盒盒式录音带和一个光盘，用于测试磁带收放机和CD唱机。

⑧ 一个小型工具箱，里面应该包括成套套筒棘轮扳手、一个火花塞筒扳手、各种旋具、一把尖嘴钳子和一个轮胎撬棒。

⑨ 一个小磁铁，用来检查塑料车身腻子的车身镶板。

⑩ 一块万用表，用来进行辅助电气测试。

静态检查的目的是快速、全面地了解二手车的大体技术状况。通过全面检查，发现一些较大的缺陷，如严重碰撞、车身或车架锈蚀或有结构性损坏、发动机或传动系统严重磨损、车厢内部设施较差、损坏维修费用较大等，为价值评估提供依据。

二手车静态检查主要包括识伪检查与外观检查两大部分。其中识伪检查主要包括鉴别走私车辆、拼装车辆及盗抢车辆等工作，外观检查包括鉴别事故车辆、检查发动机机舱、检查车舱、检查后备厢和检查车底等内容，具体如图3-7所示。

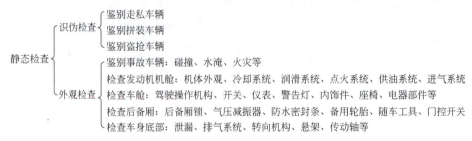

图 3-7 静态检查内容

3.2.1 静态检查中的识伪检查

（1）鉴别走私和拼装车辆　走私车辆是指没有通过国家正常进口渠道进口的、未完税的进口车辆。拼装车辆是指一些不法厂商与不法商人为了牟取暴利，非法组织生产、拼装，无产品合格证的假冒、低劣汽车。这些汽车有些是境外整车切割，境内焊接拼装车辆，有些是进口汽车散件国内拼装的国外品牌汽车，有些是国内零配件拼装的国内品牌汽车，有些是旧车拼装车辆，即两辆或者几辆组合拼装成一辆汽车，有些甚至是国产或进口零配件拼装的杂牌汽车。

在二手车交易鉴定评估中，对于走私车辆、拼装车辆，首先应确定这些车辆的合法性。其中，一种情况是车辆技术状况较好，符合国家关于机动车行驶标准和要求，已经被国家有关执法部门处理，通过拍卖等方式，在公安机关车管部门注册登记上牌，并且取得合法地位的车辆。这些二手车在评估价格上应低于正常状态的车辆。另一种情况是无牌、无证的非法车辆。对走私车辆、拼装车辆的鉴别方法如下。

① 运用公安机关车管部门的车辆档案资料，查找车辆来源信息，确定车辆的合法和来源情况，这是一种最直接有效的判别方法。

② 查验二手车的汽车产品合格证、维护保养手册，对进口车还必须检查进口产品检验证明书和商验标志。

③ 检查二手车外观。查看车身是否有重新做油漆的痕迹，尤其是顶部下沿部位。车身的曲线部位线条是否流畅，特别是小曲线部位。根据目前技术条件，没有专门的设备不可能处理得十分完美，再加工痕迹尤其明显。检查门柱和车架部分是否有焊接的痕迹，很多走私车辆是在境外将车身切割后，运入国内再进行焊接拼凑起来的。检查车门、发动机盖、后备厢盖与车身的接合缝隙是否整齐、均衡。

④ 查看二手车内饰。检查汽车内饰材料是否平整，内装饰压条边沿部分是否有显著的手指印或有其他工具碾压后留下的痕迹，车顶装饰材料上或多或少均会留下被弄脏后的痕迹。

⑤ 打开发动机盖，检查发动机及其他零部件是否有拆卸后重新安装的痕迹，是否有旧的零部件或缺少零部件；查看电线、管路布置是否有条理，安装是否平整；核对发动机号码及车辆识别代码（车架号码）的字体和部位。

（2）鉴别盗抢车辆　盗抢车辆通常是指公安机关车辆管理部门已登记上牌的、在使用期内丢失的或被不法分子盗窃的、在公安部门已报案的车辆。因为这类车辆被盗窃的方式多种多样，它们被盗窃后所遗留下来的痕迹会有所不同。如撬开门锁、砸车窗玻璃和撬方向盘锁等，通常都会留下痕迹。同时，这些被盗赃车大部分是经过一些修饰后才会被卖出的，很可能会流入二手车交易市场。这些车辆的鉴别方法如下。

① 根据公安机关车辆管理部门的档案资料，及时掌握车辆状态情况，避免盗抢车辆进入市场交易。这些车辆从车主报案起到追寻找到为止这段时期内，公安机关车辆管理部门将这些车辆档案材料锁定，不允许进行车辆过户、转籍等一切交易活动。

② 根据盗窃常用手段，主要检查汽车门锁是否过于新，锁芯有无被更换过的痕迹，门窗玻璃是否为原配正品，窗框四周的防水胶是否有插入玻璃升降器开门的痕迹，方向盘锁或是点火开关是否有被破坏或调换过的痕迹。

③ 不法分子急于对有些盗抢车辆销赃，因此会对车辆、有关证件进行篡改和伪造，使被盗抢车面目全非。检查重点是核对发动机号码与车辆识别代码，检查钢印周围是否变形或有褶皱现象，检查钢印正反面是否有焊接的痕迹。

④ 查看车辆外观是否全身重新做过油漆，或者改变原车辆颜色。

打开发动机盖查看线路或管路布置得是否有条理，发动机及其他零部件是否正常、有无杂音，空调是否制冷、有无暖风，发动机及其他相关部件有无漏油现象。

检查汽车内饰材料是否平整，表面是否干净。

3.2.2 静态检查中的外观检查

3.2.2.1 鉴别事故车辆

机动车发生事故无疑会极大地损害车辆的技术性能，但因为车辆在交易以前往往会进行整修、修复及美容，所以正确判别车辆是否发生过事故对于准确判断车辆技术状况、合理评定车辆交易价格具有重要的意义。车辆事故状况判断通常从以下几个方面进行。

（1）检查车辆的周正情况　在汽车制造厂，汽车车身和各部件的装配位置是由生产线上经过严格调试的装、夹具保证的，装配出的车辆各部分对称、周正。而维修企业对车身的修复则是依靠维修人员目测和手工操作，装配难以精确保证。所以，检查车身是否发生过碰撞，可站在车的前部观察车身各部的周正、对称状况（图3-8）。

特别提示

观察车身各接缝，如出现不直、缝隙大小不一、线条弯曲、装饰条有脱落或新旧不一的情况，则表示该车可能出现过事故或修理过。

① 方法一　从汽车的前面走出5m或6m，蹲下沿着轮胎及汽车的外表面向下看汽车的两侧，前、后车轮应该呈一条直线；然后，走到汽车后面进行同样观察，前轮与后轮应该仍然呈一条直线。若不是这样，则说明车架或整体车身弯了。即使左侧前、后轮和右侧前、后轮互相呈一条直线，但一侧车轮比另一侧车轮更突出车身，则表示汽车曾碰撞过。

② 方法二　蹲在前车轮附近，检查车轮后面的空间，即车轮后面和车轮罩后缘之间的距离，用金属直尺测量这段距离；再转到另一前轮，测量车轮后面与车轮罩后缘之间的距离，该距离应该与另一前轮大致相同。在后轮测量同一间隙，若左前轮或左后轮和它们轮罩之间的距离与右前或右后轮的相应距离大大不同，则说明车架或整体车身弯了。

（2）检查油漆脱落情况　查看排气管、镶条、窗户四周以及轮胎等处是否有多余油漆。若有，则说明该车已做过油漆或翻新。用一块磁铁（最好使用冰箱柔性磁铁，不会损伤汽车漆面，且磁性足以承担此项工作）在车身周围移动，如果遇到突然减少磁力的地方，则表示该局部补了灰，做了油漆。当用手敲击车身时，如敲击声发脆，则说明车身没有补过灰、做过漆；如果敲击声沉闷，则说明车身曾补过灰、做过漆。

若发现了新漆的迹象，则应查找车身制造不良或金属抛光的痕迹。沿车身检查，并检查是否有像波状或非线性翼子板或后顶盖侧板那样的不规则板材。若发现面板、车门、发动机罩、后备厢盖等配合不好，则表示汽车可能曾遭受过碰撞，以至于这些板面对准很困难。也就是说，车架可能已经弯曲。

（3）检查底盘线束（图3-9）及其连接情况　在正常情况下，未发生事故的车辆，其连接部件配合良好，车身没有多余焊缝，线束、仪表部件等安装整齐且新旧程度接近。所以，在检查车辆底盘时，应认真检查车底是否漏水、漏油、漏气，锈蚀程度与车体上部检查的是否相符，是否留有焊接痕迹，车辆转向节臂、转向横直拉杆及球头销处有无裂纹及损伤，球头销是否松旷，连接是否牢固可靠，车辆车架是否有弯、扭、裂、断、锈蚀等损伤，螺栓、螺钉是否齐全、紧固，车辆前后是否有变形、裂纹，固定在车身上的线束是否整齐，新旧程度是否一致……这些均可作为判断车辆是否发生过事故的线索。

图3-8　检查车辆的周正情况

图3-9　检查底盘线束

（4）检查剐蹭情况　汽车在使用过程中小的剐蹭和磕碰无法避免，如何从单独的局部外观判断一辆车有无剐蹭事故呢？现在就以宝马X系车型为例，结合图片进行分析。

① 打开发动机机舱盖，既然是宝马X系车型，那么二手车的规整也是超高要求的。内部清洗得非常干净，如图3-10所示。

② 细节处看整体1：注意发动机机舱盖的固定螺钉，明显有拧动的痕迹，因此前面的发动机机舱盖肯定是调整过的，如图3-11所示。

图3-10　某宝马X系车型发动机机舱

图3-11　某宝马X系车型固定螺钉

③ 细节处看整体2：前面的保险杠及左翼子板的边缝明显不合，如图3-12所示，另外接缝处有着明显的后喷漆留下的漆雾痕迹。

④ 细节处看整体3：左侧翼子板固定螺钉有着明显的拧动痕迹，如图3-13所示，不在原来的固定位置上。原厂出厂的时候，其安装是很规整的。

图3-12　某宝马X系车型接缝

图3-13　某宝马X系车型左侧翼子板固定螺钉

评估师结论：发动机各部件均十分完整，前保险杠和左侧翼子板都有明显的漆雾痕迹，发动机机舱盖与左侧翼子板的固定螺钉都有拧动的痕迹，因此可以推断，这辆宝马X系车左侧曾有过一次小的剐蹭事故，使得发动机机舱盖被调整过，左侧的翼子板拆除后重新喷漆。这些对于使用来讲并无影响，对于车价也不会产生损失，只不过原车的原厂漆经过局部喷漆后，在评估上会产生级别的变动。

3.2.2.2　检查发动机机舱

（1）检查发动机机舱清洁情况　打开发动机罩，观察发动机表面是否干净，是否有油污，是否锈蚀，是否有零部件损坏或遗失，导线、电缆、真空管是否松动。

> **特别提示**
>
> 　　若发动机上堆满灰尘，则说明该车的日常维护不够；若发动机表面非常干净，也可能是车主在此前对发动机特地进行了的清洗，不能由此断定车辆状况一定很好。
> 　　对于车主而言，为了使汽车能更快售出，且卖个好价钱，因此有的车主将发动机机舱进行了专业蒸汽清洁，但这并不意味着车主想隐瞒什么。

（2）检查发动机铭牌和排放信息标牌

① 检查发动机铭牌　查看有无发动机铭牌，若有，检查上面是否有发动机型号、出厂编号、主要性能指标等，这可以判断发动机是不是正品，发动机铭牌如图3-14所示。

② 检查排放信息标牌　排放信息标牌需在发动机罩下的适当位置或在风扇罩上。这在以后的发动机诊断或调整时需要。

（3）检查发动机冷却系统　发动机冷却系统对发动机有较大的影响，应仔细检查发动机冷却系统相关零部件，主要检查冷却液、散热器、水管、散热器风扇传动带、冷却风扇等。

① 检查冷却液（图3-15）　看一下储液罐里的冷却液。冷却液需清洁，且冷却液面在"满"标记附近。冷却液颜色一般是浅绿色的（但有些冷却液是红色的）。

若冷却液看上去更像水而不像冷却液，则可能某处有泄漏情况，是车主错误地加水造成的（当然，这意味着冷却液的沸点更低，冷却系统会沸腾，溢出大量的冷却液）。冷却液的味道闻起来不应该有汽油或机油味，若有，则说明发动机气缸垫可能已烧坏。若冷却液中有悬浮的残渣或储液罐底部有发黑的物质，说明发动机可能严重受损。

图 3-14 发动机铭牌

图 3-15 检查冷却液

② **检查散热器** 仔细全面地检查散热器水室及散热器芯子,查看是不是有褪色或潮湿区域。芯子上的所有散热片应该是同一颜色的。当看到芯子区域呈现浅绿色(腐蚀产生的硫酸铜),这说明在此区域有针孔泄漏。修理或更换散热器费用较高。另外,要仔细查看水室底部,若全湿了,则应设法查找出冷却液泄漏处。

当发动机充分冷却后,拆下散热器盖,观察散热器盖上的腐蚀及橡胶密封垫片的情况,散热器盖上应该没有锈迹。将手指尽量伸进散热器颈部,检查是否有锈斑或像淤泥一样的沉积物,若有锈斑,则说明没有定期更换冷却液;若水垢严重,则说明发动机机体内也有水垢,发动机会常常出现"开锅"现象,即发动机温度过高。

③ **检查水管** 用手挤压散热器及暖风器软管,看是否有裂纹或发脆现象。仔细检查软管上卡紧的两端部是否存在鼓起部分和裂口或有锈蚀迹象(尤其是连接水泵、恒温器壳或进气歧管的软管处)。新式的暖风器和散热器软管比过去的好。在老式汽车上用的软管一般在汽车行驶8万千米后要进行更换,而在新式汽车上的软管,则可以在16万千米以上再进行更换。好的软管为将来的冷却问题提供了安全保障,但是费用也较高。冷却系统软管损坏的几种情形如图3-16所示。

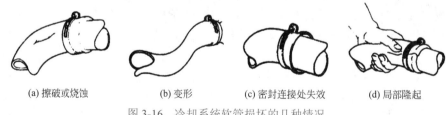

(a) 擦破或烧蚀　　　(b) 变形　　　(c) 密封连接处失效　　　(d) 局部隆起

图 3-16 冷却系统软管损坏的几种情况

④ **检查散热器风扇传动带** 大部分汽车散热器风扇是经由传动带来传动的,但有些轿车则采用电动机来驱动,即电子风扇。对于传动带传动的冷却风扇,需检查散热器风扇传动带的磨损情况。

使用手电筒,仔细检查传动带的外部,检查是否有裂纹或传动带层片脱落。应该检查传动带与带轮接触的工作区是否磨亮,若磨亮,则说明传动带已经打滑。传动带磨损、抛光或打滑可能引起尖啸声,甚至产生过热现象。传动带上经常出现的一些不良现象,如图3-17所示。若V带上有一些细小裂纹,也是可以继续使用的。V带的作用区域是在与带轮接触的部分,因此要将传动带的内侧拧转过来检查。

(a) 有小裂纹　(b) 有润滑油　(c) 工作面光滑　(d) 底面损坏

图 3-17　风扇传动带常见的不良现象

⑤ 检查冷却风扇　检查冷却风扇叶片是否有变形或损坏，如果有变形或损坏，则其排风量会相应减少，发动机冷却效果会变差，发动机温度会升高，这时需要更换冷却风扇。

（4）检查发动机润滑系统　发动机润滑系统可对发动机各个运动部件进行润滑，使其发挥出最大的性能。如果发动机润滑系统不良，将严重影响发动机的使用寿命，需仔细检查机油、机油滤清器和 PVC 阀等项目。

① 检查机油

a. 找出机油口盖　对直列 4 缸、5 缸或 6 缸发动机，其机油口盖在气门室盖上。对于纵向安装的 V6 或 V8 发动机，机油口盖在其中一个气门室盖上。若发动机横向安装，机油口盖一定在前面的气门室盖上。一些老式的机油口盖上有一根通向空气滤清器壳体的曲轴箱强制通风过滤器软管；新式车机油口盖上没有软管，但有清晰的标记。在拧开机油口盖以前，一定要确保开口周围区域干净，以防止灰尘进入而污染发动机。

b. 打开机油口盖（图 3-18）　拧下机油口盖，将它反过来观察，此时可以看到机油的牌号。在机油口盖的底部可以看到旧油甚至脏油的痕迹，这是正常的。不正常的是机油口盖底部存在一层具有黏稠度的浅棕色巧克力乳状物，这可能是油与油污混合的小液滴。这种情况表示冷却液通过损坏的衬垫或者气缸盖、气缸体裂纹进入机油中。无论是哪种情况，汽车不进行大修就不能行驶很远或者根

图 3-18　打开机油口盖

本不能行驶。被冷却液污染的机油在短时间内会对发动机零件造成许多危害。这种修理一般花费很高，若情况很严重或者对此不注意，可能会造成发动机的全面大修。

c. 检查机油质量　取一片洁净的白纸，在纸上滴下一滴机油（图 3-19）。若在用的机油中间黑点里有较多的硬沥青质和炭粒等，表明机油滤清器的滤清作用不良，但并不说明机油已变质；若黑点较大，且机油是黑褐色，均匀无颗粒，黑点和周围的黄色油迹界限清晰，有明显的分界线，则说明其中的洁净分散剂已经失效，机油已经变质。

机油变质的原因有很多，如机油使用时间过长，通常行驶 5000km 便应更换机油；或发动机气缸磨损严重，使燃烧废气进入油底壳，造成机油污染。

也可将机油滴在手上，观察机油的颜色与浓度（图 3-20）。先观察其透明度，色泽通透略带杂质说明还可以继续使用，如果色泽发黑，闻起来带有酸味则说明要更换机油，由于机油已经变质，不能起到保护作用。然后，检查其黏稠度，沾一点儿机油在手上，用两根手指检验机油是否还具有黏性。若在手指中没有一点儿黏性，像水一样，则表示机油已达到使用极限，需要更换，以确保发动机的正常运作。

> **特别提示**
>
> 不能用发动机机油来认定保养程度。车主可能在汽车出售前更换了机油与滤清器,这时机油标尺上显示的几乎就是新的、清洁的机油。

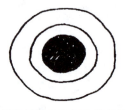

图 3-19　将机油滴在白纸上检查机油质量

图 3-20　将机油滴在手指上检查机油质量

d. 检查机油气味　拔下机油尺,闻闻机油尺上的机油有无异味(图 3-21),以此判断是新机油还是旧机油。如果有汽油味,则说明机油中混入了汽油,汽车已经或正在混合气过浓的情况下运行。发动机在此条件下长时间运转会使其远在寿命期到达以前就已经磨损,因为未稀释的燃油会冲刷掉气缸壁上的机油膜。抽出机油尺,仔细检查;若机油尺上有水珠,则表示机油中混入水分。做近距离的检查,查看是否有污垢或金属粒,如果有污垢或金属粒,则说明应该更换机油。检查机油尺自身的颜色,若发动机曾严重过热,则机油尺会变色。

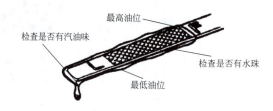

图 3-21　检查机油气味

e. 检查机油液位　启动发动机以前或停机 30min 以后,打开发动机机舱盖,抽出机油尺,将机油尺上的油迹用抹布擦干净后,插入机油尺导孔,拔出检查(图 3-22)。油位在上下刻线之间即为合适;如果机油油位过低,则观察汽车底下的地面,看是否有机油泄漏的现象。

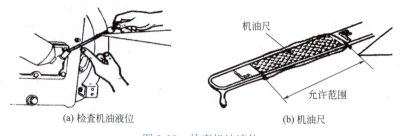

图 3-22　检查机油液位

② 检查机油滤清器(图 3-23)　用棘轮扳手拆下机油滤清器,检查机油滤清器有无裂纹,密封圈是否完好。

③ 检查 PCV 阀(图 3-24)　PCV 阀用于控制发动机曲轴箱通风,若其工作不良,将对发动机润滑产生严重影响。从气门室盖拔出 PCV 阀,并晃动,它应发出"咔嗒"声。如果 PCV 阀充

满油污并不能自由地发出"咔嗒"声，则说明发动机机油和滤清器没有经常更换，这时需要更换新的 PCV 阀。

图 3-23　检查机油滤清器

图 3-24　检查 PCV 阀

④ 检查机油泄漏　机油泄漏的地方主要包括气门室盖、气缸垫、油底壳垫、曲轴前后油封、油底壳放油螺塞、机油滤清器、机油散热器的机油管、机油散热器、机油压力感应塞。

（5）检查点火系统　点火系统工作性能的好坏直接影响发动机的动力性与经济性，对点火系统的外观检查主要是检查蓄电池、点火线圈、高压线、分电器、火花塞等零件的外观性能。

① 检查蓄电池　检查标牌，确定蓄电池是否是原装的。一般标牌固定在蓄电池上部，标牌上有首次售出日期，以编号打点的形式冲出。前面部分表示年，后面部分表示卖出的月份。将卖出的日期和电池寿命进行比较，即可算出蓄电池剩余寿命。若蓄电池的有效寿命快接近极限，则需要考虑更换蓄电池所需的成本。

检查蓄电池的表面情况。检查蓄电池表面是否清洁也可以看出车主对汽车的保养情况。

> **特别提示**
>
> 蓄电池盖上有电解液、尘土等异物或蓄电池端子、接线柱处存在严重铜锈或堆满腐蚀物，可能会造成正、负极柱之间短路，使蓄电池自行放电或电解液消耗过快以及蓄电池充不进电等情况。

检查蓄电池压紧装置和蓄电池安装本身。蓄电池压紧装置是否完整，是否是原来部件。

蓄电池必须牢固地安装在汽车上，以免蓄电池本身、发动机机舱和附近线路、软管等损坏。若原来的压紧装置遗失，则必须安装一个"万能"压紧装置。钢索与软绳不足以防止振动对蓄电池的损坏且不足以防止电解液泄漏。

② 检查高压线　查看点火线圈与分电器之间的高压线以及分电器与火花塞之间的高压线。高压线应该清洁、布线整齐、无切割口、无擦伤部位、无裂纹或无排气烧焦处，否则会引起高压线漏电。

> **特别提示**
>
> 高压线须成套更换，费用较高。

（6）检查发动机的供油系统

① 检查燃油泄漏　查找进气歧管上残留的燃油污迹并认真观察通向化油器或燃油喷射装置的燃油管和软管。对化油器式发动机，查看燃油泵本身在接头周围或垫片处是否有泄漏的迹象。

特别提示

对于所有车型，注意发动机罩下的燃油气味或在行驶中注意燃油气味。有燃油气味一般暗示着有燃油泄漏。

② 检查汽油管路　发动机供油系统有进油管路与回油管路，检查油管是否老化。

③ 检查燃油滤清器　燃油滤清器通常在汽车行驶 5 万千米左右时更换，若这辆车行驶里程达到一定值且燃油滤清器看起来与底盘的其他部件一样脏，则可能是燃油滤清器还没有更换过。

（7）检查发动机进气系统　发动机进气系统性能的好坏，对发动机工作性能有很大影响，特别是混合气浓度的控制，所以应仔细检查发动机进气系统。

① 检查进气软管（波纹管）　检查进气软管是否有老化变形，是否变硬，是否有损坏或烧坏处。若进气软管比较光亮，可能喷过防护剂喷射液，应仔细检查，以免必须更换的零部件未检查出缺陷。

② 检查真空软管　首先用手挤压真空软管。这些软管应该富有弹性，而不是又硬又脆。若塑料 T 形管接头破碎或裂开，则需要更换。若一根软管变硬或开裂，那么应该考虑是否更换全部软管。查看软管是否是原来出厂时那样的整齐排列，是否有软管从零件上显著拔出、堵住或夹断。

③ 检查空气滤清器　空气滤清器用于清除空气中的灰尘等杂物，如果空气滤清器滤芯过脏，会降低发动机进气量，影响发动机的动力，因此应拆开空气滤清器，检查空气滤芯（图 3-25），观察其清洁情况。如果空气滤清器脏污，则说明此车可能经常行驶在灰尘较多的地方，保养差，车况差。

图 3-25　检查空气滤清器

④ 检查节气门拉索　检查节气门拉索是否有阻滞或有毛刺等现象。

（8）检查机体附件

① 检查发动机支架　检查发动机支架减振垫是否有裂纹，如果有损坏，则发动机振动大，使用寿命急剧下降，更换发动机支架的费用较高。

② 检查正时带　拆下正时罩，若有必要，使用手电筒，仔细检查齿形带内外两侧有无裂纹、缺齿、磨损等现象，如果有，则说明此车行驶了相当长的里程。对于 V 型发动机而言，更换同步带的费用比较高。

③ 检查其他附件　检查发动机各种带传动附件的支架和调节装置是否松动，检查螺栓是否丢失或存在裂纹等现象。

（9）检查发动机机舱内其他部件

① 检查制动主缸和制动液　检查制动主缸是否发生锈蚀或变色。当滴一些制动液在一张白纸上时，若看到颜色深，则说明油液使用时间已长久或已被污染，应该进行更换。检查制动液中是否存在污垢、杂质或小水滴，以及是否有正确的液面。

② 检查离合器液压操纵机构。需检查油液是否和制动主缸中的油液相同。

③ 检查继电器盒。

④ 检查发动机线束。检查发动机线束是否擦破或是裸露，是否露在保护层外，是否固定在导线夹中，是否用非标准的胶带包裹，是否有旁通原有线束的外加导线。

3.2.2.3 检查内室（客舱）

（1）检查驾驶操纵机构

① 方向盘检查　使汽车处于直线行驶的位置，左右转动方向盘，最大游动间隙自中间位置向左或向右应不超过150°。若游动间隙超过标准，则表明转向系统的各部间隙过大，转向系统需要保养维修。

两手握住方向盘，将方向盘向上下、前后、左右方向摇动推拉，应无松旷的感觉。若有松旷的感觉，则说明转向机内轴承松旷，需要调整。

② 加速踏板检查　观察加速踏板是否磨损过度（如发亮），如果磨损严重，则说明此车行驶里程已很长。踩下加速踏板，试试加速踏板有无弹性（图3-26）。如果踩下很轻松，则说明节气门拉索松弛，需要检修；如果踩下加速踏板较费劲，则说明节气门拉索有阻滞、破损，可能需要更换。

(a) 检查加速踏板(一)　　(b) 检查加速踏板(二)

图 3-26　检查加速踏板运动情况

③ 制动踏板检查　检查制动踏板的踏板胶皮是否磨损过度，一般制动踏板胶皮的寿命是3万千米左右，若换了新的，说明此车已经行驶了3万千米以上。用手轻压制动踏板，自由行程需在10～20mm范围内（图3-27），如果不在此范围内，则应调整制动踏板自由行程。踩下制动踏板全程时，制动踏板和地板之间应有一定的距离。踩下液压制动系统的制动踏板时，制动踏板反应要适当，如果过软则说明制动系统有故障。空气制动系统气路中的工作气压必须符合规定。

(a) 检查制动踏板自由行程　　(b) 检查制动踏板储备行程

图 3-27　检查制动踏板的行程

④ 离合器踏板检查　检查离合器踏板的踏板胶皮是否磨损过度，若已更换了新的踏板胶皮，则说明此车已行驶了3万千米以上。

轻轻踩下或用手推下离合器踏板，试一试离合器踏板有没有自由行程（图3-28），离合器踏板的自由行程通常为30～45mm。若没有自由行程或自由行程小，就会引起离合器打滑。若踩下离合器踏板几乎接触到底板时才能分离离合器，则表示离合器踏板自由行程过大，可能是因为离合器摩擦片或分离轴承磨损严重造成的，需要检修离合器及其操纵机构。

⑤ 驻车制动操纵杆检查　放松驻车制动，再拉紧驻车制动，检查驻车制动操纵杆是否灵活

（图3-29），锁止机构是否正常。

(a) 检查离合器踏板(一)

(b) 检查离合器踏板(二)

图3-28 检查离合器踏板自由行程

大多数驻车制动操纵杆拉起时需在发出五六声"咔嗒"声后使后轮制动。发出多次"咔嗒"声后仍无法拉起制动操纵杆，可能是由于太紧的缘故。用驻车制动操纵杆实施后轮制动时也应发出五六声"咔嗒"声。若用驻车制动操纵杆施加制动时，发出更多或更少的"咔嗒"声，则表示驻车制动器需要检修。

(a) 放松驻车制动操纵杆

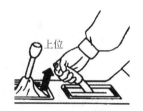
(b) 拉紧驻车制动操纵杆

图3-29 检查驻车制动操纵杆

⑥ 变速器操纵杆检查 用手握住变速器操纵杆球头，根据挡位图，逐一将变速器换到各个挡位，检查变速器换挡操纵机构是否灵活。

观察变速器操纵机构防护罩是否破损，如果有破损，异物（如硬币）就有可能掉入换挡操纵机构内，引起换挡阻滞，这时必须进行更换。

（2）检查开关 需要检查的开关有点火开关、转向灯开关、车灯总开关、变光开关、刮水器开关、电喇叭开关等。

（3）检查仪表 需检查的仪表包括气压表、车速里程表、燃油表、机油压力表（或机油压力指示器）、冷却液温度表、电流表等。

（4）检查指示灯或警告灯 需要检查的灯有制动警告灯、机油压力警告灯、充电指示灯、远光指示灯、转向指示灯、燃油残量指示灯、驻车制动指示灯、发动机故障灯、自动变速器故障灯、ABS故障灯、SRS故障灯、电控悬架故障灯等。

电控系统的故障灯通常在仪表板上，其检查方法是打开点火开关，观察这些故障灯的熄灭状况。如果在3s内自动熄灭，则表明此电子控制系统自检通过，系统正常；如果在3s内没有熄灭，或根本就不点亮，表示此电子控制系统自检不通过，系统有故障。电控系统的故障原因比较复杂，对汽车的价格影响很大，如果有故障，应借助于专用诊断仪来检查故障原因，以判断此系统的故障位置，确定其维修价格。

（5）检查座椅（图3-30） 检查座椅罩是否有撕破、裂开或有油迹等情况；检查座椅前后移动是否灵活，能否

图3-30 检查座椅

固定；检查座椅高、低能否调节；检查座椅后倾调节角度；检查所有座椅安全带数量是否正确，是否在合适位置并工作可靠；当坐在座椅上，如果感到座椅弹簧松弛，弹力不足，则说明该车辆已行驶了很长里程。

（6）检查地毯和地板　检查是否有霉味，是否有水浸或是修饰过的痕迹，地板垫或地毯底下是否有水。

检查容易进水的六大孔：制动器与离合器踏板连杆孔、加速踏板拉索孔、换挡拉索孔、散热器芯软管孔、空调蒸发器管孔和连接发动机机舱与仪表板下线路的大线束孔。

若发现地板上有被水浸泡的迹象，则汽车的价格要大打折扣。

（7）检查杂物箱和托架　检查内饰最后的重要事项是仔细看看杂物箱和托架（若装备的话）。

（8）检查电气设备

① 检查刮水器与前窗玻璃洗涤器；检查电动车窗；检查电动外后视镜、电动天线及电动座椅。

② 检查电动门锁；检查点烟器；检查收音机和音响；检查防盗报警器。

③ 检查电动天窗；检查空调鼓风机；检查除雾器。

3.2.2.4　检查后备厢

（1）检查后备厢锁　锁后备厢的锁只能用钥匙方可打开，观察后备厢锁有无损坏。

（2）检查气压减振器　通常后备厢采用气体助力支柱，要检查气压减振器能否支撑起后备厢盖的重量。失效的气压减振器可能使后备厢盖自动倒下，这是非常麻烦甚至危险的。

（3）检查后备厢开关拉索或电动开关　有些汽车在乘客舱内部有后备厢开启拉索或电动开关。保证它能够工作，并能不费劲地打开后备厢。

（4）检查防水密封条　后备厢防水密封条对后备厢内部储物和地板车身的防护十分重要，因此应仔细检查防水密封条有无划痕、损坏脱落。

（5）检查内部的油漆与外部油漆是否一致　在打开后备厢后，对内部进行近距离全面观察，检查油漆是否相符。后备厢区油漆的颜色是否与外部的颜色相同，后备厢盖底部的颜色是否和外部的颜色相同。

（6）检查后备厢地板　拉起后备厢中的橡胶地板垫或地毯，观察地板是否有铁锈、修理及焊接痕迹，或后备厢密封条泄漏引起的发霉的迹象。

（7）查备用轮胎　若是一辆行驶里程较少的汽车，其备用轮胎应该是新的，并且和原车上的标记相同，而不是花纹几乎磨光的轮胎。

（8）检查随车工具　出厂原装的千斤顶、千斤顶手柄及轮毂盖/带耳螺母拆卸工具。

（9）检查门控灯　后备厢上有一个门控灯，当后备厢盖打开时，门控灯应点亮；否则表示门控灯或门控灯开关损坏。

（10）检查后备厢盖的对中性和闭合质量　轻轻按下后备厢盖，不用很大力气即可关上后备厢盖。对于一些高档轿车，后备厢盖是自动闭合的，不得用大力关后备厢盖。后备厢盖关闭后，后备厢盖和车身其他部分的缝隙应全部均匀，不能有明显的偏斜现象。

3.2.2.5　检查车身底部

（1）检查泄漏

① 检查冷却液泄漏　冷却液泄漏一般从上部最容易看见，但是若暖风器芯或软管泄漏，液滴可能只出现在汽车下侧，因此应在离合器壳或发动机机舱壁周围区域寻找那些冷却液污迹。

> **特别提示**
>
> 不要把水滴和冷却液泄漏混淆。

② 检查机油泄漏　检查油底壳和油底壳放油螺栓区域是否有泄漏的迹象。

③ 检查动力转向油泄漏　动力转向油泄漏造成的污迹一般集中在动力转向泵或转向器（或齿条齿轮）本体附近。

④ 检查变速器油泄漏

a. 在冷却管路连接到散热器底部的地方查看是否有变速器液泄漏，沿着冷却管路本身及变速器油底壳和变速器后油封周围的区域查看。

b. 返回变速器的金属冷却管可成对布置，用几个金属夹子沿着管路将它们固定，管路不得悬下来。

c. 检查变速器油冷却器的管路是否符合要求。是否有人在某些地方不切断金属管而用螺钉夹安装橡胶软管进行了修理。

⑤ 检查制动液泄漏　诊断前、后制动器是否有制动油液的痕迹。检查制动钳、鼓式制动器后板和轮胎上是否有污迹。从汽车的前部到后部，循着制动钢管寻找管路中是否存在扭结或凹陷或是否有泄漏的痕迹。

⑥ 检查排气泄漏　排气泄漏一般呈现为白色、浅灰色或者黑色条纹。它们可能来自排气管、催化转化器或消声器上的针孔、裂缝或孔洞。

> **特别提示**
>
> 注意查看消声器和转化器接缝，以及两个管或排气零件的接合处。有排气垫的地方，就有排气泄漏的可能性。

（2）检查排气系统　观察排气系统上的所有吊架。它们是否全部在原来位置并且是否与原来部件一致。确定排气系统零件看上去是否标准，排气尾管是否曾更换，要保证它们远离制动管。

（3）检查前、后悬架

① 检查减振弹簧　对于钢板弹簧，需检查车辆的钢板弹簧是否有裂纹、断片和碎片现象；两侧钢板弹簧的厚度、长度、片数、弧度、新旧程度是否相同；钢板弹簧 U 形螺栓与中心螺栓是否松动；钢板弹簧销与衬套的配合是否松旷。

对于螺旋弹簧，应检查有无裂纹、折断或疲劳失效等现象。螺旋弹簧上、下支座有无变形损坏。

② 检查减振器（图 3-31）　观察四个减振器是否有漏油现象，若有漏油，则说明减振器已失效，需要更换。而更换减振器则需要全部更换，不能仅仅更换一个，因此成本较高。

观察前、后减振器的生产厂家是否一致，减振器上下连接处有无松动、磨损等现象。

③ 检查稳定杆　稳定杆主要用于前轮，有时也用于后轮，两端固定在悬架控制臂上。其功用是保持汽车转弯时车身平衡，防止汽车侧倾。

图 3-31　检查减振器

检查稳定杆有无裂纹，与车身连接处的橡胶衬有无损坏，和左、右悬架控制臂的连接处有无松旷现象。

（4）检查转向机构　汽车转向机构性能的好坏对汽车行驶稳定性有很大影响，所以，应仔细检查转向系统，特别是转向传动机构。检查转向系统时除了检查方向盘的自由行程之外，还需仔细检查以下项目。

① 检查方向盘与转向轴的连接部位是否松旷；转向器垂臂轴和垂臂连接部位是否松旷；纵、横拉杆球头连接部位是否松旷；纵、横拉杆臂与转向节的连接部位是否松旷；转向节和主销之间是否松旷。

② 检查转向节和主销之间是否配合过紧或缺润滑油；纵、横拉杆球头连接部位是否调整过紧或缺润滑油；转向器是否无润滑油或缺润滑油。

③ 检查转向轴是否弯曲，其套管是否凹瘪。

对于动力转向系统，还需检查动力转向泵驱动带是否松动；转向油泵安装螺栓是否松动；动力转向系统油管及管接头处是否存在损伤或松动等。

（5）检查传动轴　对于后轮驱动的汽车，检查传动轴、中间轴和万向节等处有无裂纹及松动；传动轴是否弯曲、传动轴轴管是否凹陷；万向节轴承是否因为磨损而松旷，万向节凸缘盘连接螺栓是否松动等（图 3-32）。

对于前轮驱动的汽车，应密切注意等速万向节上的橡胶套。绝大多数汽车在每一侧（左驱动桥和右驱动桥）均有内、外万向节，每一个万向节都是由橡胶套罩住的。它的内侧充满润滑脂，橡胶套保护万向节，避免污物、锈蚀和潮气。更换万向节的维修费用及工时费用相对较高。用手弯曲或挤压橡胶套，查找是否有裂纹或擦伤（图 3-33）。若等速万向节橡胶套里面已经没有润滑脂且有划痕，则表示万向节已受到了污物和潮气的侵蚀，需要立即更换。

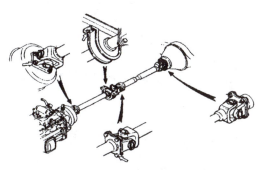

图 3-32　传动轴检查的主要部位

图 3-33　检查橡胶套

（6）检查车轮　检查车轮轮毂轴承是否松旷；检查轮胎磨损情况，如图 3-34 所示；检查轮胎花纹磨损深度。

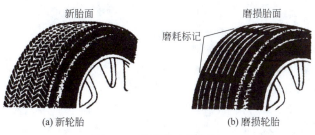

图 3-34　轮胎的磨损标记

3.3 二手车技术状况的动态检查

二手车动态检查是指汽车在工作状态下的检查。通过对汽车各种工况,例如发动机启动、怠速、起步、加速、匀速、滑行、强制减速、紧急制动、从低速挡到高速挡、从高速挡到低速挡的行驶,检查汽车的操纵性能、制动性能、滑行性能、加速性能、噪声及废气排放情况,以鉴定二手车的技术状况。

在动态情况下,根据检查人员的经验和技能,辅以简单的量器具,对二手车的技术状况进行动态检查鉴定。检查过程中,需启动发动机对二手车进行路试,因此二手车的动态检查包括无负荷时的工况检查和路试检查。

3.3.1 无负荷时的工况检查

(1) 发动机启动状况的检查　在正常情况下,用起动机启动发动机时,需在3次内启动成功。启动时,每次时间不超过5～10s,再次启动时间要间隔15s以上。如果发动机不能正常启动,说明发动机的启动性能不好。

若由于发动机曲轴不能转动而导致发动机无法启动,其原因可能是蓄电池电量不足或起动机工作不良,也可能是发动机运转阻力过大。检查发动机启动阻力时,需拆下全部火花塞或喷油器,人工运转曲轴,检查转动阻力。

若启动时曲轴能正常转动,但发动机启动仍很困难。对于汽油发动机,其原因可能是点火系统点火不正时、火花塞火弱或无火;燃油系统工作不良,使得混合气过稀或过浓;气缸压缩压力过低等。对于柴油发动机,除了气缸压缩压力过低外,燃油中有水或空气,输油泵、喷油泵、喷油器工作不良,燃油系统管路堵塞等,均可能导致发动机启动困难。

(2) 发动机无负荷时的检查

① 检查发动机怠速运转情况　怠速工况下,发动机应在规定的转速范围内稳定地运转。若怠速转速过高或运转不稳定,表示发动机怠速不良。

对于汽油发动机,怠速不良的原因主要包括点火正时、气门间隙、配气正时或怠速调整不当;曲轴箱通风单向阀不密封或卡阻,怠速时无法关闭;点火系统或供油系统工作不良;气缸压缩压力过低或各缸压缩压力不一致等。

对于柴油发动机,怠速不良的原因主要包括供油正时、气门间隙、配气正时或怠速调整不当;燃油中有水、气或燃油黏度不符合要求;各缸柱塞、出油阀偶件和喷油器工况不一致,或是调速器锈蚀、松旷、弹簧疲劳、供油拉杆对应的拨叉或齿扇松动等,造成各缸喷油量或喷油压力不一致;气缸压缩压力过低或各缸压缩压力不一致等。

发动机怠速运转时,检查各仪表工作状况以及电源系统充电情况。

② 检查急加速性　等到水温、油温正常后,通过改变节气门开度,检查发动机在各种转速下运转是否平稳,改变转速时过渡应圆滑。快速踩下加速踏板,发动机由怠速状态猛加速,观察发动机转速是否可以迅速由低速到高速灵活反应,发动机应无"回火""放炮"现象。当加速踏板踩至底时,立即释放加速踏板,发动机转速是否能迅速由高速到低速灵活反应,发动机不得怠速熄火。发动机加速运转过程中,检查发动机有无"敲缸"及气门运动噪声。在规定转速下,发动机机油压力应符合有关规定。

③ 检查发动机窜油、窜气　打开润滑油加注口,缓缓踩下加速踏板,若窜气严重,肉眼可

以观察到油雾气。如果窜气不严重,可用一张白纸,放在离润滑油加注口 50mm 左右处,然后加速,如果窜油、窜气,白纸上会有油迹,严重时油迹面积大。

④ 检查排气颜色　正常的汽油发动机排出的气体应该是无色的,在严寒的冬季可见白色的水汽；柴油发动机带负荷工作时排出的气体通常是淡灰色的,当负荷较大时,为深灰色。无论是汽油发动机还是柴油发动机,若排气颜色发蓝色,说明机油窜入燃烧室。若机油油面不高,最常见的是气缸和活塞密封出现问题,即活塞、活塞环因为磨损与气缸的间隙过大。无论汽油发动机还是柴油发动机,若排气管冒黑烟,说明混合气过浓,对于汽油发动机也可能是点火时刻过迟等原因造成的。

⑤ 检查发动机熄火情况　对于汽油发动机,关闭点火开关后,发动机正常熄火；对于柴油发动机,停机装置应灵敏有效。

(3) 转向系统的检查

① 方向盘自由行程检查（图 3-35）　将车辆停放在平坦路面上,左右转动方向盘,从中间位置向左或向右时,方向盘游动间隙不得超过 30mm。若是带助力转向的车辆,最好在启动发动机后做检查。若方向盘的间隙过大,就需要对转向系统各部分间隙进行调整,这是需要到修理厂进行的工作。

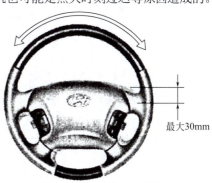

图 3-35　方向盘自由行程

② 转向系统传动间隙的检查　可以用两手握住方向盘,采用上、下、左、右方向摇动,这时应该没有很松旷之感。若很松,就需要调整转向轴承、横拉杆、直拉杆等,看有无松旷或螺母脱落等现象。

3.3.2　路试检查

汽车路试距离通常为 20km 左右。通过一定里程的路试检查汽车的工况。路试检查的内容如下。

(1) 检查离合器　正常的离合器应该是接合平稳,分离彻底,工作时不能有异响、抖动和不正常打滑现象。踏板自由行程应符合二手车技术条件的有关规定。自由行程过小,通常说明离合器摩擦片磨损严重。踏板力应和该型号车辆的踏板力相适应。各种车辆的踏板力应不大于 300N。

离合器常出现的故障为打滑以及分离不彻底,有的还有异响。这些故障会引起起步困难、行驶无力、爬坡困难、变速器齿轮发出刺耳的撞击声,以及起步时车身发抖等现象。

① 离合器分离不彻底的检查　在发动机怠速状态时,踩下离合器踏板几乎触底时,方可切断离合器,或是踩下离合器踏板,感到挂挡困难或变速器齿轮出现刺耳的撞击声；或挂挡后不抬起离合器踏板,车辆开始行进,表示该车的离合器分离不彻底。其原因是离合器踏板自由行程过大、离合器压盘限位螺钉调整不当,或是更换了过厚的离合器摩擦片、离合器分离杠杆不在同一平面上等。

② 离合器打滑的检查　若离合器打滑,会出现起步困难、加速无力、重载上坡时有明显打滑甚至发出难闻气味等现象。例如在挂上 1 挡后,慢抬离合器车辆没反应,发动机也不熄火,就是离合器打滑的表现。其原因为离合器踏板自由行程太小、分离轴承经常压在膜片弹簧上,使压盘总是处于半分离状态；离合器压盘弹簧过软或折断等。

③ 离合器异响的检查　若在使用离合器过程中出现异响也是不正常的。异响形成的原因大部分是离合器内部的零件有损坏,这肯定需要进修理厂修理。其故障原因是分离轴承磨损严重,

轴承回位弹簧过软或折断,膜片弹簧支架有故障等。

④ 离合器踏板自由行程的检查（图3-36） 检查其自由行程是否合适,可以用直尺在踏板处测量。先测出踏板最高位置高度,然后测出踩下踏板到感到有阻力时的高度,两个数值的差就是该车离合器自由行程数值,若不符合要求就需要及时调整。

（2）检查制动性能

① 制动性能检测的技术要求 《机动车运行安全技术条件》（GB 7258—2012）中规定,汽车制动性能与应急制动性能的路试检测在平坦、硬实、清洁、干燥且轮胎与地面间附着系数不小 0.7 的混凝土或沥青路面上进行。

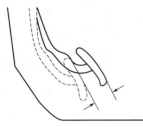

图3-36　离合器踏板自由行程

汽车在规定初速度下的制动距离和制动稳定性要求应符合的规定见表3-3。应急制动性能要求应符合的规定见表3-4。

表3-3　制动距离和制动稳定性要求

汽车类型	制动初速度/（km/h）	空载检验制动距离要求/m	满载检验制动距离要求/m	试验通道宽度/m
三轮汽车	20	≤5.0		2.5
乘用车	50	≤19.0	≤20.0	2.5
总质量不大于3500kg的低速汽车	30	≤8.0	≤9.0	2.5
其他质量不大于3500kg的低速汽车	50	≤21.0	≤22.0	2.5
其他汽车、汽车列车	30	≤9.0	≤10.0	3.0
两轮摩托车	30	≤7.0		—
边三轮摩托车	30	≤8.0		2.5
正三轮摩托车	30	≤7.5		2.3
轻便摩托车	20	≤4.0		—
轮式拖拉机运输机组	20	≤6.0	≤6.5	3
手扶变型运输机	20	≤6.5		2.3

表3-4　应急制动性能要求

汽车类型	制动初速度/（km/h）	制动距离/m	充分发出的平均减速度/（m/s²）	允许操纵力/N	
				手操纵	脚操纵
三轮汽车	50	≤38.0	≥2.9	≤400	≤500
乘用车	30	≤18.0	≥2.5	≤600	≤700
其他汽车（三轮汽车除外）	30	≤20.0	≥2.2	≤600	≤700

② 制动性能的检查

a. 检查行车制动　若制动跑偏,很可能是同一车桥上的两个车轮制动力不等,或者是制动力不能同时作用在两个车轮上导致的。其原因可能是轮胎气压不一致,或是制动鼓（盘）与摩擦片间隙不均匀,或是摩擦片有油污,或是制动蹄片弹簧损坏等。

汽车起步后,先点一下制动,检查是否有制动。将车加速到20km/h做一次紧急制动,检查制动是否可靠，有无跑偏、甩尾现象；然后将车加速至 50km/h，先用点制动的方法检查汽车是否立即减速、跑偏，再用紧急制动的方法检查制动距离和跑偏量。

b．检查驻车制动（手刹） 若在坡路上拉紧手刹后出现溜车，表示驻车制动有故障。其原因可能是手制动器拉杆调整过长；摩擦片和制动鼓（盘）间隙过大或有油污；摩擦片磨损严重或打滑；制动鼓（盘）和摩擦片接触不良等造成的。

（3）检查变速器 从起步挡加速到高速挡，再由高速挡减到低速挡，检查变速器是否够轻便灵活，是否有异响，互锁和自锁装置是否有效，是否有乱挡现象，加减车速是否存在跳挡现象。自动变速器的车辆在平坦的路面起步通常不要踩加速踏板，若需要踩加速踏板才能起步，说明自动变速器保养不好，或已到保修里程；检查自动变速器是否存在换挡迟滞现象，自动变速的车辆换挡时应无明显的感觉，若感觉车辆在加减速时有明显的发"冲"现象，说明自动变速器保养差，或已到大修里程。

（4）检查转向操纵 在宽敞的路段，以 15km/h 的速度行驶，进行左、右转向，看转向是否灵活、轻便，有无回正力矩；松开方向盘，看是否跑偏；高速行驶时，是否有跑偏、摆振现象。通常转向系统的路试检查内容如下。

① 转动方向盘沉重的检查 在路试二手车时，进行几次转弯测试，检查在转动方向盘时是否感到很沉重。若有，则可能是横拉杆、前车轴、车架有弯曲变形；前轮的定位不准确；轮胎气压不足；转向节轴承缺油。对于有助力的二手车，在行进中若感到转向沉重就可能是有故障了。其原因有可能是油路中有空气；油泵压力不足；驱动皮带打滑或动力缸、安全阀等漏油造成的。

② 摆振检查 路试时，发现前轮摆动、方向盘抖动，这种现象称为摆振，可能的原因为转向系统的轴承过松；横拉杆球头磨损松旷；轮毂轴承松旷；车架变形或者是前束过大导致的。

③ 跑偏检查 若在路试中，挂空挡松开方向盘，出现跑偏问题，有可能是下列原因导致的：悬架系统故障，其中一侧的减振器漏油，或是螺旋弹簧故障；前轮定位不好，或是两边的轴距不准确；还可能是车架受过碰撞事故而变形或是车轮胎压不等引起的。

④ 转向噪声检查 转向时，若动力转向系统出现噪声，很可能是以下故障造成的：油路中有空气；储油罐油面过低需要补充；油路堵塞或是油泵噪声。

（5）检查汽车的动力性 通过道路试验分析汽车动力性能，其结果接近于实际情况。汽车动力性在道路试验中的检测项目通常有高挡加速时间、起步加速时间、最高车速、陡坡爬坡车速、长坡爬坡车速，有时为了评价汽车的拖挂能力，也进行汽车牵引力检测。此外，有时为了分析汽车动力的平衡问题，采用高速滑行试验测定滚动阻力系数及空气阻力系数。道路试验会受到道路条件、风向、风速、驾驶技术等因素的影响，且这些因素可控性差，同时还需要按照规定条件选用和建造专门的道路等。

小客车动力性能最常见的指标是从静止状态加速到 100km/h 所需时间和最高车速，其中前者是最具意义的动力性能指标和国际流行的小客车动力性能指标。

① 检查汽车的加速性能。汽车起步后，进行加速行驶，猛踩加速踏板，各种汽车设计时的加速性能不尽相同。就轿车而言，通常发动机排量越大，加速性能就越好。有经验的二手车鉴定评估人员，可以了解各种常见车型的加速性能，通过路试能够检查出被检汽车的加速性能与正常的该型号汽车加速性能的差距。

② 检查汽车的爬坡性能。检查汽车在相应的坡道上，使用相应的挡位时的动力性能是否和经验值相近，感觉是否正常。

③ 检查汽车的最高车速。

（6）检查传动系统间隙 路试中，将汽车加速到 40～60km/h 时，迅速抬起加速踏板，检查有无明显的金属撞击声。若有，说明传动系统间隙大。

(7) 检查机械传动效率　在平坦的路面上做滑行试验,将机动车运行至 30km/h 时,踩下离合器,将变速器换入空挡滑行,其滑行距离应不小于 200m。否则表明汽车传动系统的传动阻力大,传动效率低,油耗增大,动力不足。汽车越重,其滑行距离越远;初始车速越快,其滑行距离也越远。

(8) 检查传动系统与行驶系统的动平衡　汽车在任何车速下都不应抖动。若汽车在某一车速范围内抖动,说明汽车的传动系统或行驶系统动平衡有问题,需检查轮胎、传动轴、悬架等。

3.3.3　路试后检查

(1) 检查各部件温度　检查冷却液、轮毂、制动鼓、变速器壳等温度是否正常。

(2) 检查"四漏"现象

① 在发动机运转及停车时,水箱、水泵、缸体、缸盖、暖风装置以及所有连接部位不得有明显渗、漏水现象。

② 汽车连续行驶距离不小于 10km,停车 5min 后观察,不允许有明显渗、漏油现象。

③ 检查汽车的气、电泄漏现象。

3.4　二手车技术状况的仪器检查

二手车技术状况的仪器检查,在二手车鉴定评估中主要用于对被评估二手车用动态检查性能把握不准及不熟悉,并且对评估准确性要求较高的情况,也用于较高档的冷僻车型和司法鉴定评估。

二手车的技术状况好坏是由汽车的各种性能参数决定的。这些性能参数反映了汽车在特定性能方面的情况。它们涉及汽车的动力性、行驶安全性、能源消耗情况以及对环境的影响情况等,采用特定的检测仪器及特定的试验方法,获得这些参数,然后对比相应的国家法规及标准评定二手车性能。

3.4.1　汽车动力性检测

汽车动力性的好坏直接影响汽车运输效率的高低,是汽车应用的最重要的基本性能。汽车在使用一定时期后,技术状况会发生变化,汽车的动力性也会发生改变。汽车技术状况不良,首先表现为动力性不足和燃料消耗增加。汽车动力性的检测方法有道路试验和室内台架试验两大类。室内台架试验不受客观条件影响,测试条件易于控制,因此在汽车检测站得到广泛应用。

(1) 汽车动力性评价指标　汽车检测部门通常用汽车的最高车速、加速能力、最大爬坡度、发动机最大输出功率、底盘输出最大驱动功率作为动力性评价指标。

① 最高车速　最高车速是指汽车以制造厂规定的最大总重量状态,在风速≤3m/s 的条件下,在干燥、清洁、平坦的混凝土或沥青路面上,可以达到的最高稳定行驶速度。

② 加速能力　汽车加速能力是指汽车在行驶中迅速增加行驶速度的能力,一般用汽车加速时间来评价。加速时间是指汽车以制造厂规定的最大总重量状态,在风速≤3m/s 的条件下,在干燥、清洁、平坦的混凝土或沥青路面上,由某一低速加速至某一高速所需的时间。加速时间包括原地起步加速时间和超车加速时间。

③ 最大爬坡度　最大爬坡度是指汽车满载,在良好的混凝土或沥青路面的坡道上,以最低前进挡能够爬上的最大坡度。

④ 发动机最大输出功率　发动机最大输出功率是指发动机在全负荷状态下，只维持运转所必需的附件时所输出的功率，又称总功率。新出厂发动机的最大输出功率通常是指发动机的额定功率。它是发动机在全负荷状态以及规定的额定转速下所规定的总功率。

汽车发动机最大输出功率是汽车动力性的基本参数。汽车在使用一定时期后，技术状况发生变化，发动机的最大输出功率变小，因此用其变小的差值评价发动机技术状况下降的程度。在汽车综合性能检测站用无外载测功法或底盘测功机所测定的发动机功率，必须换算为总功率后方可与额定功率比较。

⑤ 底盘输出最大驱动功率　底盘输出最大驱动功率是指汽车在使用直接挡行驶时，驱动轮输出的最大驱动功率（相应的车速在发动机额定转速附近）。

底盘输出最大驱动功率通常简称底盘输出最大功率，是实际克服行驶阻力的最大能力，是汽车动力性评价的一项重要指标。汽车在使用过程中，发动机本身、发动机附件和传动系统的技术状况都会下降，其底盘输出的最大功率将因此减小。

（2）汽车动力性室内台架检测　汽车动力性室内台架试验的方式，主要是用无外载测功仪检测发动机功率，用底盘测功机检测汽车的最大输出功率、最高车速及加速能力，如图3-37所示。

室内台架试验不受气候、驾驶技术等客观条件的影响，仅受测试仪本身测试精度的影响，测试条件易于控制，因此汽车检测站广泛采用汽车动力性室内台架试验方式。

图3-37　底盘测功机

① 汽车底盘输出功率的检测　通过底盘测功机检测车辆的最大底盘驱动功率，用来评定车辆的技术状况等级。

底盘测功机一般由滚筒装置、加载装置、惯性模拟装置、测量和辅助装置四大部分组成。其检测方法如下。

a. 在动力性检测以前，必须按汽车底盘测功机说明书的规定进行试验前的准备：台架举升器应处于升状态，无举升器者滚筒必须锁定；车轮轮胎表面不能夹有小石子或坚硬之物。

b. 汽车底盘测功机控制系统、道路模拟系统、引导系统、安全保障系统等必须工作正常。

c. 在动力性检测过程中，控制方式处于恒速控制，车速达到设定车速（误差±2km/h）并稳定5s后，计算机读取车速和驱动力数值，并计算汽车底盘输出功率。

d. 输出检测结果。

② 发动机功率的检测　发动机功率的检测方法有无负荷测功法与有负荷测功法两种。其中，有负荷测功法需要将发动机从汽车上卸下，不便于就车检测，但其测量的功率精度较高；无负荷测功法又叫作动态测功法，它是利用发动机无外载检测仪检测发动机功率，使用方便，检测快速。具体方法如下。

a. 启动发动机并预热到正常状态，同时接通无外载测功仪电源，连接传感器。

b. 按仪器使用说明书进行操作。

c. 从测功仪上读取或换算成发动机的输出功率值。

③ 数据处理

a. 检测的数据处理　目前，底盘测功机显示的数值，有的是功率吸收装置吸收功率的数值，有的是驱动轮输出的最大底盘输出功率的数值。对于显示功率吸收装置所吸收功率数值的，在检测结果的数据处理时，必须增加汽车在滚筒上滚动阻力消耗的功率、台架机械阻力消耗的功率以及风冷式功率吸收装置的风扇所消耗的功率。其计算公式为汽车底盘最大输出功率 = 功率吸收装置所消耗的功率 + 滚动阻力所消耗的功率 + 台架机械阻力所消耗的功率 + 风冷式功率吸收装置冷却风扇所消耗的功率　　（3-3）

b. 检测发动机最大输出功率的数据处理　因为在底盘测功机上测得的是底盘最大输出功率，而发动机最大输出功率为

发动机最大输出功率 = 附件消耗功率 + 传动系统消耗功率 + 底盘最大输出功率　　（3-4）

因此，在测得底盘最大输出功率之后，需增加传动系统消耗功率及附件消耗功率，才可确定发动机最大输出功率，如果该汽车发动机额定功率为净功率，不包括发动机附件消耗功率，则处理后发动机最大输出功率为

发动机最大输出功率 = 传动系统损耗功率 + 底盘最大输出功率　　（3-5）

用发动机无外载测功仪测得的发动机功率为净功率。如果该汽车发动机的额定功率为总功率，而不是净功率，则所测得的功率需加上发动机附件消耗功率后才可与额定功率相比较。

（3）发动机气缸密封性检测　发动机密封性是由气缸活塞组、气门与气门座以及气缸盖、气缸体、气缸垫和相关零件保证的。发动机在长期使用过程中，会导致气缸活塞组零件磨损，气门与气门座磨损、烧蚀，以及缸体、缸盖密封面翘曲，将使气缸的漏气量增多，密封性下降，从而导致发动机功率下降，油耗增加。所以，为了确保发动机的正常工作状态，须对发动机的密封性进行检测。一般通过检测气缸压缩压力来评价气缸密封性。

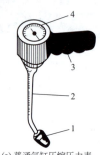
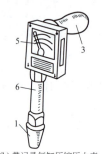

(a) 普通气缸压缩压力表　　(b) 带记录气缸压缩压力表

图3-38　气缸压缩压力表
1—锥形橡胶塞；2—气管；3—手柄；4—压力表；
5—自动记录刻录表；6—带自动记录的导管

发动机的热效率与平均指示压力与气缸压缩终了的压力有密切关系。影响气缸压缩终了压力的因素有气缸活塞组的密封性，气门和气门座的密封性，以及气缸垫的密封性等。所以，通过气缸压缩终了压力的测量，可以间接地判断以上部位的技术状况。

① 测量条件与方法　首先，预热发动机至正常热状况（冷却水温达70～80℃）后停机，拆下各缸火花塞（或喷油嘴）。将节气门与阻风门全开，将专用的气缸压缩压力表（图3-38）的锥形橡胶塞紧压在火花塞或喷油器孔上，再用起动机带动曲轴旋转3～5s，对汽油机转速应≥250r/min，柴油机转速需≥500r/min，压力表指示值即为该缸的压缩压力。为确保测量数据准确，各气缸应重复测量2～3次，依次测量各气缸。

② 发动机气缸压缩压力的技术标准　常见各种车型发动机的气缸压缩压力标准值见表3-5。

表3-5　常见的各种车型发动机的气缸压缩压力标准值

发动机型号	压缩比	气缸压力标准值/kPa	检测压力时的转速/(r/min)
东风 EQ6100-1	7.2	880	130～150
解放 CA6102	7.4	930	
跃进 NJG427A	7.5	981	
上海桑塔纳 JV	8.5	1000～1300	200～250
上海桑塔纳 AFE	9.0	1000～1300	
一汽奥迪 AAH	10	1099～1593	
红旗 CA488	8.3	≥930	
北京切诺基 HX2.5L	8.6	1275	
广州标致 XNLA	8	1050～1200	
皇冠 2JZ-CE	10.0	1236	

③ 气缸压力检测结果异常判断　检测结果可分为超过标准、符合标准及低于标准三种情况。如果检测结果超过原厂标准，则是燃烧室容积减小了，其原因主要包括燃烧室内积炭过多，气缸衬垫过薄，或缸体与缸盖接合平面经过多次修理磨削过度造成的。检测结果如果是某缸低于原厂标准，原因较为复杂，要判断具体原因，可按下列步骤进行：向该缸火花塞孔内注入 20～30mL 润滑油，然后用气缸压力表重测气缸压力并记录，若重测的气缸压力比第一次高，接近于标准压力，则表示是气缸、活塞环、活塞磨损过大或活塞环对口、卡死、断裂及缸壁拉伤等原因造成气缸密封性下降。重新测量的气缸压力和第一次基本相同，即仍比标准压力低，表明是进、排气门或气缸衬垫不密封。两次检测结果都表明某相邻两缸压力相当低，说明是两缸相邻处的气缸衬垫烧损窜气。

3.4.2　转向系统检测

转向系统是汽车底盘的主要组成部分之一，其技术状况变化对汽车操纵稳定性及高速行驶的安全性有直接影响。利用仪器设备对方向盘的自由行程和转向力等参数进行检测，可诊断出转向系统技术状况的好坏。

（1）转向系统性能参数要求　国家标准《机动车运行安全技术条件》（GB 7258—2012）对转向力及方向盘自由转动量要求如下。

① 机动车在平坦、硬实、干燥和清洁的水泥或沥青道路上行驶，以 10km/h 的速度在 5s 之内沿螺旋线从直线行驶过渡至直径为 25m 的圆周行驶，施加于方向盘外缘的最大切向力不得大于 245N。

② 机动车方向盘的最大自由转动量为，最高设计车速不小于 100km/h 的机动车 20°；三轮汽车 45°；其他机动车 30°。

（2）方向盘转向力检测　操纵稳定性良好的汽车，必须有适度的转向轻便性。若转向沉重，不仅增加驾驶员的劳动强度，而且会因为不能及时正确转向而影响行车安全。转向轻便性可用一定行驶条件下作用在方向盘上的转向力（即作用在方向盘外缘的最大切向力）来表示。使用转向参数测量仪，可以测得转向力及对应转角。

转向力的检测可按转向轻便性试验方法进行，通常有原地转向力试验、低速大转角（8字行驶）转向力试验、转弯转向力试验等。可参照国家相关标准的规定进行检测。

（3）方向盘自由转动量检测　方向盘自由转动量是指汽车保持直线行驶位置不动时，左右晃动方向盘时的自由转动量（游动角度）。方向盘自由转动量是一个综合诊断参数，当其大于规定值时，说明从方向盘至转向轮的传动链中一处或几处的配合松旷。方向盘自由转动量过大时，会引起驾驶员工作紧张，并影响行车安全。转向参数测量仪或转向测力仪，通常都有测量方向盘转角的功能，所以完全可用其来检测方向盘自由转动量。当方向盘自由转动量大于规定值时，可借助汽车悬架转向系统间隙检测仪进一步检查诊断，直到查出松旷、磨损部位。

3.4.3　汽车制动性检测

汽车制动性能检测包括台试检验和路试验检验。根据《机动车运行安全技术条件》（GB 7258—2012）规定，当汽车经台架检验后对其制动性能有质疑时，可用道路试验检验，并以满载路试的检验结果为准。

台试检验的检测主要项目包括制动力、制动力平衡要求、车轮阻滞力和制动协调时间；路试检验的主要检测项目包括制动距离、充分发出的平均减速度、制动稳定性、制动协调时间和驻车制动坡度。

（1）台式检验制动性能

① 台式检验制动性能的技术要求　《机动车运行安全技术条件》（GB 7258—2012）对台式检验制动力的要求见表 3-6。

表 3-6　台式检验制动力的要求

机动车类型	制动力总和与整车重量的比例 /%		轴制动力与轴荷[①]的比例 /%	
	空载	满载	前轴[②]	后轴[②]
三轮汽车	—	—	—	≥60[③]
乘用车、其他总质量不大于 3500kg 的货车	≥60	≥50	≥60[③]	—
铰接式客车、铰接式无轨电车、汽车列车	≥55	≥45	—	—
其他汽车	≥60	≥50	≥60[③]	≥50[④]
普通摩托车	—	—	≥60	≥55
轻便摩托车	—	—	≥60	≥50

① 用平板制动检验台检验乘用车时应按左右轮制动力最大时刻所分别对应的左右轮动态轮荷之和计算。

② 机动车（单车）纵向中心线中心位置以前的轴为前轴，其他轴为后轴；挂车的所有车轴均按后轴计算；用平板制动试验台测试并装轴制动力时，并装轴可视为一轴。

③ 空载和满载状态下测试均应满足此要求。

④ 满载测试时后轴制动力比例不做要求；空载用平板制动检验台检验时应大于等于 35%；总质量大于 3500kg 的客车，空载用反力滚筒式制动试验台测试时应大于等于 40%，用平板制动检验台检验时应大于等于 30%。

② 行车制动性能检验要求

a．汽车、汽车列车、无轨电车及农用运输车在制动试验台上测出的制动力的要求对空载检验制动力有质疑时，可按表 3-6 规定的满载检验制动力要求进行检验。

b．检验时，制动踏板力或制动气压的要求如下。

满载检验时，气压制动系统气压表的指示气压≤额定工作气压。液压制动系统的座位数小于或等于 9 的载客汽车，踏板力≤500N，其他车辆，踏板力≤700N。

空载检验时，气压制动系统气压表的指示气压≤600kPa。液压制动系统的座位数小于或等于 9 的载客汽车，踏板力≤400N；其他汽车，踏板力≤450N。

c．制动力平衡要求。在制动力增长的全过程中，同时测得的左右轮制动力差的最大值与全过程中测得的该轴左右轮中制动力大者之比对前轴不得大于 20%；对后轴在后轴制动力大于等于后轴轴荷的 60% 时不得大于 24%；当后轴制动力小于后轴轴荷的 60% 时，在制动力增长的全过程中，同时测得的左右轮制动力差的最大值不得大于后轴轴荷的 8%。

d．协调时间要求。汽车和无轨电车的单车制动协调时间应不大于 0.6s；汽车列车的协调时间应不大于 0.8s。

e．汽车和无轨电车车轮阻滞力要求。进行制动力检测时，车辆各轮的阻滞力均不得大于该轴轴荷的 5%。

③ 驻车制动性能检验要求　当采用制动试验台检验车辆（两轮、边三轮摩托车和轻便摩托车除外）驻车制动的制动力时，车辆空载，乘坐一名驾驶员，使用驻车制动装置，驻车制动力的总和应不小于该车在测试状态下整车重量的 20%；对总重量为整备重量 1.2 倍以下的车辆此值为 15%。

在空载状态下，驻车制动装置应能确保车辆在坡度为 20%（总重量为整备重量 1.2 倍以下的车辆为 15%）、轮胎和路面间的附着系数不小于 0.7 的坡道上正、反两个方向保持固定不动，其时间不少于5min。

（2）台试制动性能检验方法

① 用反力式滚筒制动试验台检测　制动试验台滚筒表面应干燥，没有松散物质和油污。驾驶员将车辆驶上滚筒，位置摆正，变速器置于空挡，启动滚筒，使用制动测得各轮制动力、每轴左右轮在制动力增长全过程中的制动力差、制动协调时间、车轮阻滞力以及驻车制动力等参数值，并记录车轮是否抱死。

在测量制动时，为了获得足够的附着力以免车轮抱死，允许在车辆上增加足够的附加重量或施加相当于附加重量的作用力，附加重量或作用力不计入轴荷；也可以采取防止车轮移动的措施，如加三角垫块或采取牵引等方法。

② 用平板制动试验台检验（图3-39）　制动试验台平板表面应干燥，没有松散物质和油污。驾驶员以5～10km/h的速度将车辆对正平板台并驶上平板，置变速器于空挡，急踩制动，使车辆停住，测得各轮制动力、每轴左右轮在制动力增长全过程中的制动力差、制动协调时间、车轮阻滞力以及驻车制动力等参数值。

图3-39　平板制动试验台

（3）路试制动性能检验方法　路试路面是干燥、清洁的水泥或沥青路面，应平坦，坡度不超过1%。轮胎和路面之间的附着系数不小于0.7，风速不大于5m/s。在试验路面上，需画出标准中规定的制动稳定性要求的相应宽度试车道的边线。被测车辆沿着试验车道的中线行驶到高于规定的初速度后，将变速器置于空挡。当滑行至规定的初速度时，急踩制动使车辆停住，用速度计、第五轮仪或用其他测试方法测量车辆的制动距离、车辆充分发出的平均减速度和制动协调时间。充分发出的平均减速度需在测得公式中相关参数后计算确定。

路试制动性能检测项目的技术要求应符合国家标准的规定。

3.4.4　车轮侧滑检测

为确保汽车转向车轮无横向滑移地直线滚动，要求车轮外倾角与车轮前束有适当配合，否则，车轮就可能在直线行驶过程中发生侧滑现象。当侧滑现象严重时，将破坏车轮的附着条件，丧失定向行驶能力，并造成轮胎异常磨损。在车辆年度审检中，应用侧滑试验台对车辆侧滑量进行检测。

（1）汽车侧滑量要求

① 转向轮横向侧滑量的检验应在侧滑检验台上进行。

② 将汽车对正侧滑检验台，并使方向盘位于正中位置。

③ 使汽车沿台板上的指示线以3～5km/h车速平稳前行，在行进过程中，不得转动方向盘。

④ 转向轮通过台板时，测取横向侧滑量。

（2）侧滑量检测原理　当转向轮具有外倾时，转向轮具有向外倾斜的趋势。在滚动过程中，前轴将两转向轮向内拉，使转向轮受到向内的侧向力。所以，在汽车行驶时，两转向轮向前滚动的同时向内侧滑。

当转向轮具有前束时，两转向轮前端向内收。在汽车行驶过程中，两转向轮具有向内滚动的趋势。前轴将两转向轮向外推开，使转向轮受到向外的侧向力。所以，汽车行驶，两转向轮向前滚动的同时向外侧滑。

如果转向轮外倾与前束配合正常，则由转向轮外倾引起的侧向力与由前束引起的侧向力大小相等，方向相反，互相抵消，车轮将处于纯滚动状态。若前束过大，则转向轮向外侧滑；若前束过小，则两转向轮向内侧滑。转向轮侧滑量检测原理如图 3-40 所示。将两块滑动板平放在地面上，滑动板沿车辆行驶方向不得产生位移，而在横向则阻力很小，可自由移动。

当车辆转向轮滚过滑动板时，如果车轮具有前束，将受到前轴向外侧力作用。因为轮胎与滑动板之间摩擦系数大，而滑动板相对地面可自由移动，所以前轮将带动两滑动板同时向外滑动，如图 3-40（a）所示。如果车轮具有外倾，同样的道理，两块滑动板同时向内滑动，如图 3-40（b）所示。如果外倾与前束配合正常，则两转向轮通过滑动板时，滑动板不产生滑动。

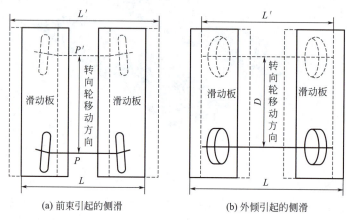

图 3-40　转向轮侧滑量检测原理

因为两块滑动板的侧滑量不一样，所以取单边侧滑量的平均值作为检测结果，即

$$S_t = \frac{L' - L}{2} \tag{3-6}$$

式中　S_t——单边平均侧滑量，m/km。

通常情况下，前轮外倾无法调整。所以，当 $S_t > 0$，两轮向外侧滑，表明前束偏大；当 $S_t < 0$，两轮向内侧滑，表明前束偏小。

（3）侧滑台的使用　不同型号的侧滑台其使用方法有所区别，应按照使用说明书制定操作规程。通常应进行如下工作。

① 检测前的准备

a. 在不通电的情况下，检查仪表指针是否指在零位上；接通电源，晃动滑动板，等到滑动板停止后，查看指针是否仍在零位或数据显示仪表上的侧滑量数值是否为零。如果发现失准，对于指针式仪表，可用零点调整电位计或游丝零点调整钮将仪表校零；对于数字显式仪表，可按下校准键，调节调零电阻，使侧滑量显示值为零，或按复位键清零。

b. 检查侧滑台及周围场地有无机油、石子、泥污等杂物，如有应将其清除干净。

c. 检查各种导线有无因损伤而造成接触不良的部位，必要时需进行修理或更换。

d. 待检测车轮胎气压需符合各自出厂的规定值。
e. 检查并清除轮胎上的油污、水渍以及嵌入的石子、杂物等。
② 检测步骤
a. 松开滑动板的锁止手柄，接通电源。
b. 汽车以 3～5km/h 的低速垂直地使被测车轮通过滑动板。速度过快会因为台板的惯性力和仪表的动态响应迟滞而影响测量精度；速度过慢也会引起失真误差。
c. 当被测车轮从滑动板上完全通过时，检查指示仪表，读取最大值，记下滑动板的运动方向，即区别滑动板是向内还是向外滑动。
d. 检测结束后，锁止滑动板，切断电源。
当检测结果不符合侧滑量要求时，应分析其原因。当超出侧滑量要求较小时，通常可以通过调整排除；当超出侧滑量要求较大时，则应更换部分零件，甚至需要校正车身方可排除。明确超差原因，就可以估算排除超差现象所需费用。
③ 检测时的注意事项
a. 不允许超过额定吨位的汽车驶入侧滑台，防止压坏或损伤易损机件。
b. 不允许汽车在侧滑台上转向或制动，否则会影响测量精度及检验台的使用寿命。
c. 前驱动的汽车在测试时，不得突然加油、收油或踏离合器，这样会改变前轮受力状态和定位角，造成测量误差。

3.4.5 四轮定位检测

因为汽车行驶速度越来越快，汽车的操纵稳定性对汽车安全越来越重要。汽车不但具有前轮定位参数要求，有些高速客车和轿车还具有后轮外倾角与后轮前束等参数要求。这些定位参数的变化会导致汽车操纵稳定性下降，同时增加轮胎的异常磨损及某些零部件过早的疲劳损伤。

比如，主销后倾角过大时，转向沉重，驾驶员容易疲劳；主销后倾角过小时，汽车直线行驶时容易发生前轮摆振，方向盘摇摆不定，方向自动回正能力降低；当左、右车轮的主销后倾角不相等或前、后桥不平行时，汽车会产生行驶跑偏现象，会大大降低汽车的操纵性和增加驾驶员疲劳。

若四轮定位仪对定位参数的检测合格，则可以增加汽车行驶时的安全性，增强操纵稳定性，减少轮胎磨损，减小悬架系统及行驶系统部分零部件的疲劳损伤，降低燃油消耗等。

由于各种汽车的四轮定位参数不尽相同，可调参数也不尽相同。因此，在检测汽车四轮定位前必须先查阅被评估二手车生产厂的四轮定位参数标准，确定哪些参数是可调的，哪些参数是不可调的。通常可通过维修手册或在四轮定位仪内存中查阅。

专业的二手车鉴定评估人员在拿到四轮定位检测不合格的报告后，一般会同被评估二手车的专业维修人员对不合格项目进行认真分析。四轮定位修理中，一般的修理方法包括调整、更换部分零部件和车身校正。有多种原因造成不合格的项目通常还需进行现场检验，根据现场检验结果，分析最大与最小可能产生的原因，拟订维修方案，确定被评估二手车恢复到四轮定位合格可能花销的费用范围。

四轮定位仪检测的项目包括前轮前束值/角(前轮前束角/前张角)、前轮外倾角、主销后倾角、主销内倾角、后轮前束值/角（后轮前束角/前张角）、后轮外倾角、轮距、轴距、左右轴距差、转向20°时的前张角、推力角等。

目前，常用的四轮定位仪包括拉线式、光学式、计算机拉线式和计算机激光式四种。它们的测量原理是一致的，只是采用的测量方法或使用的传感器的类型和数据记录与传输的方式不同。这里介绍使用光学式四轮定位仪可测量的几个重要检测项目的测量原理。

（1）光学式四轮定位仪（图3-41）测量定位参数前的准备工作

① 安装测试投影仪。左右两侧的投影仪的光学中心必须校准在同一轴线上，以便测量汽车左右轮的同轴度，即调整时，必须确保两侧投影仪屏幕上的十字刻度线在同一水平面上。

特别提示

安装投影仪时，应注意投影仪上标有"L"的，必须安装在待检车辆行进方向的左边导轨上，标有"R"的则安装在右边导轨上。

图3-41　光学式四轮定位仪

② 调整投影仪上投光镜的高度。测量待检车轮毂中心距离地面高度，将测量值减去30mm所得的值作为投光镜的高度值，有偏差的可以通过手柄来调整。

③ 车辆的准备。检测前，被检车车轴的状况必须良好，车轮的所有轴承间隙、转向间隙以及主销间隙均需检查并经过调整，且轮胎气压符合出厂要求。

（2）检测步骤

① 将车辆开到定位仪上，待检车后轮停在可以横向移动车辆的后轮滑动板中心处，在滑动板的下面有滚筒支承。轮毂中心位置和投影仪等高。

② 安装轮镜。首先，根据轮辋直径调整三个卡爪之间的距离，再将万能轮镜安装架紧固在轮辋边沿上，接着将带有调整盘的轮镜安装在该架上，支起车轮并轻轻转动一周。如果轮镜中心偏离车轴中心超过1cm，应移动轮镜到车轮中心并紧固。

③ 轮镜安装基准调整。因为轮辋的变形和轮镜安装架的装夹误差，会使装夹在车轮上的镜面不垂直于车轮轴心线造成测量误差，所以，需要进行轮镜安装基准调整，即补偿调整。首先支起车轮，打开投影仪开关，轮镜将刻度线的像反射至投影仪屏幕上，慢慢转动车轮，观察屏幕上的十字刻度线。如果十字刻度线摆动量超过屏幕上一个刻度值时，需要使用三角形布置的调整旋钮螺钉调整，直到十字刻度线不摆动为止并锁紧。对于计算机式四轮定位仪仅需将车轮支起，每次转动90°，并记录下此时由传感器测出的外倾角值。当转动一周后，共记录下四个外倾角值，进行平均值计算后即可完成车轮夹具安装补偿过程。

补偿过程结束后，将转盘放在前车轮下面，落下车辆，后车轮放在滑动板上，按压车身前部，给汽车悬架施加上下交替的力，使悬架系统处在正常的受力状态，并将前轮向左及向右转动几次，以消除转向间隙，最后让方向盘位于中间位置，前轮位于"正前方"位置，然后拉紧手制动。

④ 将车辆摆正定位。定位测量卷尺放在待检车辆的左前侧，用卷尺的磁性座和投影仪的底座相连，垂直于车轮中心线量出至轮辋最低位置间的距离，采用同样的方法，测出右侧的距离，直到两侧的距离相同为止。采用同样的方法测出后轮左侧和右侧的数值，左右调整后轮摆正滑板，直到两侧的距离相同为止。

上述过程就相当于定出了该测量系统的光学矩形，这样就消除了前后轮距不等所造成的影响。这时待检车辆刚好位于光学矩形中心位置，从而确保了该光学系统的测试精度。

（3）定位参数的测量　在检测四轮定位参数时，应先查阅厂家关于定位参数的出厂标准。各定位参数的测量值可以直接从屏幕上和转盘上读出，或从投影仪底座上的刻度尺上读出。

① 测量前轮左/右主销内倾角。前轮安装传感器和配件，锁紧前轮传感器，后轮传感器可

不用，转盘不锁紧，不用方向盘锁定杆，使用刹车顶杆以免车轮滚动。

从角度测量选项单中选定主销内倾角程序，转动车轮使转向角显示 0°，等待测量。将左轮向左转动 20°，转向角度显示在屏幕上，主销内倾角将相对"0°"值自动存储，听到声响后即完成。转动方向盘，车轮继续向左转动，直至右边车轮也转过 20°。转向角的值显示在屏幕上，存储器自动将右主销内倾角存储，再将车轮右转 20°，转向角显示在屏幕上，右轮主销内倾角测量值同样显示在屏幕上方，右主销内倾角测量完毕。继续转动方向盘，使左轮右转到 20°，左轮主销内倾角测量值也显示在屏幕上，左主销内倾角测量完毕。

比较各测量值，白色值表示测量值和基准值无偏差；绿色值表示测量值在公差范围内；红色值表示测量值在公差范围外。

② 测量前轮左/右主销后倾角。采用和主销后倾角测量相同的操作过程，只是不需使用刹车制动杆即可读出数据。

③ 测量左（右）后轮前束角/外倾角。测量后轮前束角及外倾角时，要使用四个传感器，使用方向盘锁定杆防止车轮转向，使用刹车制动杆以免车轮滚动。在"角度测量选项单"中选后轮倾角测量程序，在屏幕上显示左、右侧后轮前束角和外倾角，还可进一步由两后轮前束角算出推力角。用测量值与原厂值比较，若测量值正确，可进行下一步操作；若测量值不正确，一定要进行调整。

④ 测量左（右）前轮前束角/外倾角。测量前轮前束角和外倾角的方法与测量后轮前束角和外倾角的方法完全相同。

3.4.6　前照灯技术状况检测

前照灯是汽车在夜间或在能见度较低的情况下，为驾驶员提供行车道路照明的重要设备，而且也是驾驶员发出警示，进行联络的灯光信号装置。因此，前照灯必须有足够的发光强度和正确的照射方向。因为在行车过程中汽车受到振动，可能引起前照灯部件的安装位置发生变化，从而改变光束的正确照射方向，同时灯泡在使用过程中会逐渐老化，反射镜也会受到污染而使其聚光的性能变差，造成前照灯的亮度不足。这些变化，全部会使驾驶员对前方道路情况辨认不清，或在与对面来车交会时造成对方驾驶员炫目等，从而导致事故的发生。所以，前照灯的发光强度和光束的照射方向被列为机动车运行安全检测的必检项目。

（1）汽车前照灯技术要求　《机动车运行安全技术条件》（GB 7258—2012）中对汽车前照灯提出以下技术要求。

① 前照灯远光光束发光强度最小值要求　前照灯远光光束发光强度最小值要求见表 3-7。

表 3-7　前照灯远光光束发光强度最小值要求

汽车类型		发光强度最小值 /cd					
		新注册车			在用车		
		一灯制	二灯制	四灯制[①]	一灯制	二灯制	四灯制[①]
三轮汽车		8000	6000	—	6000	5000	—
最高设计车速小于 70km/h 的汽车		—	10000	8000	—	8000	6000
其他汽车		—	18000	15000	—	15000	12000
摩托车		10000	8000	—	8000	6000	—
轻便摩托车		4000	—	—	—	—	—
拖拉机运输机组	标定功率>18kW	—	8000	—	—	6000	—
	标定功率≤18kW	6000[②]	6000	—	5000[②]	5000	—

① 指前照灯有四个远光光束；采用四灯制的汽车其中两个对称的灯达到两灯制的要求时视为合格。
② 指允许手扶拖拉机运输机组只装用一个前照灯。

② 前照灯光束照射位置要求

a. 前照灯近光光束　前照灯照射在距离 10m 的屏幕上，乘用车前照灯近光光束明暗截止线转角或中点的高度应为 $(0.7 \sim 0.9)H$（H 为前照灯基准中心高度，下同），其他机动车（拖拉机运输机组除外）应为 $(0.6 \sim 0.8)H$。机动车（装用一个前照灯的机动车除外）前照灯近光光束水平方向位置向左偏应小于等于 170mm，向右偏应小于等于 350mm。

b. 前照灯远光光束　前照灯照射在距离 10m 的屏幕上，要求在屏幕中心离地高度，对乘用车为 $(0.85 \sim 0.95)H$，对其他机动车为 $(0.8 \sim 0.95)H$；机动车（装用一只前照灯的机动车除外）前照灯远光光束的水平位置要求，左灯向左偏应小于等于 170mm，向右偏应小于等于 350mm；右灯向左或向右偏均应小于等于 350mm。

（2）汽车前照灯的检测　汽车前照灯的检测方法有屏幕检测法和前照灯检测仪检测法。

屏幕检测法就是在屏幕上检查。检查用场地应平整，屏幕和场地应垂直。被检验的车辆应在空载、轮胎气压正常、乘坐一名驾驶员的条件下进行。将车辆停置在屏幕前，并与屏幕垂直，使前照灯基准中心距屏幕 10m，在屏幕上确定和前照灯基准中心离地面距离等高的水平基准线，及以车辆纵向中心平面在屏幕上的投影线作为基准确定的左右前照灯基准中心位置线。分别测量左右远近光束的水平及垂直照射方位的偏移值。

用前照灯检测仪检验是将被检验的车辆按照规定距离与前照灯检测仪对置，从前照灯检测仪的屏幕上分别测量左右远近光束的水平及垂直照射方位的偏移值，如图 3-42 所示。

图 3-42　前照灯检测仪检测法

目前，各汽车检测机构和维修企业一般使用前照灯检测仪检测法。

专业的二手车鉴定评估人员在拿来前照灯检测不合格的报告后，一般要对不合格项目进行认真分析。在前照灯修理中，一般的修理方法包括调整、更换前照灯底座、前照灯及校正前照灯框架。因为高档进口车前照灯底座、前照灯价格较高，更应检验并确认修理方法及相应的修理费用。

前照灯检测仪可分为聚光式、屏幕式、投影式及自动追踪光轴式等几种。无论哪一种检测仪均是由接收前照灯光束的受光器、使受光器和汽车前照灯对正的找正装置、前照灯发光强度的指示装置与光轴偏斜量指示装置等组成。

① 光强度检查　将光电池和光度计连接起来，按规定的距离让前照灯光束照射光电池后，根据前照灯发光强度的大小，光电池产生相应的电流，光电池电流再驱动光度计指针摆动，进而指示出前照灯的发光强度，如图 3-43 所示。

② 光束照射位置的检测　检测仪由上、下、左、右放置的四块光电池及分别指示光束上

下和左右偏移量的指示计组成,如图 3-44 所示。当前照灯光束按照规定的距离照射光电池时,因为光束照射方向的误差,使各光电池受光程度不同,在上下或左右光电池间形成电位差,使相应的光束偏移量指示计的指针偏摆,指示前照灯光束的上下或左右偏移量。

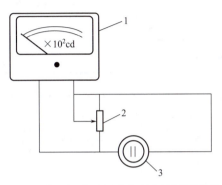

图 3-43 前照灯发光强度的测量原理
1—光度计;2—可变电阻;3—光电池

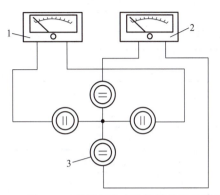

图 3-44 前照灯光束偏移量的测量原理
1—光束左右偏移量指示计;2—光束
上下偏移量指示计;3—光电池

3.4.7 汽车污染检测

3.4.7.1 汽车排气污染检测

(1) 汽车排气污染物的主要成分 汽车排气污染物的主要成分是一氧化碳(CO)、烃类化合物(HC)、氮氧化合物(NO_x)、硫化物(主要是 SO_2)、颗粒物(炭烟)以及其他有害物质。若使用含铅汽油,排气中的污染物还包括含铅化合物。汽车排气污染中,CO、HC、NO_x 及颗粒物主要来源于汽车尾气,少部分来源于曲轴箱窜气,其中部分 HC 还来自于油箱和整个供油系统的蒸发与滴漏。

在相同工况下,汽油机的 CO、HC 和 NO_x 的排放量比柴油机大。因此,目前的排放控制法规对汽油机主要控制排气中 CO、HC 和 NO_x 的排放量进行了规定。柴油机对空气的污染比汽油机的小,排放的污染物主要是颗粒物(炭烟)。因此,排放控制法规对柴油机主要控制排气中颗粒物和 NO_x 的含量做了规定。

(2) 汽车排气污染物的检测标准 随着汽车保有量的增加,汽车排气污染物造成的环境污染情况将日益严重。为了控制汽车排气污染物对生态环境的危害,世界各国政府相继出台了汽车排气污染物的限值标准。我国也制定了国家标准,如《点燃式发动机汽车排气污染物排放限值及测量方法(双怠速法及简易工况法)》(GB 18285—2005)、《轻型汽车污染物排放限值及测试方法(中国Ⅲ、Ⅳ阶段)》(GB 18352.3—2005)和《车用压燃式、气体燃料点燃式发动机与汽车排气染物排放限值及测量方法(中国Ⅲ、Ⅳ、Ⅴ阶段)》(GB 17691—2005)等。

因为我国汽车排放污染物检测标准是以欧洲汽车排放标准为蓝本而制定的,并逐渐向其靠拢,所以以下列出汽油车、柴油车的欧洲标准。

① 欧洲联盟轻型汽车的排放限值 轻型汽油车的排放限值见表 3-8;轻型柴油车的排放限值见表 3-9。

表3-8 轻型汽油车的排放限值

标准	生效时间	排放限值/(g/kW)		标准	生效时间	排放限值/(g/kW)		
		CO	HC+NO$_x$			CO	HC	NO$_x$
欧洲 I	1992年	2.72	0.97	欧洲 III	2000年	2.3	0.2	0.15
欧洲 II	1995年10月	2.20	0.50	欧洲 IV	2005年	1.0	0.1	0.08

表3-9 轻型柴油车的排放限值

标准	生效时间	排放限值/(g/kW)			标准	生效时间	排放限值/(g/kW)			
		CO	HC+NO$_x$	微粒			CO	HC	NO$_x$	微粒
欧洲 I	1992年	2.72	0.97		欧洲 III	2000年	0.64	0.56	0.50	0.050
欧洲 II①	1995年10月	2.20	0.50		欧洲 IV	2005年	0.50	0.30	0.25	0.025
欧洲 II②	1995年10月	1.00	0.90	0.10						

① 间接喷射式。
② 直接喷射式。

② 欧洲联盟重型柴油车排放限值　欧洲联盟重型柴油车的排放限值见表3-10。

表3-10 欧洲联盟重型柴油车的排放限值

标准		欧洲 I	欧洲 II	欧洲 III	欧洲 IV
测试循环		ECE R49	ECE R49	ESC	ETC
生效时间		1992年	1996年	2000年	2000年
排放限值/(g/kW)	CO	4.50	4.00	2.10	5.45
	HC	1.10	1.10	0.66	
	MMHC				0.78
	CH$_4$				1.60
	NO$_x$	8.0	7.0	5.0	5.00
	NO$_x$	0.61	0.15	0.10	0.16
		0.36①	0.25②	0.13②	0.21②
动态烟度/m^{-1}				0.8	

① 使用额定功率小于等于85kW的柴油机。
② 用于单缸排量小于0.7L、额定转速大于3000r/min的柴油机。

(3) 汽车排气污染物的检测方法　测定汽油车排气污染物的仪器有非分散型红外线分析仪、氢火焰离子型分析仪和化学发光分析仪等仪器；测定柴油车有滤纸式烟度计和消光式烟度计等。检测站通常多采用非分散型红外线分析仪和滤纸式烟度计来测量汽车排气污染物的排放状况。

① 汽油车的排气测定　汽油车的排气测定方法分多工况法、等速工况法及怠速法。检测站主要以单怠速法测量汽油车的排气污染物。

a. 汽油车排放污染物测定前的准备工作　在进行汽车排放污染物检测时，必须做好测定前的准备工作，包括测量仪器的准备及被测车辆的准备。

ⓐ 测量仪器的准备　测量仪器使用前先接通电源预热30min以上，再进行相关部位的检查，接着从仪器上取出采样导管进行校正，吸进清洁空气，用零点调整旋钮调整零位，然后将测定

器附属的标准气体从标准气体注入口注入，用标准气体校正旋钮，使得指示值符合校正基准值。在注入标准气体时，应关闭仪器上的泵开关。

一氧化碳测定器是将标准气体储气瓶里的一氧化碳浓度作为校正基准值，而烃类化合物测定器由于在标准气体里采用丙烷（C_3H_8）气体，因此须通过换算公式求出正己烷（C_6H_{14}）的值作为校正基准。其换算公式为

$$校正基准值 = 标准气体（丙烷）浓度 \times 换算系数（正己烷换算值） \tag{3-7}$$

接通简易校正开关，对于有校正位置刻度线的仪器，可用标准调整旋钮将仪表指针调到标准刻度线位置；对于没有标准刻度线的仪器，应在标准气校正后立即进行简易校正，使仪器指针和标准气校正后的指示值重合。检查采样探头及导管内是否有残留 HC。若管内壁吸附残留 HC 过多，仪表指针偏离零点太多，应用压缩空气或布条等清洁采样探头和导管。

ⓑ 被测车辆的准备　按照规定转速使被测车发动机进行怠速运转，发动机达到规定热车温度。

b. 汽油车排气污染物的测定　将废气分析仪的量程开关放在最大挡，让被检车以 0.7 倍额定转速运转 60s 后，降到规定怠速转速，插入采样导管，深度等于 400mm。边看指示针边变换量程转换开关，选择适宜的排气气体浓度的挡位，维持 1.5s 后，读取 30s 内的最高值与最低值，其平均值为测量结果。

② 柴油车的排气测定　采用烟度计测定柴油车排气的操作方法如下。

a. 测定前的准备工作

ⓐ 测量仪器的准备　首先进行仪器检查，再接通烟度计电源预热 5min 以上，检查来自空气压缩机的空气压力，使其符合规定要求。将校正用的标准纸即烟度卡对着检测部分，用指示调零旋钮把指示计校正到符合标准纸的污染度表示值。

ⓑ 被测车辆的准备　以制造厂规定的怠速预热发动机，并使其达到规定测量温度，同时在加速踏板上安装好踏板开关。

b. 柴油机排气烟度测试

ⓐ 启动发动机，并加速 2～3 次，吹净排气管及消声器中的烟尘。

ⓑ 发动机怠速运转 5～6s，并进行空气清扫 2～3s。

ⓒ 用脚踩住踏板开关，并快速将踏板踩踏到底持续 4s。

ⓓ 放开加速踏板 11s，同时读数并走纸，然后用压缩空气清扫 3～4s，调整吸入泵，并连续按ⓒ的方法操作四次，读取后三次读数的平均值。

3.4.7.2　汽车噪声污染检测

《营运车辆综合性能要求和检验方法》（GB 18565—2001）从"汽车定置噪声""客车车内噪声""汽车驾驶员耳旁噪声"及"喇叭声级"四个方面对汽车的噪声进行控制，并规定了噪声限值和测量的方法。

（1）汽车定置噪声的限值及测量方法

① 汽车定置噪声的限值　《营运车辆综合性能要求和检验方法》（GB 18565—2001）根据车辆类型及燃料种类，分别对轿车、客车、货车和燃烧汽油或柴油的车辆制定了相应的定置噪声的限值，见表 3-11。

② 汽车定置噪声的测量方法　《营运车辆综合性能要求和检验方法》（GB 18565—2001）指出，汽车定置噪声的测量方法按《声学　机动车辆定置噪声测量方法》（GB/T 14365—1993）的规定进行。

表3-11 汽车定置噪声限值　　　　　　　　　　单位：dB

车辆类型	燃料种类		车辆出厂日期	
			1998年1月1日以前	1998年1月1日以后
轿车	汽油		87	85
微型客车、货车	汽油		90	88
轻型客车、货车、越野车	汽油	发动机额定转速≤4300r/min	94	92
		发动机额定转速>4300r/min	97	95
	柴油		100	98
中型客车、货车、大型客车	汽油		97	95
	柴油		103	95
重型货车	汽车发动机额定功率≤147kW		101	99
	汽车发动机额定功率>147kW		105	100

《声学　机动车辆定置噪声测量方法》（GB/T 14365—1993）是依据国际标准《声学——机动车辆定置辐射噪声的测量——简易法》（ISO 5130—1982）制定的，对汽车定置测量的"适用范围""测量环境""测量仪器""测量程序"以及"数据处理"等均作了详细的规定。定置是指车辆不行驶，发动机处于空载运转状态。

测量用的场地应为开阔的，由混凝土、沥青等坚硬材料所组成的平坦地面，较大障碍物距离传声器不得小于3m（图3-45）。测量时，传声器位置处的背景噪声（包括风的影响）需比被测噪声低10dB（A）以上。测量时的风速应不大于5m/s。

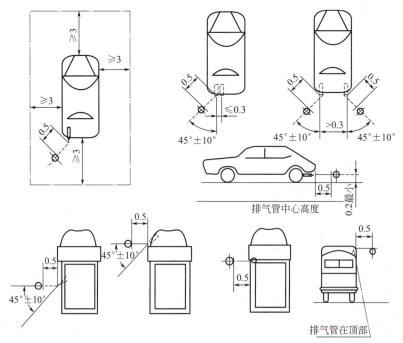

图3-45　排气噪声的测量场地和传声器位置（单位：m）

测量使用声级计的"A"计权、"快挡"。测量程序如下。

a．车辆位于测量场地的中央，变速器挂空挡，拉紧驻车制动器，离合器接合。发动机机罩、车窗与车门应关上，车辆的空调器及其他辅助装置应关闭。测量时，发动机出水温度和油温应符合生产厂的规定。

b．每类试验的每个测点重复进行试验，直到连续出现三个读数的变化范围在 2dB 之内为止，并取其算术平均值作为测量结果。

c．排气噪声的测量场地和传声器的放置位置规定，如图 3-45 所示。传声器与排气口端等高，在任何情况下距地面不得小于 0.2m。传声器的参考轴应与地面平行，并和通过排气口气流方向且垂直地面的平面成 45°±10° 的夹角。传声器朝向排气口。距排气口端 0.5m，放在车辆外侧。车辆装有两个或更多的排气管，且排气管之间的间隔不大于 0.3m，并联在一个消声器上时，只需取一个测量位置。传声器应选择位于最靠近车辆外侧的那个排气管。如果两个或两个以上的排气管同时在垂直于地面的直线上，则选择离地面最高的一个排气管。装有多个排气管，并且各排气管的间隔又大于 0.3m 的车辆对每个排气管都要测量，并记录下其最高声级。

使发动机稳定在 3/4 额定转速 ±50r/min，测量由稳定转速尽快减速到怠速过程的噪声，然后记录下最高声级。

记录所测得的数据，并进行计算得出结果。

（2）客车车内噪声的限值及测量方法

① 客车车内噪声的限值　通常客车车内噪声声级应不大于 82dB（A），中级以上营运客车车内噪声声级应不大于 79dB（A）。

② 客车车内噪声的测量方法　《营运车辆综合性能要求和检验方法》（GB 18565—2001）指出，客车车内噪声检验按《声学　汽车车内噪声测量方法》（GB/T 18697—2002）的规定进行。

a．车内噪声测量条件　测量跑道应有足够试验需要的长度，须是平直、干燥的沥青或混凝土路面。测量时，风速应不大于 3m/s。车辆门窗关闭。车内其他辅助设备是噪声源，测量时是否开动，应根据正常使用情况而定。车内本底噪声比所测车内噪声至少低 10dB（A），并确保测量不被偶然的其他声源所干扰。

b．车内噪声测点位置　车内噪声测量一般在人耳附近布置测点，话筒朝车辆前进方向。驾驶室车内噪声测点位置如图 3-46 所示。

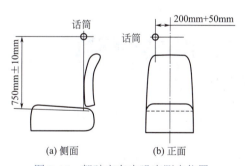

图 3-46　驾驶室车内噪声测点位置

载客车室内噪声测点可选在车厢中部和最后排座的中间位置，话筒高度如图 3-46 所示。

c．测量方法　车辆以常用挡位 50km/h 以上不同车速匀速行驶，分别进行测量。用声级计"慢"挡测量 A、C 计权声级，分别读取表头指针最大读数的平均值，同时记录测量结果。

（3）汽车驾驶员耳旁噪声的限值及测量方法

① 汽车驾驶员耳旁噪声的限值　汽车驾驶员耳旁噪声声级应不大于 86dB（A）。

②汽车驾驶员耳旁噪声的测量方法 车辆应处于静止状态且变速器放在空挡，发动机应在额定转速状态下运转。车辆门窗需紧闭。声级计应置于"A"计权、"快"挡。测量的位置需符合《声学 汽车车内噪声测量方法》（GB/T 18697—2002）的要求，如图3-46所示。

（4）喇叭声级 汽车喇叭声级在距车前2m、离地高1.2m处，用声级计测量时，其值需为90～115dB（A）。

3.5 二手车拍照

3.5.1 二手车拍照的技术要求

（1）拍摄距离 拍摄距离是指拍摄立足点和被拍二手车的远近。拍摄距离远，则拍摄范围大，所拍的二手车影像就小。通常要求全车影像尽量充满整个像面。

（2）拍摄角度 拍摄角度是指拍摄立足点和被拍二手车的方位关系。拍摄角度方位通常分为上下关系和左右关系。

①上下关系 拍摄角度的上下关系可分为俯拍、平拍及仰拍三种。俯拍是指拍摄者站在比被拍摄车辆高的位置向下拍摄；平拍是指拍摄点在物体的中间位置、镜头平置的拍摄，这种拍摄方法效果就是人两眼平视的效果；仰拍是指相机放置在较低部位，镜头由下向上仰置的拍摄，此种拍摄效果易发生变形。

②左右关系 拍摄角度的左右关系通常根据拍摄者确定的拍摄方位，分为正面拍摄和侧面拍摄两种。正面拍摄是指面对被拍摄的车辆或是某部位的正面进行拍摄；侧面拍摄是与正面拍摄相对而言，指在被拍摄车辆的正侧面所进行的拍摄。对于二手车拍照应采用平拍且与车辆左侧呈45°方向拍摄。

③光照方向 光照方向是指光线与相机拍摄方向的关系，通常分为正面光、侧面光和逆光三种。对二手车拍照应尽可能采用正面光拍照，以使二手车的轮廓分明、牌照号码清晰、车身颜色真实。

3.5.2 二手车拍照的一般要求与拍照位置

（1）二手车拍照的一般要求
①车身要擦洗干净。
②前挡风玻璃及仪表盘上无杂物。
③机动车号牌无遮挡。
④关闭各车门。
⑤方向盘回正，前轮处于直线行驶状态。

（2）二手车常见拍摄位置 对二手车拍照通常要拍摄前面、侧面和后面三个方向的整体外形照及发动机舱、驾驶室、后备厢等局部位置的照片。

①整体外形照 采用平拍，其中，前面照（也称为标准照）是在和车左前侧呈45°方向拍摄的，如图3-47所示；侧面照是正侧面拍摄的，如图3-48所示；后面照是在和车右后侧呈45°方向拍摄的，如图3-49所示。

图 3-47　二手车的标准照

图 3-48　二手车的侧面照

图 3-49　二手车的后面照

② 局部位置照采用俯拍　如图 3-50 所示。
（3）拍摄注意事项
① 光照方向应采用正面光，尽可能避免强烈或昏暗光照，不采用侧面光和逆光。
② 以平拍方式进行，不要采用俯拍或仰拍。
③ 所拍车辆要进行认真准备。
④ 所拍照片应使二手车的轮廓分明、牌照号码清晰、车身颜色真实。

(a) 车内部

(b) 发动机

图 3-50　二手车的局部照

第4章 二手车价格评估

4.1 二手车价格评估基础知识

4.1.1 二手车价格评估的假设条件

二手车价格评估是指在二手车技术状况鉴定的基础上，依据二手车鉴定评估目的，运用资产评估的相关理论及方法，对二手车现时价格进行综合评定和估算。在每一项二手车价格评估业务中，一般均采用一定的假设条件，以便做出合乎逻辑的推断。二手车价格评估的假设包括继续使用假设、公开市场假设、清算假设。

（1）继续使用假设　继续使用假设是指二手车将按现行用途继续使用，或转换用途继续使用。对这些车辆的评估，就要从继续使用的假设出发，而不能按照车辆拆零出售零部件所得收入之和进行估价。例如一辆汽车用作营运，其估价可能是4万元；而将其拆解成发动机、底盘等零部件分别出售时可能仅值3万元。可见同一辆车按照不同的假设用作不同的目的，其评估价格是不一样的。继续使用假设体现了二手车交易的本质，对无法继续使用的车辆进行估价属于卖废品，不属于本课程的讨论范围。

在确定二手车能否继续使用时，必须充分考虑的条件是，车辆具有明显的剩余使用寿命，且使用功能保持较好，能继续为所有者提供服务，满足经营上或工作上期望的收益；车辆所有权明确；车辆从经济上和法律上可以转作他用。

（2）公开市场假设　公开市场假设是指繁荣、完全竞争的市场条件。公开市场假设强调二手车市场各类车型车源丰富、交易活跃，时常有与被评估车辆相同车型或相似车型交易，交易双方容易获得相关交易信息，如车辆性能、交易活跃程度、市场评价等，有利于通过类比对车辆的功能、用途及其交易价格等做出理智的判断。

不同类型的二手车，其性能、用途不同，市场交易活跃程度也不一样。通常用途广泛、质量和性能口碑好的车辆比用途狭窄、口碑差的车辆市场活跃，交易双方容易获得该车型近期成功交易信息，根据成功交易价格或做适当调整，能够很快得出比较接近市场行情的二手车估价，易于获得消费者认同。

（3）清算假设　清算假设是指二手车所有者由于各种原因（如破产、抵押违约、停业清理等），急于将车辆快速出售变现。清算假设强调快速变现，即要求在一定的期限内将车辆售出收回现金。

快速变现最有效的方法是以远远低于现行市场价格出售。这种情况下二手车的评估价格往往显著低于继续使用或公开市场假设下的评估价格。

不同的假设，适用不同的评估方法。同一辆二手车按照不同的评估方法，其价格是不一样的。

4.1.2　二手车价格评估的计价标准

资产评估的目的是依据经济活动的需要决定的。而评估目的不同，其计价标准是不同的。目前，我国资产评估采用四种价值标准，分别为重置成本标准、现行市价标准、收益现值标准、清算价格标准。资产评估计价标准是适用于资产计价价格类型的法则。二手车作为一种资产，评估时也遵循这四种计价标准。二手车计价标准的选择由二手车评估目的决定。同一辆二手车依据不同的评估目的采用不同的计价标准进行估价，评估结果会产生差异。所以，在对二手车进行价格评估时，必须依据评估目的，选择与二手车评估业务相匹配的计价标准。

（1）重置成本标准　以复原重置成本或更新重置成本作为衡量被评估二手车的价值尺度。这一标准是国内二手车评估最常用的一个标准。

所谓二手车重置成本是指以现行市价重新购置和被评估车辆相同的新车所需要支付的全部费用。二手车重置成本和原始成本一样，都是反映车辆在购置、运输、注册登记等过程中所支出的全部费用，它们的区别就是，重置成本是按现有技术条件和价格水平计算的。

重置成本标准适用的前提是车辆处于在用状态，一方面反映车辆已经投入使用；另一方面反映车辆可以继续使用，对所有者具有使用价值。

（2）现行市价标准　以相同或相类似车型的现行交易价格作为衡量被评估二手车的价值尺度。这一计价标准强调二手车在公平市场上正常流通交易的现行市价。

现行市价是指车辆在公平市场上的销售价格。所谓公平市场，是指充分竞争的市场，买卖双方没有垄断和强制，双方的交易行为均为自愿的，都有足够的时间和能力了解市场行情。实际上，现行市价就是变现价格。非公平市场价格，如迫售价格或优惠价格虽然也是变现价格，但不能算作"现行市价"。

现行市价标准适用的前提条件如下。

① 存在一个交易活跃、交易公平的二手车市场。

② 与被评估车辆相同或类似的车辆在市场上有一定的交易量，可以形成市场行情。

（3）收益现值标准　以收益现值作为衡量被评估二手车的价值尺度。二手车收益现值是指被评估二手车在剩余寿命期内继续经营情况下所产生的预期收益累计总额，根据设定的折现率（行业平均收益率或社会基准收益率）折合成评估时点（即评估基准日）现值，并以此现值当作二手车未来收益能力的价值。这一评估标准根据的不是二手车收益现状，而是其在未来正常经营中可以产生的累计收益总额。

收益现值标准适用的前提条件是车辆投入使用后可持续获利。

（4）清算价格标准　以相同或相似车型车辆的市场清算价格作为衡量被评估二手车的价值尺度。清算价格是指企业因为破产、抵押违约等，被要求在一定期限内将特定资产快速变现的价格。

清算价格与现行市价相比，两者的根本区别在于：现行市价是公平市场交易价格；而清算价格是非正常市场上的拍卖价格，因为在这种情况下的资产清理通常要求在较短时间内甚至强制条件下完成，所以，这类资产处理往往不能像正常出售那样获得"现行公平市价"，买卖双方处于不平等地位，其清算价格通常都低于市场交易价格。

清算价格标准适用于企业破产清算、抵押违约资产处理业务。汽车是一种容易迅速变现的资产，也适用于清算价格标准。

4.1.3 二手车价格评估的类型和方法

（1）二手车价格评估的类型　依据二手车价格估算目的不同，二手车价格评估可分为鉴定服务估价与收购估价两种。二手车鉴定服务估价是指二手车鉴定评估机构为委托方提供二手车技术鉴定和估价的一种第三方中介服务。其价格评估方法与资产评估的方法一样，依据国家规定的重置成本法、收益现值法、现行市价法和清算价格法进行，评估价格具有约束性。二手车收购估价是指二手车经营企业开展二手车收购业务时，对被收购二手车进行价格估算。收购价格由买卖双方商定，具有灵活性。

二手车鉴定估价和收购估价，其实质均是对二手车作现时价格评估。但两者相比较有显著的区别，主要表现如下。

① 两者估价的主体不同　二手车鉴定估价是第三方中介服务，估价主体为中介服务机构，它要求估价者遵循公正性、独立性的原则，通过对被评估车辆技术鉴定的全面判断确定其客观市场价格，评估价格具有约束性，不得随意变动；而二手车收购估价的主体为买卖双方，收购价（或卖出价）是买卖双方进行价格谈判、讨价还价的结果，是一种自由定价。

② 两者估价的目的不同　二手车鉴定估价是评估机构接受委托人委托，为被评估车辆将要发生的经济行为提供价值依据，以服务为目的；二手车收购估价是二手车经营者为了开展二手车收购业务时的价格估算，是一种买卖行为，以经营为目的。

③ 两者估价的方法和灵活性不同　二手车鉴定估价，要求严格遵守国家颁布的相关评估法规，按特定的目的选择与其相匹配的评估标准和方法，具有约束性；二手车收购估价可以接受国家相关评估法规的指导，依据估价目的，参照评估的标准和方法进行，估价也可以通过讨价还价实现，具有灵活性。

④ 两者估价的价值概念不同　虽然二手车鉴定估价和二手车收购估价的价值概念都具有交易价值及市场价值，但因为估价出发点不一样，两者价值概念存在较大差异。二手车鉴定估价要求客观反映二手车的真实现时价格，估价结果和现时市场价一致；而二手车收购估价的目的是为了今后二手车卖出获取差价利润，所以，评估价格应低于"市场价格"。

（2）二手车价格评估的方法　汽车是一种资产，其价格评估参照资产评估方法，有重置成本法、现行市价法、收益现值法、清算价格法。本书还介绍了折旧法，它从资产折旧的角度估算重置成本法中的各种损耗和贬值，所以，从本质上来说，折旧法是重置成本法的一种应用。

4.1.4 二手车价格评估方法的比较与选择

4.1.4.1 各种价格评估方法的联系与区别

（1）重置成本法与现行市价法的联系与区别

① 联系　两者均是以评估车辆现时市场价格作为估价时的比较依据。

② 区别

a. 参照对象不同　重置成本法的参照对象是与评估车辆同车型的新车售价，然后依据历史资料，比较评估车辆相对于全新车辆损耗或贬值了多少，考虑的是扣除各种损耗和贬值后的剩余价值，是一种历史资产和现时新资产相比较的方法；现行市价法的参照对象是现时市场上已经成交过的同类车辆售价，通过比较评估车辆与参照车辆的因素差异直接获得评估价格，是一种二手车与二手车之间的类比方法。

b. 受市场条件制约的程度不同　重置成本法从购买者角度参照市场价格,市场条件对其制约相对较弱;现行市价法是从卖者的角度参照市场价格,需要以活跃的二手车市场作为前提,且二手车变现值要受市场条件的制约。

c. 资料的获得和指标的确定有着不同的思路　重置成本法是按照被评估车辆的现时重置成本扣减其各项损耗来确定被评估车辆的评估值,因此只需要有一个新购置类似车辆作参照即可;运用现行市价法评估车辆价值时,被评估车辆的评估值高低在极大程度上取决于参照车辆成交价格水平,而参照车辆成交价不但是参照车辆自身功能的市场体现,它还受买卖双方交易的动机、交易地位、交易期限等因素的影响,为了防止某个参照物个别交易中的特殊因素对成交价和评估值的影响,运用现行市价法时一般应选择三个或三个以上的可比参照车辆。

(2) 重置成本法与收益现值法的联系与区别

① 联系　两者均是以单辆评估车辆为估价对象,计算其现时价值作为估价依据。

② 区别

a. 两者参照的估算价格不同　重置成本法参照的是同类新车现时市场价;收益现值法参照的是评估车辆本身未来使用可能的获利总额。

b. 评估依据时间和估价结果不同　重置成本法是基于对二手车历史使用过程的分析,考虑及侧重的是二手车已使用的各种损耗和贬值,并以现在新车市场价作为参考依据,计算其剩余价值作为现时估价结果;而收益现值法是基于对二手车未来应用过程的预期,考虑和侧重的是二手车未来可以给投资者带来多少收益,并将其折算为现时价值作为估价结果。

c. 评估依据指标不同　重置成本法以评估车辆实体性贬值、功能性贬值及经济性贬值为指标计算评估值;而收益现值法以收益期限、收益额、折现率为指标计算评估值。

(3) 重置成本法、现行市价价格和收益现值法的联系与区别

① 联系　三者均是采用比较方法,以二手车现时价值作为估价依据。

② 区别　重置成本法是以与现时功能相同的新车价格作为参照,强调评估车辆历史数据(如使用年限、使用强度和技术性能等)对评估车辆剩余价值的影响,它从购买者角度参照市场价格,评估价受市场条件的制约相对较弱;现行市价法是和现时公开市场同类二手车已成交价格比较,是从卖者角度参照市场价格的,强调成功交易的变现值,评估价受市场条件的制约相对较强;收益现值法从购买者角度考虑评估车辆未来使用收益的变现值,评估价主要受现在收益折现率及预计使用年限制约。

(4) 现行市价法与清算价格法的联系与区别

① 联系　两者都是以二手车市场价格为评估依据。

② 区别　现行市价法评估的二手车价格是公平市场价格;而清算价格法评估的二手车价格是非正常市场上的拍卖价格,它以公平市场价格作为参照,在受到清算期限限制和快速变现原则要求下确定评估价,通常大大低于现行市价。

4.1.4.2　各种价格评估方法的适用范围

(1) 重置成本法的适用条件　重置成本法比较充分地考虑了车辆的各方面损耗,反映了车辆市场价格的变化,评估结果更趋于公平合理,在不易估算车辆未来收益或无法在市场上找到可类比对象的情况下可广泛使用。在确定成新率的各种方法中,综合分析法将车况和配置以及车辆使用情况采用适当的调整系数表征出来,比较清晰地解析了车辆残值的构成,使整个评估过程显得有理有据,可帮助委托方对评估结果的信任,适用于价值较高的中高档车辆评估。

(2) 现行市价法的适用条件　现行市价法要求评估方在当地或周边地区能够找到一个二手

车交易市场,该市场发育成熟、活跃,交易量大,车型丰富,易于找到可类比的参照车辆,并且参照车辆是近期的,可比较的。所以,它特别适用于产权转让的畅销车型的评估,如二手车收购(特别是成批收购)和典当等业务。

(3) 收益现值法的适用条件　收益现值法是从被评估二手车在剩余经济使用寿命内可以带来预期利润的前提下进行评估的,所以,比较适用于投资营运车辆的评估。

(4) 清算价格法的适用条件　清算价格法是从车辆资产债权人的角度出发,以车辆迅速变现为目的进行评估的,所以,适用于企业破产、资产抵押、停业清理等急于出售变现的车辆评估,比如法院、海关委托评估的涉案车辆。

(5) 折旧法的适用条件　折旧法是从二手车使用产生价值转移后剩余价值的角度估算二手车价格的。采用加速折旧法计算二手车价值转移,使二手车剩余价值相对比较小,这对于二手车收购方来说是比较有利的。所以,折旧法比较适用于二手车的收购估价。

4.1.4.3　各种价格评估方法的选择

综上所述,重置成本法是汽车评估中的一种常用方法,它适用于继续使用前提下的汽车评估。对于在用车辆,可直接运用重置成本法进行评估,无需做太大的调整。

运用收益现值法进行汽车评估的前提是被评估车辆具有独立的、能连续用货币计量的可预期收益。该方法较适用于从事营运的车辆。

现行市价法的运用必须以市场及可比性为前提,对于车辆的买卖,以车辆作为投资参股、合作经营,均适用现行市价法。

清算价格法适用于企业破产、抵押、停业清理时要售出的车辆。

因为估价方法的多样性,为鉴定估价人员提供了选择评估的途径。选择估价方法时需考虑以下因素。

① 必须严格与二手车评估的计价标准相适应。

② 要受收集数据及信息资料的制约。

③ 要充分考虑二手车鉴定估价工作的效率,选用简单易行的方法。

鉴于上述因素的考虑,在五种估价方法中,只有重置成本法、现行市价法、收益现值法以及清算价格法适用于鉴定估价。

4.2　车辆的损耗与贬值

4.2.1　车辆的有形损耗与贬值

(1) 车辆的有形损耗　车辆的有形损耗是指汽车本身实物形态上的损耗和技术性能上的劣化,又称物质损耗。它是汽车在存放和使用过程中,由于物理和化学因素而导致车辆实体发生的价值损耗,即车辆因为自然力的作用而发生的损耗。有形损耗的发生有下列两种情况。

① 第一种情况　汽车在使用过程中,因为零部件发生摩擦、冲击、振动、腐蚀、疲劳和日照老化等现象而产生的损耗。这种有形损耗一般表现为汽车零部件的原始尺寸、间隙发生变化,公差配合性质和精度降低,零部件变形产生裂纹,导致断裂损坏等。这种损耗具有一定的规律性,大致可以分为以下三个阶段。

第一阶段为初期磨损阶段。在这个阶段，汽车的行驶速度不得太快，最好不要满载运行。因为汽车零部件在装配加工过程中，其表面或多或少会有一定的粗糙度，当相互配合做相对运动时，表面上的凸峰因为摩擦很快被磨平。汽车磨合期的长短，各汽车厂家都有严格的规定。通常，欧美国家的汽车约为7000km，日本汽车约为5000km，也有的汽车为3000km，甚至有的车型，比如天津一汽产的雅酷自动挡1.3L排量的汽车，为1500km。使用中，必须严格按汽车厂家的规定，行驶到磨合期的里程数，按时进行首次维护，更换机油、清洗空气滤清器、调整间隙等，使汽车处于最佳状态。

第二阶段为正常磨损阶段。在这个阶段，汽车零部件表面上的高低不平已经被磨去，磨损速度较第一阶段缓慢，磨损情况比较稳定，磨损量基本随行驶里程的增加而均匀、正常地增加，持续时间较长。这个阶段，车主需严格按照汽车厂家在使用手册中规定的技术要求使用汽车，也就是一般所说的正常使用，尽量延长车辆的正常磨损阶段。

第三阶段是急剧磨损阶段。这一阶段因为破坏了正常磨损关系，从而使磨损加剧，磨损量急剧上升。此时，汽车各零部件的精度、技术性能和效率显著下降，使用费用急剧增加，油耗、排放大幅提高，显示出汽车已达到它的使用寿命。

从上述磨损规律可知，若在使用中加强汽车维护，合理使用，则可延长其正常使用阶段的期限，从而提高经济效益，减少使用费用的支出。另外，对汽车要定期进行检查，发现问题要及时解决，"小病不理，大病吃苦"，应在进入急剧磨损阶段以前就进行维修，以免遭到不可逆转的破坏性损耗。

② 第二种情况 汽车在存放闲置过程中，因为自然力的作用而使汽车受到腐蚀、老化或因为管理不善和缺乏必要的维护而使其自然丧失精度及工作能力。这种损耗与闲置时间和保管条件有关。如果蓄电池长期闲置，没有定期进行维护，会丧失工作能力而报废。发动机在长期的闲置中，首先需进行封存，或至少每年要进行维修和启动1次，否则就有可能因为缸内锈蚀而影响其使用寿命。

汽车存在的上述两种损耗形式通常不是以单一形式表现出来的，往往是共同作用在车辆上。其损耗的技术后果是汽车的使用性能变差，价值降低，到一定程度可以使汽车完全丧失使用价值。在经济上，显然会造成汽车使用费用不断上升，经济效益则逐步下降。在车辆有形损耗严重时，如果不采取措施，会引起行车事故，从而带来极大的经济损失，甚至危及生命。

车辆有形损耗的一部分可以通过修理消除，另一部分则无法通过修理消除，这就要更换有关零件。车辆发生有形损耗时，它的各项技术性能指标均会有或大或小的降低。因为造成车辆有形损耗的各种因素通常来说是无法避免的，所以旧机动车辆都存在着不同程度的有形损耗。

车辆的有形损耗即便能够通过修理进行消除，但因此而导致的车辆实体性贬值则是不会消失的。若是更换零件，为此而支出的费用即相当于车辆不得不更换零件的有形损耗的部分贬值额。车辆的有形损耗无法避免，所以车辆的实体性贬值随着车辆使用时间的延长而不断积累。

（2）车辆的实体性贬值 实体性贬值也称有形损耗贬值。它是指设备因为运行中的磨损和暴露在自然环境中的侵蚀，造成设备实体形态的损耗引起的贬值。

在检查二手车车况时，应仔细确定出需要马上或在不久的将来需要更换的零件，并估算出更换这些零部件需要的费用，这些费用是车辆实体性贬值的一部分，应在交易价格中反映出来。比如，普通型桑塔纳的一个轮胎磨损特别明显，那么换一个轮胎加上四轮定位的费用通常在500元左右。试车时，觉得过小坑时汽车硬邦邦的，可能是后减振器的问题，换一对减振器的费用大概为700元。如果发动机大修则需数千元的费用，这些费用共计6000元左右，谈价时即可有理有据、掌握分寸和技巧，将这些潜在费用考虑进去。

车辆发生碰撞事故后，无责任一方除得到修车费赔偿外，还可以获得车辆因碰撞而导致的实体性贬值损失，因为即使车辆修好了，但受过伤的车辆总成、零件或车身的实物状态及技术性能与未受碰时相比，肯定变差。《中华人民共和国民法通则》规定，损坏国家的、集体的或他人财产的，应当恢复原状或折价赔偿。所以在二手车鉴定估价工作中，要仔细检查车辆是否发生过碰撞事故，若发生过，即使修好，仍要计算车辆因此而承受的实体性贬值。

例 4-1

  2013 年 11 月 28 日，王某在北京驾驶一辆新车正常行驶，途中遇到红灯制动停车，后面轿车驾驶员柳某没有及时制动，他驾驶的公车从后面撞上前面的王某的汽车。经过勘查，交警确定柳某负追尾事故的责任，其所在单位因此赔偿 800 元的修理费。王某让专家对修理过的汽车进行残值评估，得知汽车贬值了 37152 元。2014 年 10 月，王某将柳某告上法院，要求事故责任人全额赔偿车辆的贬值损失 37152 元以及所花的鉴定估价费 1000 元。2015 年 3 月 21 日，法院判决王某胜诉，要求事故责任方全额赔偿王某轿车的贬值损失和鉴定估价费。

4.2.2　车辆的无形损耗与贬值

4.2.2.1　车辆的无形损耗

  车辆无形损耗是指因为科技发展进步，使重新制造结构相同车辆的成本降低，或出现性能更优、效率更高的车型，使原有车辆产生价值上的损耗与贬值。

  （1）第一种情况　由于技术不断进步引起劳动生产率的提高，现在再生产制造与原性能和结构相同的车辆，其社会必要劳动时间减少，导致重新生产制造结构相同车辆的成本降低，造成现有车辆的价值损耗而贬值。这种无形损耗并不影响汽车本身的技术特性和继续使用，通常也不需要更新。但是，汽车的贬值速度比维修汽车费用提高的速度还要快，修理费用高于贬值后的车辆价值，此时就要考虑更新了。

  （2）第二种情况　由于科学技术的进步，不断出现性能更完善、运输效率更高的车辆而导致原有车辆在技术上显得陈旧和落后而产生损耗及贬值。这时，若继续使用原有车辆，就会降低经济效益。这种经济效益的降低，反映在原有车辆使用价值的局部或是全部丧失，这就产生了用新的车辆取代原有旧的车辆的必要性。不过此种更新的经济合理性取决于原有车辆的贬值及经济效益下降的幅度。比如，电控燃油喷射系统的成功使用，使汽车的燃油经济性和排放污染都有显著的改善，使原有化油器汽车产生贬值，并逐渐退出市场。

  另外，供需关系的变化、国家政策的调整等，这些原因都会造成汽车价格发生波动，常常呈现出持续不断、幅度不同的跳跃式下降趋势。

  很多车主在换车时发现，虽然爱车在自己的精心呵护下，不论是汽车的实物状态还是技术状况都完好无损，但却卖不出一个好价钱，与当初购车时候的价格相差巨大。相当一部分原因是由于同类新车价格下降导致的车辆无形损耗。一般所说的成熟车型是指其技术水平和制造水平都比较高，价格也比较合理，在相当长一段时间内不会由于其他同类车型技术水平的进步，而迫使该车型价格产生大幅度降低。

4.2.2.2　车辆的功能性和经济性贬值

  （1）功能性贬值　车辆的功能性贬值是指因为科学技术的发展和生产力水平的提高使车辆发生无形损耗导致的车辆贬值。导致车辆无形损耗的外部原因很多，车辆的功能性贬值特指因为科学技术及汽车制造技术的进步而引起的车辆贬值。因为车辆制造技术的进步和劳动生产力的提高，现在制造和被评估车辆相同或基本相同的新车的社会必要劳动时间会缩短，制造成本也会下降，而且随着同一车型的产量和销量的增加，制造成本还会进一步下降而产生相应的降价空间，这是市场上同一车型的价格不断下降的主要原因。同型号新车价格越低，二手车的功能性贬值越大。车辆的功能性贬值是由车辆外部因素而不是内部因素导致的车辆现时价值的降低。

这类贬值又可分为一次性功能贬值和营运性功能贬值。

① 一次性功能贬值　一次性功能贬值是因为技术进步引起劳动生产率的提高，现在再生产制造和原功能相同的车辆的社会必要劳动时间减少及成本降低而造成原车辆的价值贬值。

若在目前的市场上能够购买到与被评估车辆相同的且制造厂家继续生产的轿车，那么被评估车辆原购车价与新车的市场价之间的差值，可以视为该车辆的功能性贬值额，即认为新车当前的市场价已经反映了车辆的功能性贬值，这是最常用的确定车辆功能性贬值额的方法。但有些情况是被评估车辆车型已经停产或淘汰，这种情况下只能参照车辆的价格利用类比法来计算。参考车辆是指与被评估车辆的类别、主要性能参数、结构特征相同，只是生产序号不同并进行局部改动的车辆。当然，这些替代车辆的功能一般比原有车型有所改进和增加，所以其价值一般会比原车型价格所反映的价值要高。因此应依据参考车辆利用类比法对原车型进行鉴定估价时，必须了解参照车辆在结构上的改进和性能上的提高等因素，测算全新的原车辆在目前市场上的价格。

新车降价对二手车价格具有直接的影响，不仅发生在相同品牌的车型上，不同品牌车型降价同样也有交叉影响，这种情形在 2003～2004 年最显著。新车每降价 5%，二手车就跟着折旧 3%～5%；使用 5 年以上的二手车型，若新车一次降价超过 10%，那么二手车也将出现 2% 以上的无形贬值；使用 10 年以上的二手车，受低价位车型降价的影响较大，若低价位车型价格下调，就会有客户选择新车而不选择 10 年的二手车，造成二手车价格下降。

一般情况下，在计算中采用的新车价格就包含了一次性功能贬值。因为科学技术日新月异，车辆的改朝换代很快，大部分车辆都有这两种贬值。例如老普桑，原先的普桑发动机采用的是化油器发动机，手动四速、无安全气囊、无 ABS、无 EBD、无 OBD 系统等，若现在评估老普桑，采用评估基准日的新车价格，因为新车现在有了大幅度改进，而被评估车辆却技术落后了，直接采用新车价格作为计算基础显然不准确，因此还要考虑被评估车辆营运性的功能贬值才准确。在计算中统称为功能性贬值，具体表达为

$$重置成本 A = 新车售价 \times (1 - 功能性贬值) \tag{4-1}$$

公式中功能性贬值的内涵为被评估车辆和新车相比缺少配置的大约金额与新车销售价格的比值。

特别提示

对目前在市场上能购买到的且有制造厂家继续生产的全新车辆，通常采用市场价即可认为已经包含了该车辆的功能性贬值。从理论上讲，同样的车辆其复原重置成本与更新重置成本之差即是该车辆的一次性功能性贬值。但是在实际评估工作中，计算某车辆的复原重置成本是比较困难的，通常用更新重置成本（即市场价）作为一次性功能性贬值。

例 4-2

一辆 2014 年初以 13.88 万元购买的凯越 1.8L 轿车，2015 年在旧机动车交易市场上的报价是 8 万元。目前这款车的新车价格不到 10 万元，依照第一年折旧 20% 的行业规则，这个价

格是比较合理的。原因就是这里进行折旧计算的底价是 10 万元,而不是原始购车价 13.88 万元。车主在决定卖车时心痛不已,一年内即贬值近 4 万元,除去正常折旧,至少有 2 万元是随着新车降价凭空蒸发了。这 2 万元即可视为该车的功能性贬值。

例 4-3

新车"出乎意料"地降价,有时给二手车经营公司带来的损失是非常大的。2015 年北京市某车商以 152 万元的价格收购了一辆捷豹。几天后这款车的价格降了 25 万元,车商不得不以 125 万元的价格出手,一次损失 27 万元。

② 营运性功能贬值 营运性功能贬值是因为技术进步,出现了新的、性能更优的车辆,它们的燃油消耗、故障率及配件价格等更低,导致原有车辆的功能相对新车型已经落后,从而造成车辆营运成本增加,增加的营运成本就是车辆的营运性贬值。营运性贬值是指原有车辆在完成相同工作任务时,在燃油、润滑油、配件和维修等方面的消耗增加,产生了一部分超额营运成本。在对经营性车辆进行鉴定估价时不得忽视车辆的营运性贬值。

例 4-4

A、B 两辆 8t 载货汽车,假设 A、B 载货汽车还有 5 年的经济使用寿命,更新重置成本基本相同,各项营运成本的差别如下。

项目	A 车	B 车
每百千米耗油量	25L	22L
每年维修费用	3.8 万元	3.0 万元

求 A 车相对于 B 车的营运性贬值。

解:两辆载货汽车按每月营运 150km,每年平均出车 250 天,燃油价格按 5.0 元/L 计算,则 A 车相对 B 车每年超额燃油费用为(25-22)×5.0×150/100×250=5625(元)。

A 车每年超额维修费用为 38000-30000=8000(元)。

A 车总的超额营运成本为 5625+8000=13625(元)。

所得税率为 33%,则税后或者说税务局退还给卖方先前交的 33% 所得税后的超额营运成本为 13625×(1-33%)=9128.75(元)

分析:此处的税后超额营运成本 9128.75 元是指车主先用已经交了 33% 所得税的个人收入垫付了 13625 元的超额营运成本。因为是再营运性投入,不应双重征税,所交的 33% 所得税得到退还。简单地讲就是,A 车的所有者对有购买意愿的买主说:你将来每年实际支出的超额营运成本不是 13625 元,而是扣除了所交所得税的 9128.75 元。

取载货汽车预期收益的折现率为 11%,在此后的 5 年经济使用寿命期中,A 车和 B 车的每百千米耗油量、每年维修费用、燃油的价格等都保持不变。则按 11% 的折现率可计算出 5 年的折现系数为 3.696。那么 A 车相对 B 车的营运性贬值为 9128.75×3.696=33739.86(元)。

在其他条件基本相同的情况下,因为 A 车相对于 B 车在以后 5 年的营运期内需要多支出 33739.86 元,所以 A 车的交易价格中应扣除它的这一营运性贬值额,它的交易价格应比 B 车少 33739.86 元。若 A 车和 B 车的每百千米耗油量、维修费用等都不一样,两车的预期收益折现率也不相同,依据现值收益法原理可以计算出两车在营运成本上的差别,只是计算过程要复杂些。

测定营运性功能贬值的步骤如下。

a. 选定参照物,并与参照物对比,找出营运成本有差别的内容及差别的量值。
b. 确定原车辆尚可继续使用的年限。
c. 查明当前的折现率。
d. 通过计算超额收益或成本降低额,最后计算出营运性功能贬值。

例 4-5

某一被评估车辆甲,其出厂时的燃料经济性指标为每百千米耗油量 18L,平均年维修费用为 2.8 万元。以目前新出厂的同型车辆乙为参照车辆,该车出厂时燃料经济性指标为每百千米耗油量 14L,平均每年维修费用为 2.2 万元。若甲、乙两车在营运成本的支出项目方面大致相同,被评估车辆尚可使用 5 年,每年平均出车日为 300 天,每日营运 150km,所得税税率为 33%,适用的折现率为 10%,试估算被评估车辆的营运性功能损耗(油价格取为 5.0 元 /L)。

依据上述资料,对被评估车辆的功能性损耗估算如下。

a. 被评估车辆每年油料的超额费用为

$$150 \times (18-14) \times 5.0 \times \frac{300}{100} = 9000(元)$$

b. 被评估车辆每年维修的超额费用为

$$28000 - 22000 = 6000(元)$$

c. 被评估车辆的年超额营运成本为

$$9000 + 6000 = 15000(元)$$

d. 被评估车辆的年超额营运成本的净额为

$$15000 \times (1-33\%) = 10050(元)$$

e. 将被评估车辆在剩余年限内的年超额营运成本净额折现累加,其功能性损耗为

$$10050 \times \frac{(1+10\%)^5 - 1}{10\% \times (1+10\%)^5} = 10050 \times 3.7908 = 38097.54(元)$$

(2)经济性贬值　经济性贬值就是因为外部经济环境的变化所造成的贬值,对于外部经济环境而言,可以包含经济政策、市场需求、通货膨胀、环境保护等方面。经济性贬值是因为外部环境而不是车辆本身或内部因素所造成的达不到原有设计的获利能力而造成的贬值。外界因素对车辆价值的影响不但是客观存在的,而且对车辆价值影响还非常大,在旧机动车的评估中不可忽视。

对于营运性车辆,一般采用两种方式计量其经济性损耗:一种是利用车辆年收益损失额折现累加计算;另一种是通过车辆利用率的变化估算。

① 利用车辆年收益损失额折现累加计算经济性损耗　利用年收益损失额折现累加计算,若因为外界因素变化,导致车辆营运收益的减少额或投入成本的增加额能够估算出来,可以直接按照车辆继续使用期间每年的收益损失额折现累加,以求得车辆的经济性损耗。计算公式为

$$车辆的经济性损耗 = 车辆年收益损失额 \times (1-所得税税率) \times \frac{(1+i)^n - 1}{i(1+i)^n} \quad (4-2)$$

式中　n——车辆剩余使用年限;
　　　i——折现率。

特别提示

使用上述公式时,年收益损失额只能因外界因素计量,不能将因技术落后等自身因素所造成的收益损失额归入此类。

经济性贬值是由机动车辆外部因素引起的。外部因素影响车辆价值的主要表现是造成营运成本上升或导致车辆闲置。由于造成车辆经济性贬值的外部因素较多,并且造成贬值的程度也不尽相同,因此在评估时只能统筹考虑这些因素,而无法单独计算所造成的贬值。其评估的思考方法如下。

a. 车辆经济性贬值的估算主要以评估基准日之后是否停用、闲置或半闲置作为估算依据。

b. 已封存或较长时间停用,且在近期内仍然闲置,但今后肯定要继续使用的车辆最简单的估算方法是按照其可能闲置时间的长短及其资金成本估算其经济贬值。

c. 依据市场供求关系估算其贬值。

例4-6

某人欲出售一辆已使用了6年的出租车。因为国家行业政策及检测标准的变化,目前每年较过去平均需增加投入成本3200元,方能满足有关的规定要求。试估算该出租车的经济性损耗。

依据国家规定,出租车的使用年限为8年。从购车登记日起,至该车的评估基准日止,该车已使用年限为6年,该车的剩余使用年限为2年。取所得税税率为33%,适用的折现率为10%,则车辆的经济性损耗为

$$车辆的经济性损耗 = 3200 \times (1-33\%) \times \frac{(1+10\%)^2 - 1}{10\% \times (1+10\%)^2}$$
$$= 3200 \times 67\% \times 1.7355$$
$$= 3720.9(元)$$

② 通过车辆利用率的变化估算经济性损耗　若因为外部因素的影响,导致车辆的利用率下降,可以按照以下公式估算车辆的经济性损耗率。

$$车辆经济性耗损率 = \left[1 - \left(\frac{汽车的实际工作量}{汽车的正常工作量}\right)^x\right] \times 100\% \quad (4-3)$$

在上式中,x为规模效益指数($0 < x < 1$)。其调整计算的结果,表示车辆的运输量与投入成本之间并非呈线性关系。当车辆的运输量降到正常运输量的一半时,其投入成本也降至正常投入成本的一半。x通常为0.6~0.7。在确定车辆的经济性损耗率后,可按照下式计算车辆的经济性损耗。

$$车辆的经济损耗 = (重置成本 - 有形损耗 - 能性损耗) \times 经济性损耗率 \quad (4-4)$$

例4-7

因为某行业企业生产普遍不景气,工作量不足,某专用汽车的利用率仅为正常工作量的55%,而且在该汽车的剩余使用年限内,这种情况也不会有所改变。经评估汽车的重置成本为22万元,成新率为60%,功能性损耗可以忽略不计,试估算该车辆的经济损耗,具体估算过程如下。

① 计算车辆的经济性损耗率

$$车辆的经济性损耗率 = (1-0.6x) \times 100\%$$

取$x=0.7$,则

$$车辆的经济性损耗率 = (1-0.6 \times 0.7) \times 100\% = 1-0.42 = 58\%$$

② 车辆扣除有形损耗和功能性损耗后的价值为

$$220000 \times 60\% = 132000（元）$$

③ 车辆的经济性损耗为

$$132000 \times 58\% = 76560（元）$$

4.3 车辆损耗的指标及计算方法

4.3.1 车辆损耗的指标参数

车辆损耗指标参数有下列几种，各车辆损耗的指标参数之间又有区别和联系。

（1）有形损耗率　又称为车辆的陈旧性贬值率，也称为实体性贬值率，是指车辆的现时实体损耗状态和其全新状态的比率，在0～1之间，新车有形损耗率是0，报废车有形损耗率是1。在评估过程中，有形损耗率的估算方法有以下三种。

① 观察法　由具有专业知识及丰富经验的工程技术人员对评估车辆的实体各主要总成部件进行技术鉴定，综合分析车辆设计、制造、使用、磨损、维护、修理、大修理及改装情况和经济寿命等因素，将评估对象与其全新状态相比较，考察因为使用磨损和自然损耗对车辆功能技术状况带来影响，评估公式为

$$有形损耗率 = \frac{车辆实体性贬值}{重置成本} \tag{4-5}$$

用观察法确定有形损耗率也可以依靠评估师经验查表4-1获得。

表4-1　二手车有形损耗率评估参考表

车况等级	新旧情况	有形损耗率/%	技术情况描述	成新率/%
1	使用不久	0～10	刚使用不久，行驶里程通常为3万～5万千米，在用状态良好，能按设计要求正常使用	100～90
2	较新车	11～35	使用1年以上，行驶15万千米左右，通常没有经过大修，在用状态良好，故障率低，可随时出车使用	89～65
3	旧车	36～60	使用4～5年，发动机或整车经过2次大修，大修较好地恢复了设计性能，在用状态良好，外观中度受损，恢复情况良好	64～40
4	老旧车	61～85	使用5～8年，发动机或整车经过2次大修，动力性能、经济性能、工作可靠性能均有所下降，外观油漆脱落受损、金属件锈蚀显著；故障率上升，维修费用、使用费用显著上升，但车辆符合《机动车安全技术条件》，在用状态一般或较差	39～15
5	待报废处理车	86～100	基本达到或已达到使用年限，通过《机动车安全技术条件》检查，能使用但无法正常使用，动力性、经济性、可靠性下降，燃料费、维修费、大修费增长速度快，车辆收益和支出基本持平，排放污染和噪声污染到达极限	15以下

表4-1中的车辆有形损耗率只是一个定性的经验数值，仅供评估人员参考，不能作为唯

一标准。由于观察法是采用人工观察方法进行的，因此有形损耗率的估值是否客观、实际，取决于评估人员的专业水准和评估经验。观察法简单易行，通常用于初步估算中、低档二手车的价格。

② 使用年限法　通过确定被评估旧机动车已使用年限与该车辆预期可以使用年限的比率来确定，具体计算公式如下。

$$\frac{已使用年限}{规定使用年限}=实体性贬值率=有形损耗率 \tag{4-6}$$

某专用校车已经使用 5 年，采用使用年限法计算实体性贬值率为（　　）。
A. 15%　　　　　　B. 20%　　　　　　C. 33%　　　　　　D. 62.5%
答案：C

③ 修复费用法（功能补偿法）　通常适用于交通事故车辆，通过确定被评估旧机动车恢复原有的技术状态及功能所需要的费用补偿来直接确定旧机动车的有形损耗，具体计算公式为

$$有形损耗 = 修复后的重置成本 - 修复补偿费用 \tag{4-7}$$

（2）成新率　车辆的现时实物状态或现时整车性能状态和其全新状态时的比率称为成新率，是指被评估车辆新旧程度的比率。成新率反映了车辆整车性能有几成新，是反映评估车新旧程度的重要指标，它和有形损耗一起反映了同一车辆的两方面。

成新率与有形损耗率的关系为

$$成新率 + 有形损耗率 = 1 \tag{4-8}$$

式（4-8）在表 4-1 中也有体现。成新率是重置成本法的一项重要指标，成新率的计算方法除了可以利用式（4-8）获得以外，还有其他针对不同车型、不同价位的车辆成新率的计算方法，具体计算方法将在 4.3.2 小节中详细介绍。

（3）折旧率　是指二手车在二手车交易市场上的现时市场价值相对当前市场上同型号新车价值的丧失比率，数值上等于车辆有形损耗率，其计算公式为

$$折旧率 = 有形损耗率 = 1 - 成新率 \tag{4-9}$$

由式（4-9）可知，折旧率越高，车辆的车况越差，成新率越低，剩余价值也越低。

（4）机动车辆的保值率　是指车辆使用一段时间后，将其卖出时的交易价格与其新车原始购买价格（账面原值）的比值，保值率反映其在估价基准日的相对价值，和汽车的制造质量及品牌知名度紧密相关，其计算公式为

$$保值率 = \frac{二手车交易价格}{新车原始购买价格} \times 100\% \tag{4-10}$$

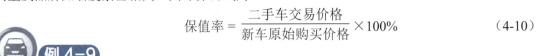

某车型上市参考价为 30 万元，2 年后二手车交易市场参考价为 24 万元，车价折损 6 万元，二手车保值率为 80%。

车辆保值率一直是汽车性价比的重要组成部分，保值率高低取决于汽车的性能、价格变动幅度、可靠性、配件价格和维修便捷程度等多项因素，是汽车综合水平的体现。保值率高的车型其优势在于它的价格受降价风潮的影响较小，使消费者承受较小的因产品贬值而造成的经济损失。

（5）折损率　表示车辆在评估基准日所丧失的价值和其账面原值的比率，其计算公式为

$$保值率 + 折损率 = 1 \tag{4-11}$$

如果一辆使用了1年的汽车在评估基准日的保值率为80%，那么它的折损率就是20%，表明作为二手车出售时，已经损失了原车车款的20%。

依据业内惯例，车辆在使用第1～3年内，年均折损率为15%；第4～7年的年均折损率为10%；第8～10年的年均折损率为5%。

4.3.2　车辆成新率的计算方法

成新率是反映二手车新旧程度的指标。二手车成新率是表示二手车的功能或是使用价值占全新机动车的功能或是使用价值的比率，也可解释为二手车的现时状态和机动车全新状态的比率。目前，在二手车的鉴定估价中，常用的成新率的计算方法包括使用年限法、行驶里程法、部件鉴定法、整车观测法、综合分析法五种，在实际评估过程中，可依据被评估车辆的客观情况灵活选用不同的成新率计算方法。

4.3.2.1　使用年限法

（1）计算方法　使用年限法是根据汽车报废标准，通过确定被评估二手车的尚可使用年限与规定使用年限的比值来确定二手车成新率的一种方法。依据折旧方法不同，使用年限法计算二手车成新率有两种方法，即等速折旧法与加速折旧法。

① 等速折旧法　采用等速折旧法的二手车成新率计算公式为

$$C_Y = \frac{Y_g - Y}{Y_g} \times 100\% = \left(1 - \frac{Y}{Y_g}\right) \times 100\% \tag{4-12}$$

式中　C_Y——使用年限法成新率；
　　　Y_g——规定使用年限；
　　　Y——已使用年限。

② 加速折旧法　加速折旧法又分为年份数求和法与双倍余额递减法两种。采用加速折旧法的二手车成新率计算公式如下。

a. 年份数求和法

$$C_Y = \left[1 - \frac{2}{Y_g(Y_g+1)} \sum_{n=1}^{Y}(Y_g + 1 - n)\right] \times 100\% \tag{4-13}$$

b. 双倍余额递减法

$$C_Y = \left[1 - \frac{2}{Y_g} \sum_{n=1}^{Y}\left(1 - \frac{2}{Y_g}\right)^{n-1}\right] \times 100\% \tag{4-14}$$

（2）规定使用年限与已使用年限

① 规定使用年限　车辆规定使用年限是指《机动车强制报废标准规定》中对被评估车辆规定的使用年限。各种类型汽车规定使用年限应按照商务部、发改委、公安部、环保部于2012年12月共同发布的《机动车强制报废标准规定》执行。各类机动车规定使用年限见表4-2。

营运载客汽车与非营运载客汽车相互转换的，根据营运载客汽车的规定报废，但小、微型非营运载客汽车及大型非营运轿车转为营运载客汽车的，应按照《机动车强制报废标准规定》（见附录1）核算累计使用年限，且不得超过15年。

表 4-2 各类机动车规定使用年限

车辆类型与用途					使用年限/年
汽车	载客	营运	出租客运	小型、微型	8
				中型	10
				大型	12
			租赁		15
			教练	小型	10
				中型	12
				大型	15
			公交客运		13
			其他	小型、微型	10
				中型	15
				大型	15
		专用校车			15
		非营运	小型、微型客车及大型轿车*		—
			中型客车		20
			大型客车		20
	载货		微型		12
			中、轻型		15
			重型		15
			危险品运输		10
			三轮汽车、装用单缸发动机的低速货车		9
			装用多缸发动机的低速货车		12
	专项作业		有载货功能		15
			无载货功能		3
挂车			半挂车	集装箱	20
				危险品运输	10
				其他	15
			全挂车		10
摩托车				正三轮	12
				其他	13
轮式专用机械车					—

注:1. 表中机动车主要依据《机动车类型术语和定义》(GA 802—2014)进行分类;标注*的车辆为乘用车。

2. 对小、微型出租客运汽车(纯电动汽车除外)和摩托车,各省、自治区、直辖市人民政府有关部门可结合本地实际情况,制定严于表中使用年限的规定,但小、微型出租客运汽车不得低于 6 年,正三轮摩托车不得低于 10 年,其他摩托车不得低于 11 年。

② 已使用年限　使用年限是代表汽车运行量及工作量的一种计量，这种计量是以汽车正常使用为前提的，包括正常的使用时间及使用强度。对于汽车这种商品而言，它的经济使用寿命指标有规定使用年限，同时也以行驶里程数作为运行量的计量单位。从理论上讲，综合考虑已使用年限和行驶里程数要符合实际一些，即汽车的已使用年限需采用折算年限。

$$折算年限 = \frac{总的累计行驶里程}{年平均行驶里程} \tag{4-15}$$

这种使用年限表示方法既反映了汽车的使用情况（即管理水平、使用水平、维护保养水平）与使用强度，又包括了运行条件和某些停驶时间较长的汽车的自然损耗。但在实际操作中，难以找到总的累计行驶里程和年平均行驶里程这一组数据，因此已使用年限通常取汽车从新车在公安交通管理机关注册登记之日起到评估基准日的时间，这个时间可以以年、月或日为计算单位。实际计算中，一般在使用等速折旧时，将已使用年限及规定使用年限换算成月数，在使用加速折旧时，已使用年限和规定使用年限按照年数计算，不足1年的部分按1年折算。

③ 使用年限法的前提条件　使用年限法计算成新率的前提条件是车辆在正常使用条件下，按照正常使用强度（年平均行驶里程）使用。我国各类汽车年平均行驶里程见表4-3。

表4-3　我国各类汽车年平均行驶里程

汽车类别	年平均行驶里程/万千米	汽车类别	年平均行驶里程/万千米
微型、轻型货车	3～5	租赁车	5～8
中型、重型货车	6～10	旅游车	6～10
私家车	1～3	中档、低档长途客运车	8～12
出租车	10～15	高档长途客运车	15～25
公务、商务用车	3～6		

汽车按年限折旧通常采取加速折旧的方法，而不采取等速折旧的方法。二手车市场上二手车的市场价格也呈加速折旧的态势。一般来说，25万元以上的汽车采用年份数求和法较好，25万元以下的汽车采用双倍余额递减法较好。

例 4-10

李小姐购置了一辆捷达轿车，作为上下班代步交通工具。初次登记年月是2011年5月，评估基准时间是2015年5月，请分别用等速折旧法、加速折旧法中的年份数求和法与双倍余额递减法计算成新率。

解：该车已使用4年。因为是私家车，虽然使用年限无具体规定，但是参照汽车平均报废年限和相关行业经验，在计算时取其规定使用年限为15年，则成新率如下。

① 等速折旧法

$$C_Y = \frac{Y_g - Y}{Y_g} \times 100\% = \left(1 - \frac{Y}{Y_g}\right) \times 100\% = \left(1 - \frac{4}{15}\right) \times 100\% = 73.3\%$$

② 年份数求和法

$$C_Y = \left[1 - \frac{2}{Y_g(Y_g+1)} \sum_{n=1}^{Y}(Y_g+1-n)\right] \times 100\%$$

$$= \left[1 - \frac{2}{15 \times (15+1)} \sum_{n=1}^{Y}(15+1-n)\right] \times 100\%$$

$$= \left\{ 1 - \frac{2}{15 \times (15+1)} \times [(15+1-1) + (15+1-2) + (15+1-3) + (15+1-4)] \right\} \times 100\%$$
$$= 55\%$$

③ 双倍余额递减法

$$C_Y = \left[1 - \frac{2}{Y_g} \sum_{n=1}^{Y} \left(1 - \frac{2}{Y_g} \right)^{n-1} \right] \times 100\%$$
$$= \left[1 - \frac{2}{15} \sum_{n=1}^{Y} \left(1 - \frac{2}{15} \right)^{n-1} \right] \times 100\%$$
$$= \left\{ 1 - \frac{2}{15} \times \left[\left(1 - \frac{2}{15}\right)^{1-1} + \left(1 - \frac{2}{15}\right)^{2-1} + \left(1 - \frac{2}{15}\right)^{3-1} + \left(1 - \frac{2}{15}\right)^{4-1} \right] \right\} \times 100\%$$
$$= 56.4\%$$

例 4-11

上海某出租公司欲转让一辆丰田轿车,该车初次登记日期为2010年4月,评估基准时间是2015年4月。请分别用等速折旧法、年份数求和法及双倍余额递减法计算成新率。

解:该车已使用5年。因为是出租客运小型轿车,其规定使用年限为8年,则成新率如下。

① 等速折旧法

$$C_Y = \frac{Y_g - Y}{Y_g} \times 100\% = \left(1 - \frac{Y}{Y_g}\right) \times 100\% = \left(1 - \frac{5}{8}\right) \times 100\% = 37.5\%$$

② 年份数求和法

$$C_Y = \left[1 - \frac{2}{Y_g(Y_g+1)} \sum_{n=1}^{Y} (Y_g + 1 - n) \right] \times 100\%$$
$$= \left[1 - \frac{2}{8 \times (8+1)} \sum_{n=1}^{Y} (8 + 1 - n) \right] \times 100\%$$
$$= \left\{ 1 - \frac{2}{8 \times (8+1)} \times [(8+1-1) + (8+1-2) + (8+1-3) + (8+1-4) + (8+1-5)] \right\} \times 100\%$$
$$= 16.7\%$$

③ 双倍余额递减法

$$C_Y = \left[1 - \frac{2}{Y_g} \sum_{n=1}^{Y} \left(1 - \frac{2}{Y_g} \right)^{n-1} \right] \times 100\%$$
$$= \left[1 - \frac{2}{8} \sum_{n=1}^{Y} \left(1 - \frac{2}{8} \right)^{n-1} \right] \times 100\%$$
$$= \left\{ 1 - \frac{2}{8} \times \left[\left(1 - \frac{2}{8}\right)^{1-1} + \left(1 - \frac{2}{8}\right)^{2-1} + \left(1 - \frac{2}{8}\right)^{3-1} + \left(1 - \frac{2}{8}\right)^{4-1} + \left(1 - \frac{2}{8}\right)^{5-1} \right] \right\} \times 100\%$$
$$= 23.7\%$$

例 4-12

沈阳某租赁公司欲转让一辆大众轿车,该车初次登记日期为2009年10月,评估基准时间是2015年10月。请分别用等速折旧法、年份数求和法及双倍余额递减法计算成新率。

解:该车已使用6年。因为是租赁轿车,其规定使用年限为15年,则成新率如下。

① 等速折旧法

$$C_Y = \frac{Y_g - Y}{Y_g} \times 100\% = \left(1 - \frac{Y}{Y_g}\right) \times 100\% = \left(1 - \frac{6}{15}\right) \times 100\% = 60\%$$

② 年份数求和法

$$C_Y = \left[1 - \frac{2}{Y_g(Y_g+1)} \sum_{n=1}^{Y}(Y_g+1-n)\right] \times 100\%$$

$$= \left[1 - \frac{2}{15 \times (15+1)} \sum_{n=1}^{Y}(15+1-n)\right] \times 100\%$$

$$= \left\{1 - \frac{2}{15 \times (15+1)} \times \left[(15+1-1)+(15+1-2)+(15+1-3)+(15+1-4)+(15+1-5)+(15+1-6)\right]\right\} \times 100\% = 37.5\%$$

③ 双倍余额递减法

$$C_Y = \left[1 - \frac{2}{Y_g} \sum_{n=1}^{Y}\left(1 - \frac{2}{Y_g}\right)^{n-1}\right] \times 100\%$$

$$= \left[1 - \frac{2}{15} \sum_{n=1}^{Y}\left(1 - \frac{2}{15}\right)^{n-1}\right] \times 100\%$$

$$= \left\{1 - \frac{2}{15} \times \left[\left(1 - \frac{2}{15}\right)^{1-1} + \left(1 - \frac{2}{15}\right)^{2-1} + \left(1 - \frac{2}{15}\right)^{3-1} + \left(1 - \frac{2}{15}\right)^{4-1} + \left(1 - \frac{2}{15}\right)^{5-1} + \left(1 - \frac{2}{15}\right)^{6-1}\right]\right\} \times 100\% = 42.4\%$$

4.3.2.2 行驶里程法

（1）计算方法　行驶里程法是通过确定被评估二手车的尚可行驶里程和规定行驶里程来确定二手车成新率的一种方法。计算公式为

$$C_S = \frac{S_g - S}{S_g} \times 100\% = \left(1 - \frac{S}{S_g}\right) \times 100\% \tag{4-16}$$

式中　C_S——行驶里程成新率；

　　　S_g——车辆规定的行驶里程，km；

　　　S——二手车实际累计行驶里程，km；

　　　$S_g - S$——被评估二手车尚可行驶里程，km。

式（4-16）反映了二手车使用强度对其成新率的影响。

（2）规定行驶里程与累计行驶里程

① 规定行驶里程　车辆规定行驶里程是指《机动车强制报废标准规定》中建议的该车型的行驶里程。各种类型汽车规定行驶里程应按照2012年出台的《机动车强制报废标准规定》执行。各类汽车规定行驶里程参考值见表4-4。

行驶里程更真实地反映了二手车使用强度和使用过程中实际的物理损耗。它反映了二手车使用强度对其成新率的影响，总的行驶里程越多，车辆的实际有形损耗也就越大。

② 累计行驶里程　二手车累计行驶里程是指被评估二手车从登机注册开始使用到评估基准时所行驶的总里程数。

（3）前提条件　行驶里程法计算成新率的前提是车辆里程表的记录必须是原始的，不得被人为地更改或更换。因为车辆里程表容易被人为变更，所以在实际的评估过程中，较少直接采用此方法进行车辆评估。

表 4-4　各类汽车规定行驶里程参考值

车辆类型与用途				行驶里程参考值/万千米
汽车	载客	营运	出租客运 小型、微型	60
			出租客运 中型	50
			出租客运 大型	60
			租赁	60
			教练 小型	50
			教练 中型	50
			教练 大型	60
			公交客运	40
			其他 小型、微型	60
			其他 中型	50
			其他 大型	80
		非营运	专用校车	40
			小型、微型客车及大型轿车*	60
			中型客车	50
			大型客车	60
	载货		微型	50
			中型、轻型	60
			重型	70
			危险品运输	40
			三轮汽车、装用单缸发动机的低速货车	无
			装用多缸发动机的低速货车	30
	专项作业		有载货功能	50
			无载货功能	50
挂车		半挂车	集装箱	无
			危险品运输	无
			其他	无
		全挂车		无
摩托车			正三轮	10
			其他	12
轮式专用机械车				50

注：标注*的车辆为乘用车。

4.3.2.3　部件鉴定法和整车观测法

在实际操作中部件鉴定法和整车观测法均属于技术鉴定法。技术鉴定是指评估人员在对二手车辆进行技术观察和技术检测的基础上，判断二手车的技术状况，再通过评分或分等级来确定成新率的方法。

（1）部件鉴定法

① 计算方法　部件鉴定法（技术鉴定法）是指评估人员在确定二手车各组成部分技术状况

的基础上，按照其各组成部分对整车的重要性和价值量的大小加权评分，最后累加确定成新率的一种方法。其计算公式为

$$C_B = \sum_{i=1}^{n}(c_i \beta_i) \qquad (4-17)$$

式中 C_B——部件鉴定法成新率；

c_i——第 i 项部件的成新率；

β_i——第 i 项部件的价值权重。

② 计算基本步骤 部件鉴定法的基本步骤如下。

a. 将车辆按总成分成若干个主要部分，依据各部分的制造成本占车辆制造成本的比例确定权重比（i=1，2，3…n），机动车总成、部件价值权重参考表 4-5。

表 4-5 机动车总成、部件价值权重参考

序号	总成部分名称	价值权重 /%		
		轿车	客车	货车
1	发动机及离合器总成	26	27	25
2	变速器及传动轴总成	11	10	15
3	前桥、前悬架及转向器总成	10	10	15
4	后桥、后悬架总成	8	10	15
5	制动系统	6	6	5
6	车架总成	2	5	6
7	车身总成	26	22	9
8	电气仪表系统	7	6	5
9	轮胎	4	4	5
	合计	100	100	100

b. 以全新车辆为参照物，技术状况和全新车辆相同，成新率为 100%，功能完全丧失，成新率为 0，再依据被评估车辆各相应总成的技术和功能估算出其成新率 c_i（i=1，2，3…n）。

c. 将各总成估算出的成新率和权重相乘，即得出各部分的加权成新率（$c_i\beta_i$）（i=1,2,3…n）。

d. 最后，以各部分的加权成新率求和，即得出二手车的成新率。

在实际评估时，应依据被评估车辆各部分价值量占整车价值量的比例，调整各部分的权重。

③ 适用范围 此方法既考虑了车辆实体性损耗，也考虑了维修换件可能会增加车辆的价值，可信度高，但计算加权成新率比较费时费力，各部分权重之间关系复杂。这种方法多用于价值较高的机动车辆评估。

例 4-13 用部件鉴定法计算二手车成新率

a. 车辆基本情况

车型：帕萨特 -1.8T-AT 尊荣版，个人用车。

初次登记日期：2011 年 3 月 21 日。

评估基准日期：2014 年 5 月 10 日。

累计行驶里程：8 万千米。

该车配置：排量约 1.8L，电喷发动机、DOHC 双顶置凸轮轴、四轮独立悬架、6 挡手自

一体变速箱、全电动门窗以及电子除霜、前排安全气囊和侧气帘、单碟 CD 配合四声道八喇叭音响系统、可调节方向盘、电子助力转向、智能倒车雷达、真皮座椅、防盗点火系统、智能中控门锁。

车辆手续：证件、税费单据齐全有效。

b. 车况检查

ⓐ 静态检查　对车辆的外观整体检查中发现保险杠有碰撞修补的痕迹，车辆的右前侧雾灯下方有剐蹭痕迹导致油漆脱落，整个车身情况保持良好。

发动机机舱线束整齐，观察车辆大梁、左右翼子板没有变形、锈蚀，油路也没有渗油现象，整个前端的车架部分还保持着原厂油漆的痕迹，各部位代码清晰可见，足以证明车辆保养比较专业。车内真皮座椅和内饰干净，丝毫没有旧车的感觉。电动门窗、倒车雷达、音响使用正常。

ⓑ 动态检查　发动机性能比较稳定，轻踩油门，在 4300r/min 时达到动力输出峰值。在车速较高的情况下，风噪、胎噪几乎听不到。急踩刹车，反应迅速，制动没有显著跑偏现象。高速行驶略有摆振，当车速在 52km/h 左右时，前轮摇摆，当车辆保持在低速 38km/h 以下行驶或高速超过 66km/h 行驶时，前轮摇摆现象消失，经检查发现右前轮补过轮胎，试验更换两个前胎，摆动现象消失。乘坐较舒适，减振效果一般。

c. 计算成新率

ⓐ 依据该车型的配置说明可知该车为高档轿车，故可用部件鉴定法计算其成新率。

ⓑ 依据对该车的检查结果，其成新率的估算明细见表 4-6。

表 4-6　二手车成新率的估算明细

车辆各总成及部件名称	成新率估算明细		
	价值权重 /%	成新率 /%	加权成新率 /%
发动机及离合器总成	23	75	17.25
变速器及传动轴总成	12	75	9
前桥及转向器前悬架总成	9	70	6.3
后桥及后悬架总成	9	70	6.3
制动系统	7	75	5.25
车架总成	2	70	1.4
车身总成	24	65	15.6
电气设备及仪表	6	75	4.5
轮胎	8	50	4
合计	100	—	69.89

由表 4-6 可以看出，用部件鉴定法对该车进行计算的成新率约为 70%。

例 4-14

某评估中心接受客户委托后，对评估对象进行现场勘估和广泛的市场调查，并依据本次评估的特殊目的属于债务清偿，决定本次评估方法为清算价格法，采用清算价格法里的"评估价格折扣法"，依据市场调查，取 80% 的折扣率可在清算之日出售车辆。车辆基本信息如下。

车辆为东风风行 MPV，9 座，初次登记日期为 2013 年 9 月，已使用 1 年 8 个月，累计行驶 5 万千米，账面原值 13.29 万元。据调查，该车生产厂家已经停止生产该型号汽车，与该车类似产品为 M5-2.0L 型，经销商卖价为 9.49 万元。该车型比被评估车型动力性要好，内饰装潢豪华一些，最后确定交易车辆市场购置价为 8.77 万元。该车购置附加费为 10%，依据当地政府规定，购买外地这种类似汽车要缴纳教育费、消费附加税，其税率为 10%，成新率确定采用部件鉴定法，见表 4-7，试评估该车的价格。

表 4-7 车辆成新率估算

各总成及部件	成新率估算明细		
	权重 /%	成新率 /%	加权成新率 /%
发动机及离合器总成	30	80	24
变速器及传动轴总成	10	80	8
前桥及转向器前悬架总成	10	60	6
后桥及后悬架总成	10	85	8.5
制动系统	5	80	4
车架总成	5	80	4
车身总成	22	70	15.4
电气设备及仪表	6	75	4.5
轮胎	2	80	1.6
合计	100	—	76

评估步骤如下。

利用重置成本法计算车辆评估价格涉及重置成本和成新率两个因素，故确定这两个因素后就可以得出车辆评估值。

a. 确定重置成本　由题意可得评估车辆重置成本的直接成本为 22.5 万元，所要缴纳的间接成本占总车价的 20%，故车辆重置成本为

$$87700 \times (1+20\%) = 105240（万元）$$

b. 确定评估车辆成新率　由表 4-7 所得车辆各组成部件的加权成新率，累计相加获得部件鉴定法的车辆成新率为 76%。

c. 确定评估车辆价格

$$车辆评估值 = 重置成本 \times 成新率 = 105240 \times 76\% = 79982.4（万元）$$

（2）整车观测法　整车观测法是指评估人员采用人工观察的方法，使用简单的仪器检测，判定被评估二手车的技术等级以确定成新率的一种方法。整车观测法观察与检测的技术指标主要包括二手车的现时技术状态、使用年限及行驶里程、大修情况、整车外观和完整性等。二手车技术状况的分级可参考表 4-1。

表 4-1 中的数据为通常车辆成新率判定的经验数据，只供评估人员参考。在运用整车观察法确定二手车成新率时简单易行，但没有部件鉴定法客观、准确，主要原因就是整车观测法多建立在评估人员的主观判断上，受评估人员的经验和技术水平的影响较大。通常用于中、低价值的二手车的估算或作为综合分析法鉴定估价要考虑的主要因素之一。

 例 4-15 整车观测法计算二手车成新率

① 车辆基本情况

车辆型号：吉利熊猫，私人用车。

初次登记日期：2010 年 11 月。

行驶里程：10 万千米。

评估基准日期：2015 年 8 月。

② 车况检查

a. 该车已使用近 5 年，经检查及询问，该车做过 1 次整车翻新，但整车外观较好，各类车身附件齐全有效。

b. 该车经过 1 次大修，包括发动机和变速器等，但动力性、转向操纵性、制动性等各项性能恢复较好。

③ 成新率确定　因该车为低档车型，依据车辆使用年限及行驶的里程数，可知该车属于中等旧车，故可使用整车观测法确定其成新率。

因为该车经过了 1 次整车大修，但各项性能恢复较好，故将其成新率确定为 56%。

4.3.2.4　综合分析法

（1）计算方法　综合分析法是以使用年限法为基础，再综合考虑到影响二手车价值的多种因素，以系数调整确定成新率的一种方法，其计算公式为

$$C_F = C_Y K \times 100\% \tag{4-18}$$

式中　C_F——综合成新率；

　　　C_Y——使用年限成新率；

　　　K——综合调整系数。

（2）综合调整系数　二手车的实际技术状况、维护保养情况、原车制造质量、二手车用途及使用条件是影响二手车成新率的五个主要因素。依据被评估车辆是否需要进行项目修理或换件维修，综合调整系数有两种方法确定，一是如果二手车无需进行项目修理或换件的，可采用表 4-8 中推荐的综合调整系数，采用加权平均的方法进行微调；二是二手车需要进行项目修理或换件的，或需进行大修的，综合考虑表 4-8 列出的影响因素，可采用"一揽子"评估方法确定一个综合调整系数。

表 4-8　二手车成新率综合调整系数参考表

序号	影响因素	因素分级	调整系数	权重/%
1	技术状况	好	1.0	30
		较好	0.9	
		一般	0.8	
		较差	0.7	
		差	0.6	
2	维护保养	好	1.0	25
		较好	0.9	
		一般	0.8	
		差	0.7	
3	制造质量	进口车	1.0	20
		国产名牌车	0.9	
		国产非名牌车	0.8	

续表

序号	影响因素	因素分级	调整系数	权重 /%
4	车辆用途	私用	1.0	15
		公务、商务	0.9	
		营运	0.8	
5	工作条件	好	1.0	10
		一般	0.9	
		差	0.8	

综合调整系数计算公式为

$$K=K_1\times30\%+K_2\times25\%+K_3\times20\%+K_4\times15\%+K_5\times10\% \quad (4-19)$$

式中 K_1——二手车技术状况调整系数；

K_2——二手车维护保养调整系数；

K_3——二手车制造质量调整系数；

K_4——二手车车辆用途调整系数；

K_5——二手车工作条件调整系数。

（3）调整系数的选取

① 二手车技术状况调整系数 K_1　二手车技术状况系数是基于对车辆技术状况鉴定的基础上对车辆进行的分级，再取合适的调整系数来修正车辆的成新率，技术状况系数取值范围为 0.6～1.0，技术状况好的车辆取上限，反之取下限。

② 二手车维护保养调整系数 K_2　它是反映使用者对车辆使用、维护及保养的水平。不同的使用者，对车辆使用、维护的实际执行情况差别较大，因此直接影响到车辆的使用寿命和成新率，使用和维护状态系数取值范围为 0.7～1.0，维护保养好的车辆取上限，反之取下限。

③ 二手车制造质量调整系数 K_3　在确定制造质量调整系数时，需了解车辆是国产的还是进口的，以及进口国家，国产的应了解是名牌产品还是一般产品。通常来说，国家正规手续进口的车辆质量优于国产车辆，名牌产品优于一般产品，但又有很多例外，故在确定此系数时应较慎重。对依法没收领取牌证的走私车辆，其原始制造质量系数建议看作国产名牌产品考虑。原始制造质量系数取值范围在 0.8～1.0。

④ 二手车车辆用途调整系数 K_4　车辆的用途不同，其繁忙程度不同，使用强度也不一样。把车辆按照工作性质分为私人工作和生活用车，机关企事业单位的公务和商务用车，从事旅客、货运、城市出租的营运用车。以普通小轿车为例，通常来说，私人工作和生活用车每年最多行驶约 2.5 万千米；公务、商务用车每年行驶不超过 4 万千米；而营运出租车每年行驶有些可达 12 万千米。可见工作性质不同，其使用强度差异很大，车辆工作性质系数取值范围是 0.7～1.0。对于使用强度小的车辆取上限，反之取下限。

⑤ 二手车工作条件调整系数 K_5　我国地域辽阔，各地自然条件差别较大，车辆的工作条件对其成新率影响很大。工作条件分为特殊使用条件与道路条件。

a. 特殊使用条件　特殊使用条件主要指特殊自然条件，例如寒冷、沿海、风沙等地区。

b. 道路条件　道路使用条件可分为好路、中等路和差路三类。好路是指国家道路等级中的高速公路，二、三级道路，好路率在 50% 以上；中等路是指符合国家道路等级的四级道路，好路率为 30%～50%；差路是指国家等级以外的路，好路率在 30% 以上。

车辆长期在好路和中等路上行驶时，工作条件系数分别取 0.9～1；车辆长期在差路或特殊使用条件下工作,其系数取 0.8。通常综合调整系数取值不要超过 1。

(4)适用范围　综合分析法用综合调整系数指标来调节二手车成新率,并较为详细地考虑了影响二手车价值的各种因素,评估值准确度较高,所以,较适用于中等价值的二手车评估。目前是最为常用的评估方法之一。

例 4-16

王先生 2011 年购置了一辆一汽大众宝来作为个人使用,于 2014 年 8 月在某省二手车交易市场交易,评估人员检查发现,该车发动机排量为 1.6L,初次登记日期为 2011 年 4 月,基本作为个人市内交通状况使用,累计行驶里程 7 万多千米,维护保养一般,路试车况较好。请用综合分析法计算成新率。其综合调整系数采用加权平均的方法确定,计算综合评估值。

解:已使用年限为 3 年 4 个月 =40 个月,即 $Y=40$。

规定使用年限为 15 年 = 180 个月,即 $Y_g=180$。

该车路试车况好,取车辆技术状况调整系数为 $K_1=1.0$。

维护保养一般,取车辆维护保养调整系数为 $K_2=0.9$。

一汽大众轿车为国产名牌车,取车辆制造质量调整系数为 $K_3=0.9$。

该车为私人用车,取车辆用途调整系数为 $K_4=1.0$。

该车为个人市内交通使用,取车辆工作条件调整系数为 $K_5=0.9$。

则综合调整系数为

$$K=K_1\times 30\%+K_2\times 25\%+K_3\times 20\%+K_4\times 15\%+K_5\times 10\%$$
$$=1.0\times 30\%+0.9\times 25\%+0.9\times 20\%+1.0\times 15\%+0.9\times 10\%$$
$$=94.5\%$$

该车的成新率为

$$C_F = C_Y K \times 100\%$$
$$=\left(1-\frac{Y}{Y_g}\right)\times 94.5\%\times 100\%=\left(1-\frac{40}{180}\right)\times 94.5\%\times 100\%$$
$$=73.5\%$$

例 4-17　用综合分析法计算二手车成新率

① 车辆基本情况

车辆型号:宝马 3 系 318i 领先型。

车辆配置:2.0L、DOHC 双顶置凸轮、四门电动车窗、前排双气囊、可调方向盘、助力转向、倒车雷达、ABS、铝合金轮圈、冷暖空调、CD 机、手自一体变速箱、电动后视镜、中央遥控及防盗系统。

初次登记日期:2012 年 7 月。

行驶里程:8 万千米。

评估基准日期:2015 年 12 月。

② 车况检查

a. 静态检查

ⓐ 该车的外观保养状况较好。
ⓑ 车漆属原车漆，光泽度较好，但前后保险杠有明显重新喷漆的痕迹。经仔细检查发现有发生过碰撞事故的迹象，不过仅仅伤及保险杠，并未波及前后缓冲钢架。
ⓒ 散热器组件、转向助力泵、刹车泵、ABS 泵、蓄电池、发电机、起动机等部件外表均无异常。
ⓓ 机油量及其颜色均正常。
ⓔ 发动机机舱内线束规整，无显著改动痕迹。
ⓕ 方向盘自由行程基本符合要求，转向柱无显著松动感觉。

b. 动态检查
ⓐ 该车搭配的 5 速变速器，在起步、急加速、急减速、倒车时，车辆没有明显的顿挫感。
ⓑ 离合器操作无异常现象。
ⓒ 无显著行驶跑偏和制动跑偏等现象，刹车稍微偏软一些。
ⓓ 行驶中车内无明显噪声。
ⓔ 音响、空调等装置工作正常。

总体说来该车动力、制动、通过性、行驶平顺性、噪声等方面性能基本良好。动态试验后车辆水温正常，运动机件无过热，无漏水、漏油、漏电等现象。

③ 成新率计算　因为该二手车为中高档轿车，车况保持较好，初步估计其评估价格较高，故可采用综合分析法计算其成新率。

a. 初次登记日期为2012年7月，评估基准日期为2015年12月，则已使用年限 $Y=42$ 个月，参考使用年限 15 年，$Y_g=180$ 个月（新的《机动车强制报废标准规定》对非营运小型车辆没有使用年限规定，但按目前车辆使用情况，在计算二手车成新率时，仍可参照旧标准，即规定使用年限 15 年）。

b. 综合调整系数 K 的确定。确定各项调整系数如下。
该车技术状况较好，车辆技术状况调整系数为 $K_1=0.9$。
维护保养较好，维护保养调整系数为 $K_2=0.9$。
宝马 3 系 318i 领先型轿车是进口车，制造质量调整系数为 $K_3=0.9$。
该车为私人用车，车辆用途调整系数为 $K_4=1.0$。
该车主要在市内行驶，使用条件较好，工作条件调整系数 $K_5=1.0$。
则综合调整系数为

$$K=K_1\times30\%+K_2\times25\%+K_3\times20\%+K_4\times15\%+K_5\times10\%$$
$$=0.9\times30\%+0.9\times25\%+1.0\times20\%+1.0\times15\%+1.0\times10\%$$
$$=94.5\%$$

c. 计算成新率 C_F

$$C_F=C_Y K\times100\%$$
$$=\left(1-\frac{Y}{Y_g}\right)\times94.5\%\times100\%=\left(1-\frac{42}{180}\right)\times94.5\%\times100\%$$
$$=72.45\%$$

4.3.2.5　综合成新率法

（1）计算方法　综合成新率是采用定性与定量分析的方法，综合多种单一因素对二手车成新率的计算结果，并分别赋予不同的权重，计算加权平均成新率。采用综合成新率来反映二手车的新旧程度，可以尽可能减小使用单一因素成新率计算给评估结果所带来的误差，因此是一种较为科学的方法。

下面具体介绍用综合使用年限法、行驶里程法、技术鉴定法和整车观测法来估算二手车成新率的方法,综合成新率法的计算公式为

$$C_Z = C_1\alpha_1 + C_2\alpha_2 \qquad (4\text{-}20)$$

式中　C_Z——综合成新率;

　　　C_1——车辆理论成新率;

　　　C_2——车辆现场查堪成新率;

　　α_1,α_2——权重系数(依据被评估二手车的实际情况而定),$\alpha_1+\alpha_2=1$。

(2)车辆理论成新率 C_1　车辆理论成新率是一种二手车成新率的定量计算,其结果通常不能人为改变。包括使用年限法和行驶里程法计算的成新率,是依据二手车实际使用的时间和行驶里程计算得到的。计算公式为

$$C_1 = C_Y \times 50\% + C_S \times 50\% \qquad (4\text{-}21)$$

式中　C_Y——使用年限成新率;

　　　C_S——行驶里程成新率。

(3)车辆现场查勘成新率 C_2　二手车现场查勘成新率是一个定性和定量相结合的结果,是由评估人员依据现场查勘情况而确定的一个综合评价值。

二手车技术状况现场查勘的具体步骤如下。

①发动机工作状况　主要包括动力状况、有无更换部件和修复现象以及是否有泄漏现象等。

②底盘　主要包括是否有变形、是否有异响、前后桥状况是否正常、是否有漏油现象、转向系统情况是否正常和制动系统是否工作正常等。

③车身　主要包括车身是否被碰撞过、车灯是否齐全、前后保险杠是否完整、车身颜色、光泽、锈蚀情况等。

④电气系统　主要包括发动机点火系统是否工作正常、电源系统是否工作正常、空调和音响系统是否工作正常等。

⑤内饰　主要包括内饰的颜色、清洁程度、仪表及座位是否完整以及其他有关装饰情况等。

被评估二手车理论成新率和现场查勘成新率的权重分配、使用年限成新率即行驶里程成新率的权重分配,要依据被评估二手车类型、使用状况、维修保养状况等综合考虑,科学、合理地确定权重分配,这和二手车鉴定评估人员的专业判断能力及实践工作经验有很大的关系,需要在实践中不断地学习和总结,以使评估结果更为准确。

例 4-18　用综合成新率法计算二手车成新率

① 车辆概况

车牌号:辽A×××××。

车型:东风悦达起亚K5。

发动机号:××××××。

车身号:LB×××。

乘员数(包括驾驶员):5人。

生产商:东风悦达起亚。

初次登记日期:2013年1月。

评估基准日期:2016年6月。

② 性能参数及配置　发动机型号G4NA。排量2.0L。最大功率119kW(6500r/min)。

最大扭矩 194kN·m（4800r/min）。气缸数 4 个。气缸排列形式 L 型。气缸压缩比 10.50。排放标准为国Ⅳ标准。燃油供给方式为多点电喷。冷却系统为水冷。三元催化为标准配置。前悬架为麦弗逊式。后悬架为多连杆。驱动方式为前驱。动力助力转向为标准配置。助力转向方式为电子液压助力。最高车速 196km/h。整车整备质量 1480kg。经济油耗 7.7L。长×宽×高为 4845mm×1830mm×1460mm。

③ 成新率计算

a. 计算理论成新率 C_1　查看该车里程表，显示为 28410km，与正常使用年限不符，估计里程表有被调整的可能，故理论成新率 C_1 直接由年限法成新率计算而得。

该车登记日期为 2013 年 1 月，评估基准日期为 2016 年 6 月，已使用 42 月，依据前述规定，使用年限为 15 年，则

$$C_1 = C_Y = \left(1 - \frac{Y}{Y_g}\right) \times 100\% = \left(1 - \frac{42}{180}\right) \times 100\% = 76.67\%$$

b. 计算现场查勘成新率 C_2　评估人员在现场对该车的勘察中，分别对车辆的发动机、底盘、车身、内饰及电气系统进行鉴定打分，详见表 4-9。

表 4-9　现场查勘评分

项目	分值/分	鉴定标准	鉴定情况	评分/分
发动机、离合器总成	35	气缸压力是否符合标准 机油是否泄漏，冷却系统是否漏水 燃油消耗是否在正常范围内 测量气缸内椭圆度不超过 0.125mm 在高、中、低速时没有断火现象和其他异常现象	燃油消耗超标，其他情况一般	20
前桥总成	8	工字梁应无变形和裂纹，转向系统操作轻便灵活，转向节不应有裂纹	操作较灵活准确，其他正常	6
后桥总成	10	圆锥主动齿轮轴转速为 1400～1500r/min，各轴承温度不应高于 60℃，差速器及半轴的齿轮符合要求的敲击声或高低变化声响，各接合部位不允许漏油	基本符合要求	8
变速器总成	8	变速箱在运动中，齿轮在任何挡位均不应有脱挡、跳挡及异常声响 变速杆不应有显著抖动，密封部位不漏油，变速操作杆操作灵便 箱体各孔圆度误差不大 0.0075mm	基本符合要求	6
车身总成	29	车身无碰伤变形、脱漆、锈蚀，门窗玻璃完好，各焊口应无裂纹及损伤，连接件齐全、无松动，密封良好，座椅完整	有脱漆、锈蚀现象，维护一般	20
轮胎	2	依据磨损量而定	中度磨损	1
其他	8	制动系统：气压制动的储气筒、制动管不漏气 电气系统：电源点火、信号、照明应正常	工作状况较好	6
合计				67

依据表 4-9，现场勘察成新率 C_2 = 现场勘察打分值 ×100%=67%。

取权重系数 α_1=40%，α_2=60%，则综合成新率为

$$C_Z = C_1\alpha_1 + C_2\alpha_2 = 76.67\% \times 40\% + 67\% \times 60\% = 70.9\%$$

4.4 二手车评估方法及实例分析

4.4.1 二手车评估方法

4.4.1.1 重置成本法

（1）重置成本法的基本要素　即二手车的重置成本、二手车实体性贬值、二手车功能性贬值和二手车经济性贬值。

① 二手车的重置成本　二手车重置成本是按照在现行市场条件下重新购进一辆全新车辆所支付的全部货币总额。简单地说，二手车重置成本就是当前再取得该车的成本。实际获得重置成本时，重置成本又分为复原重置成本与更新重置成本两种。

a. 复原重置成本是指用与被评估车辆相同的材料、制造标准、结构设计及技术水平等，以现时市场价格重新购进和被评估车辆相同的全新车辆所产生的全部成本。汽车不同于一般机器设备，技术性很强，又有很强的法规限制，通常用户是很难复原一辆已经停产很久的汽车的。

b. 更新重置成本是指利用新型材料、新技术标准和新型设计等，以现时市场价格购进具有相同或相似功能的全新车辆所支付的全部成本。

> **特别提示**
>
> 无论复原重置成本还是更新重置成本，车辆本身的功能不变，例如作为私家轿车用的车辆依然作为私家轿车用，用于出租用的车辆依然作为出租用的车辆来确定购置全价。

通常情况下，在选择重置成本时，若同时取得复原重置成本和更新重置成本，应优先选择更新重置成本。在不存在更新重置成本时，才考虑采用复原重置成本。由此可见，重置成本法主要立足于二手车的现行市价，与二手车的原购置价并没有多大的关系。现行市价越高，重置成本也越高。

② 二手车实体性贬值　二手车实体性贬值也称二手车有形损耗，是指二手车在存放和使用过程中，因为物理和化学因素（如机件磨损、锈蚀和老化等）而导致的车辆实体产生的价值损耗，即因为自然力的作用而产生的损耗。计量二手车实体有形损耗时主要依据已使用年限进行分析。

③ 二手车功能性贬值　二手车功能性贬值是因为技术进步引起的二手车功能相对落后而导致的贬值，这是一种无形损耗。功能性贬值可以分为一次性功能贬值和营运性功能贬值。

④ 二手车经济性贬值　二手车经济性贬值是指因为外部经济环境变化所造成的车辆贬值，它也是一种无形损耗。外部经济环境有宏观经济政策、市场需求、通货膨胀和环境保护等，如国家提高对汽车排放标准的要求，实施欧Ⅲ排放标准，以前执行欧Ⅱ排放标准的在用车就会因此而贬值。经济性贬值是因为外部环境而不是车辆本身或内部因素所引起的达不到原有设计的获利能力而造成的贬值。外界因素对车辆价值的影响不但是客观存在的，而且对车辆价值影响还相当大，因此在二手车的评估中不可忽视。

⑤ 重置成本法的理论依据　任何一个精明的投资者在购买某项资产时，所愿意支付的费用，

绝不会超过现时在市场上能够购买到和该项资产具有同等效用的全新资产所需的最低成本，而不论这项资产的原拥有者当初在购买这项资产时的购置价（历史成本）为多少。这就是重置成本法的理论依据。可见重置成本是现时购买一辆全新的和被评估二手车相同的车辆所支付的最低金额。

（2）重置成本法的应用前提和适用范围　重置成本法作为一种二手车评估的方法，是从可以重新取得被评估二手车的角度来反映二手车的交换价值的，即通过被评估二手车的重置成本反映二手车的交换价值。只有当被评估的二手车处于继续使用状态下，然后取得被评估二手车的全部费用才能构成其交换价值的内容。二手车继续使用包括其使用有效性的经济意义，只有当二手车能够继续使用而且在持续使用中为潜在投资者带来经济利益，二手车的重置成本方可为潜在投资者和市场承认及接受。从这个意义上说，重置成本法主要适用于有继续使用功能前提下的二手车评估。

（3）重置成本法的优缺点
① 重置成本法的优点
a. 比较充分地考虑了车辆的各方面损耗，反映了车辆市场价格的浮动，评估结果更趋于公平合理，在不易估算车辆未来收益，或很难在市场上找到可类比对象的情况下可广泛应用。

b. 可采用综合分析法确定成新率，将车况、配置以及车辆使用情况用适当的调整系数表征出来，比较清晰地解析了车辆残值的构成，使得整个评估过程显得有理有据，有助于增强交易双方对评估结果的信任，可广泛应用于价值较高的中高档车辆评估。

② 重置成本法的缺点
a. 评估工作量较大，确定成新率时主观因素影响较大。

b. 对极少数的进口车辆，难以查询到现时市场报价，一些已停产或是国内自然淘汰的车型，因为不可能查询到相同车型新车的市场报价，所以很难准确地确定出它们的重置成本或重置成本全价。

（4）重置成本法评估的方法
① 重置成本法的计算模型　重置成本法有两种基本计算公式，分别为

$$评估值 = 重置成本 - 实体性贬值 - 功能性贬值 - 经济性贬值 \tag{4-22}$$

$$评估值 = 重置成本 \times 成新率 \tag{4-23}$$

式（4-22）是重置成本法评估二手车的最基本模型。它综合考虑了二手车的现行市场价格及各种影响二手车价值量变化（贬值）的因素，容易让人信服并易于接受。但造成这些贬值的影响因素较多且有一定的不确定性，因此准确地确定二手车的贬值是不容易的。重置成本、实体性贬值、功能性贬值及经济性贬值被称为重置成本法的四要素。

式（4-23）以成新率综合考虑了各种贬值对二手车价值的影响，是一种定性与定量相结合的评估方法，比较客观地反映二手车的价值，是目前市场上使用最广的一种评估方法。

② 基于成新率的重置成本法评估计算
a. 评估计算公式［式（4-23）］也可表示为

$$P = BC \tag{4-24}$$

式中　P——被评估二手车的评估值，元；
　　　B——被评估二手车的现时重置成本，元；
　　　C——被评估二手车的现时成新率。

b. 重置成本在资产评估中，其估算有多种方法，对二手车评估来说，计算重置成本通常采用以下重置核算法和物价指数法两种方法。

ⓐ 重置核算法　重置核算法是利用成本核算原理，依据现实条件下重新取得一辆与二手车

车型和功能一样的新车所需的费用项目，逐项计算后累加获得二手车的重置成本。二手车的重置成本具体由二手车的现行购买价格、运杂费以及必要的税费构成。依据新车来源方式不同，二手车重置成本可分为国产车和进口车两种。

i. 国产二手车重置成本的构成　国产二手车重置成本构成的计算公式为

$$B=B_1+B_2 \tag{4-25}$$

式中　B——二手车重置成本，元；

B_1——车辆直接成本，即购置全新车辆的市场成交价，元；

B_2——车辆间接成本，即车辆购置价格以外国家和地方政府一次性缴纳的各种税费总和，元。

在车辆间接成本中，各种税费［包括车辆购置税和注册登记费（即牌照费）］为合理间接成本。而车辆拥有阶段和使用阶段的税费，例如车辆拥有阶段的年审费、车船使用税、消费税，车辆使用阶段的保险费、燃油税、路桥费等为不合理的间接费用。在确定重置成本时必须认真鉴定各种间接费用。

ii. 进口二手车重置成本的构成　依据海关税则和收费标准，进口轿车的重置成本（即现行价格）的税费构成为

$$进口二手车重置成本 = 报关价 + 关税 + 消费税 + 增值税 + 其他必要费用 \tag{4-26}$$

式（4-26）中所涉及的参数的确定方法如下。

报关价即到岸价，又称 CIF 价格，它与离岸价 FOB 的关系为

$$CIF\ 价格 = FOB\ 价格 + 途中保险费 + 从装运港到目的港的运费 \tag{4-27}$$

FOB 价格是指在国外装运港船上交货时的价格，所以也称为离岸价，它不包括从装运港到目的港的运费和保险费。因为这部分费用是以外汇支付的，所以在计算时，需要将报关价格换算成人民币，外汇汇率采用评估基准日的外汇汇率进行计算。

关税的计算方法为

$$关税 = 报关价 \times 关税税率 \tag{4-28}$$

依据我国加入 WTO 的承诺，自 2006 年 7 月 1 日起，轿车的关税税率为 25%。

消费税的计算方法为

$$消费税 = \frac{报关价 + 关税}{1 - 消费税率} \times 消费税率 \tag{4-29}$$

我国 2008 年 9 月 1 日起实施新的汽车消费税率。消费税率按汽车排量分档，具体情况见表 4-10。

表 4-10　汽车排量与汽车消费税率对照表

车型	排量 /L	税率 /%
乘用车（含越野车）	1.0 升以下	1
	1.0～1.5（含）	3
	1.5～2.0（含）	5
	2.0～2.5（含）	9
	2.5～3.0（含）	12
	3.0～4.0（含）	25
	大于 4.0	40
中轻型商用客车	—	5

增值税的计算方法为

$$增值税 =（报关价 + 关税 + 消费税）\times 增值税率 \tag{4-30}$$

各种进口车增值税税率都是 17%。

除了上述费用之外，进口车价还包括通关、商检、仓储运输、银行、选装件价格、经销商、进口许可证等非关税措施造成的费用。

通常而言，车辆重置成本大多是依靠市场调查搜集而来的，并不需要进行非常复杂的计算。但是对于市场上尚未出现的那些新车型（尤其是进口新车型）或淘汰车型，因为其价格信息有时不容易获得，这时则需按照其重置成本的构成进行估算。

ⓑ 物价指数法　物价指数法也叫价格指数法，是指依据已掌握历年来的价格指数，在二手车原始成本的基础上，通过现时物价指数确定其重置成本。其计算公式为

$$B = B_0 \frac{I}{I_0}$$

或

$$B = B_0 (1+\lambda) \tag{4-31}$$

式中　B——车辆重置成本，元；
　　　B_0——车辆原始成本，元；
　　　I——车辆评估时的物价指数；
　　　I_0——车辆当初购买时物价指数；
　　　λ——车辆价格变动指数。

当被评估车辆已停产，或是进口车辆，找不到现时市场价格时，这是一种很有用的方法。

> **特别提示**
>
> 应用时应注意，一定要先检查被评估车辆的账面购买原价。若购买原价不准确，则不能用物价指数法。

车辆价格变动指数是表示车辆历年价格变动趋势及速度的指标。选用时要选用国家统计部门、物价管理部门或行业协会定期发布和提供的数据，不得选用无依据、不明来源的数据。

③ 二手车重置成本的确定　实际工作中，通常根据鉴定估价的经济行为确定重置成本的全价，具体有以下两种处理方法。

a. 对于以所有权转让为目的的二手车交易经济行为，按照评估基准日被评估车辆所在地收集的现行市场成交价格作为被评估车辆的重置成本全价，其他费用略去不计。

b. 对企业产权变动的经济行为（例如企业合资、合作和联营，企业分设、合并和兼并，企业清算，企业租赁等），其重置成本全价除了考虑被评估车辆的现行市场购置价格以外，还需将国家和地方政府规定对车辆加收的其他税费（如车辆购置附加费、车船使用税等）一同计入重置成本全价中。

④ 二手车成新率的计算　二手车成新率的计算应依据评估目的选用 4.3.2 小节所介绍的方法。

4.4.1.2　现行市价法

现行市价法又称为市场法、市场价格比较法，是通过比较被评估车辆和最近售出的类似车辆的异同，并将相似车辆市场价格进行调整，从而确定被评估车辆价值的评估方法。其基本思路为，通过市场调查，选择一个或几个与评估车辆相同或相似的车辆作参照车辆，分析参照车辆的构造、功能、性能、新旧程度、地区差别、交易条件和成交价格等，并与被评估车辆进行比较，

找出两者的差别及其在价格上所反映的差额，经过恰当的调整，最终计算出被评估车辆的价格。

现行市价法是采用比较和类比的方法，依据替代原则，从二手车可能进行交易角度来判断二手车价值的。

（1）现行市价法的基本原理　运用现行市价法要求充分利用二手车成交价格信息，并以此为基础判断和估测被评估二手车的价值。运用已被市场检验了的结论来评估被评估二手车，当然是容易被买卖双方当事人接受的。所以，现行市价法是二手车评估中最为直接、最具说服力的评估途径之一。

用现行市价法评估二手车包含了被评估二手车的各种贬值因素，如有形损耗的贬值、功能性贬值和经济性贬值。由于市场价格是综合反映车辆的各种因素的体现，因为车辆的有形损耗及功能陈旧而造成的贬值，自然会在市场价格中有所体现。经济性贬值则是反映社会上对于各类产品综合的经济性贬值的大小，突出表现为供求关系的变化对市场价格的影响，所以，用现行市价法评估时，不必专门计算功能性贬值和经济性贬值。

（2）现行市价法的应用前提和适用范围

① 现行市价法的应用前提　因为现行市价法是以同类二手车销售价格相比较的方式来确定被评估二手车价值的，所以，运用这种方法时通常应具备两个基本的前提条件。

a. 要有一个发育成熟、交易活跃的二手车交易公开市场，市场有相同或类似二手车的交易，有充分的参照车辆可取，市场成交的二手车价格反映市场行情，这是使用现行市价法评估二手车的关键。在二手车交易市场上二手车交易越频繁，与被评估相类似的二手车价格越容易找到。

b. 市场上参照的二手车和被评估二手车有可比较的指标，这些指标的技术参数等资料是可收集到的，并且价值影响因素明确，可以量化。

运用现行市价法，重要的是要在交易市场上可以找到与被评估二手车相同或相类似的已成交过的参照车辆，并且参照车辆是近期的、可比较的。近期车辆是指参照车辆交易时间和被评估二手车评估基准日相差时间相近，通常在一个季度之内；可比较车辆是指参照车辆在规格、型号、功能、性能、配置、内部结构、新旧程度以及交易条件等方面与被评估二手车不相上下。

现行市价法要求二手车交易市场发育比较健全，并以可以相互比较的二手车交易在同一市场或地区经常出现为前提，然而目前我国各地二手车交易市场完善程度、交易规模差异较大，有些地区的汽车保有量少、车型数少，二手车交易量少，寻找参照车辆较为困难，所以，现行市价法的实际运用在我国目前的二手车交易市场条件下将受到一定的限制。

② 现行市价法的适用范围　现行市价法是从卖者的角度来考虑被评估二手车的变现值的，二手车评估价值的大小直接受市场的制约，所以，它特别适用于产权转让的畅销车型的评估，例如二手车收购（特别是成批收购）和典当等业务。畅销车型的数据充分可靠，市场交易频繁，评估人员熟悉其市场交易情况，采用现行市价法评估二手车时间会较短，评估结果买卖双方也比较满意。

（3）现行市价法的优缺点

① 现行市价法的优点

a. 可以客观反映二手车目前的市场情况，其评估的参数、指标可直接从市场获得，评估值能够反映二手车市场现实价格。

b. 结果易于被各方面理解并接受。

② 现行市价法的缺点

a. 需要公开及活跃的二手车市场作为基础，然而在我国多数地方，二手车市场建立时间短，发育不完全、不完善，寻找参照车辆有一定的困难。

b. 可比因素多而复杂，即使是同一个生产厂家生产、同一天登记、同一型号的产品，也可能因为车主的操作习惯不同，使用条件和维护水平不同，以致车辆技术状况可能会有很大不同，造成二手车评估价值差异。

（4）现行市价法的评估方法　运用现行市价法评估二手车价值一般采用直接市价法和类比调整市价法。

① 直接市价法　直接市价法是指在市场上能够找到与被评估二手车完全相同的车辆的现行市价，并依其价格直接作为被评估二手车评估价格的一种方法。直接市价法应用包括以下两种情况。

a. 参照车辆和被评估二手车完全相同　所谓完全相同是指车辆型号、使用条件及技术状况相同，生产和交易时间相近。这样的参照车辆常见于市场保有量大、交易比较频繁的畅销车型，例如大众、雪铁龙和长城等。

b. 参照车辆与被评估二手车相近　这种情况是参照车辆和被评估车辆类别相同、主参数相同、结构性能相同，只是生产序号不同并只作局部修改，交易时间相近的车辆，也可近似等同作为评估过程中的参照车辆。这种情况在我国汽车市场上十分常见，很多汽车厂商为了追求车型的变化，给消费者一个新的体验，每年都在原车型的基础上做一些小的改动，如车身的小变化、内饰配置的改变等。

直接市价法评估公式为

$$P=P' \tag{4-32}$$

式中　P——评估值，元；

P'——参照车辆的市场成交价格，元。

② 类比调整市价法

a. 计算模型　类比调整市价法是指评估二手车时，在公开市场上无法找到与其完全相同的车辆，但能找到与其相类似的车辆，以此为参照车辆，并依据车辆技术状况和交易条件的差异对参照车辆的价格做出相应调整，进而得到被评估二手车价格的一种评估方法。其基本计算公式为

$$P=P'K \tag{4-33}$$

式中　P——评估值，元；

P'——参照车辆的市场成交价格，元；

K——差异调整系数。

类比调整市价法没有直接市价法对参照车辆的条件要求那么严，只要求参照车辆和被评估二手车大体相同即可。

b. 评估步骤　现行市价法评估二手车的步骤如下。

ⓐ 收集被评估二手车资料　收集被评估二手车的相关资料，内容有车辆的类别名称、车辆型号与技术性能参数、生产厂家和出厂年月、车辆用途、目前使用情况和实际技术状况、尚可使用的年限等，为搜集市场数据资料及选择参照物提供依据。

ⓑ 选取参照车辆　依据了解到的被评估二手车资料，按照可比性原则，从二手车交易市场上寻找可进行比较的参照车辆，参照车辆的选择应在两辆以上。车辆的可比因素主要包括以下内容。

ⅰ. 车辆型号和生产厂家。

ⅱ. 车辆用途，说明是私家车还是公务车，是乘用车还是商用车等。

ⅲ. 车辆使用年限及行驶里程。

ⅳ. 车辆实际技术性能和技术状况。

ⅴ. 车辆所处地区，因为地区经济发展的不平衡，收入水平存在差别，在不同地区的二手车

交易市场，相似车辆的价格会有较大的差别。

ⅵ. 市场状况，指的是二手车交易市场处于低迷还是复苏、繁荣，车源丰富还是匮乏，车型涵盖面如何，交易量如何，以及新车价格趋势如何等。

ⅶ. 交易动机和目的，指车辆出售是以清偿还是以淘汰转让为目的，买方是获利转手倒卖或是购买自用。不同情况下的交易价格通常有较大的差别。

ⅷ. 成交数量，单辆和成批车辆交易的价格会有一定差别。

ⅸ. 成交时间，应采用近期成交的车辆作类比对象。因为国家经济、金融和交通政策以及市场供求关系会随时发生一些改变，市场行情也会随之变化，引起二手车价格的波动。

ⓒ 类比和调整 对被评估二手车与参照车辆之间的差异进行分析、比较，并进行适当的量化后调整为可比因素。主要差异和量化方法体现在以下方面。

ⅰ. 结构性能的差异和量化 汽车型号、结构上的差别均会集中反映到汽车的功能与性能的差别上，功能与性能的差异可通过功能、性能对汽车价格的影响进行估算，公式为

$$量化调整值 = 结构性能差异值 \times 成新率 \qquad (4-34)$$

比如，同一类型的汽油车，自动挡汽车要比手动挡汽车价格高10%左右，带天窗的汽车要比不带天窗的价格高10%，高配车型包括真皮座椅、DVD导航、可视倒车雷达、防盗器等比标配的车辆价格要高10%～30%；对营运汽车而言，主要表现为生产能力、生产效率及运营成本等方面的差异，可利用收益现值法对其进行量化调整。

ⅱ. 销售时间的差异和量化 在选择参照车辆时，应尽量选择评估基准日的成交案例，以免去销售时间差异的量化，如果参照车辆的交易时间在评估基准日以前，则可采用价格指数法将销售时间差异量化并调整，计算公式为

$$物价指数调整值 = \frac{被评估车当时物价指数}{参照物成交时物价指数} \qquad (4-35)$$

ⅲ. 新旧程度的差异和量化（成新率的差异量化） 被评估二手车和参照车辆在新旧程度上存在一定的差异，需要评估人员能够对两者做出基本判断。取得被评估二手车与参照车辆成新率后，以参照车辆的价格乘以被评估二手车与参照车辆成新率之差，即可得出两者新旧程度的差异量，成新率的差异量化公式为

$$新旧程度差异量化调整值 = 参照车辆价格 \times (被评估二手车成新率 - 参照车辆成新率) \qquad (4-36)$$

ⅳ. 销售数量的差异和量化 销售数量的大小、采用何种付款方式都会对二手车成交单价产生影响，对于这两个因素在被评估二手车与参照车辆之间的差别，应首先了解清楚，然后依据具体情况做出必要的调整。通常来讲，卖主充分考虑货币的时间价值，会以较低的单价吸引购买者（常为经纪人）多买，虽然价格比零售价格低，但可提前收到货款。当被评估二手车是成批量交易时，以单辆汽车作为参照车辆是不适宜的，而当被评估二手车只有一辆时，以成批汽车作为参照车辆也不合适。销售数量的不同会导致成交价格的差异，必须对此差异进行分析，适当调整被评估二手车的价值。

ⅴ. 付款方式的差异和量化 在二手车交易中，绝大多数是现款交易，在一些经济较活跃的地区已出现二手车的银行按揭销售。银行按揭的二手车和一次性付款的二手车价格差异由两部分构成：一是银行的贷款利息，贷款利息按照贷款年限确定；二是汽车按揭保险费，各保险公司的汽车按揭保险费率不完全相同，会有一定的差异。

ⓒ. 计算评估值 将各可比因素差异的调整值以适当的方式进行汇总，并据此对参照车辆的成交市价进行调整，从而确定被评估二手车的评估价格。

4.4.1.3 收益现值法

收益现值法是通过估算被评估二手车在剩余寿命期内的预期收益，并且折现为评估基准日

的现值，借此来确定二手车价值的一种评估方法。也就是说，现值在这里被当作二手车的评估值，而且现值的确定依赖于未来预期收益。

（1）收益现值法的基本原理　收益现值法是基于这样的假设，即人们之所以购买某辆二手车，主要是考虑这辆车可以为自己带来一定的收益。任何一个理智的投资者在决定投资购买这辆二手车时，所愿意支付的货币金额不会大于评估时求得的该车未来预期收益的折现值。

（2）收益现值法的应用前提和适用范围　收益现值法应用的前提如下。

① 被评估二手车必须是经营性车辆，且具有继续经营及获利的能力。

② 继续经营的预期收益能够预测而且必须能够用货币金额来表示。

③ 二手车购买者获得预期收益所承担的风险也能够预测，并可以用货币衡量。

④ 被评估二手车预期获利年限可以预测。

由以上应用的前提条件可知，运用收益现值法进行评估时，是以车辆投入使用后连续获利为基础的。在机动车的交易中，人们购买的目的通常不在于车辆本身，而是车辆获利的能力。所以，收益现值法较适用于投资营运的车辆。

（3）收益现值法的优缺点

① 收益现值法的优点

a．与投资决策相结合，易于被交易双方接受。

b．能真实并准确地反映车辆本金化的价格。

② 收益现值法的缺点

a．预期收益额与折现率以及风险报酬率的预测难度大。

b．受主观判断和未来不可预见因素的影响较大。

（4）收益现值法的评估方法

① 计算公式　应用收益现值法求二手车评估值的计算，实际上即是对被评估二手车未来预期收益进行折现的过程。被评估二手车的评估值等于剩余寿命期内各收益期的收益折现值之和。其基本计算公式为

$$P = \sum_{t=1}^{n} \frac{A_t}{(1+i)^t} = \frac{A_1}{(1+i)^1} + \frac{A_2}{(1+i)^2} + \frac{A_3}{(1+i)^3} + \cdots + \frac{A_n}{(1+i)^n} \qquad (4-37)$$

式中　P——评估值，元；

A_t——未来第 t 个收益期的预期收益额，元；

n——收益年期（即二手车剩余使用寿命的年限）；

i——折现率，在经济分析中若不作其他说明，通常指年利率或收益率；

t——收益期，通常以年计。

因为二手车的收益期是有限的，所以式（4-37）中的 A_t 还包括期末车辆的残值（残值指旧机动车在报废时净回收的金额，在评估估算时往往忽略不计）。

在式（4-37）中，当 $A_1=A_2=\cdots=A_n=A$ 时，即 t 从 $1\sim n$ 年未来收益均同为 A 时，则式（4-37）可以演化为

$$P = A\left[\frac{1}{1+i} + \frac{1}{(1+i)^2} + \cdots + \frac{1}{(1+i)^n}\right] = A\frac{(1+i)^n - 1}{i(1+i)^n} \qquad (4-38)$$

式中　$\dfrac{(1+i)^n-1}{i(1+i)^n}$——年金现值系数；

$\dfrac{1}{(1+i)^t}$——第 t 个收益年期的现值系数。

由式（4-37）和式（4-38）可知，明确了二手车在预期收益年期 n 内的收益值与折现率，就可以得出评估的二手车辆可接受的最大投资额度 P，下面介绍各评估参数的确定方法。

② 收益现值法各评估参数的确定

a. 收益年期 n 的确定 收益年期（二手车剩余使用寿命的年限）指从评估基准日到二手车报废的年限。各类营运车辆的报废年限在国家《机动车强制报废标准规定》中均有具体规定。若剩余使用寿命期估算得太长，则计算的收益期就多，车辆的评估价格就高；反之，则会低估价格。所以，必须根据二手车的实际状况对其收益年期做出正确的评定。

b. 预期收益额 A_t 的确定 运用收益现值法时，未来每年收益额的确定即是关键。预期收益额是指被评估二手车在其剩余使用寿命期内的使用过程中，可能带来的年纯收益额。确定车辆预期收益额时需注意两点。

ⓐ 预期收益额是通过预测分析获得的 对于买卖双方而言，判断车辆是否有价值，应判断该车辆是否能带来收益。对车辆收益能力的判断，不但要看现在的情形，更重要的是关注未来的经营风险。

ⓑ 收益额的计算方法 以企业为例，目前包括以下几种方法。

ⅰ. 企业税后利润。

ⅱ. 企业税后利润与提取折旧额之和扣除投资额。

ⅲ. 利润总额。

在二手车评估业务中一般选择第一种方法，目的是准确反映预期收益额。其计算公式为

$$\text{收益额} = \text{税前收入} - \text{应交所得税} = \text{税前收入} \times (1 - \text{所得税率}) \tag{4-39}$$

$$\text{税前收入} = \text{一年的毛收入} - \text{车辆使用的各种税费和人员劳务费等} \tag{4-40}$$

依据2011年财政部发布第65号令，决定修改《中华人民共和国增值税暂行条例实施细则》和《中华人民共和国营业税暂行条例实施细则》，大幅提高增值税、营业税起征点。企业税负，尤其是小型、微型企业的税负将降低，具体所缴纳的企业所得税率见表4-11，个人所得税率见表4-12。

表4-11 企业所得税率

档次	税率/%	纳税年度应纳税所得额
1	18	3万元（含3万元）以下
2	27	3万～10万元（含10万元）
3	33	10万元以上

注：企业所得税应纳税额的计算公式为应纳税额＝应纳税所得额×税率。

表4-12 个人所得税率

级数	全月应纳税所得额		税率/%	速算扣除数/元
	含税级距	不含税级距		
1	不超过1500元的	不超过1455元的	3	0
2	超过1500元至4500元的部分	超过1455元至4155元的部分	10	105
3	超过4500元至9000元的部分	超过4155元至7755元的部分	20	555
4	超过9000元至35000元的部分	超过7755元至27255元的部分	25	1005
5	超过35000元至55000元的部分	超过27255元至41255元的部分	30	2755
6	超过55000元至80000元的部分	超过41255元至57505元的部分	35	5505
7	超过80000元的部分	超过57505元的部分	45	13505

注：1. 本表所列含税级距与不含税级距，均为按照税法规定减除有关费用后的所得额。

2. 含税级距适用于由纳税人负担税款的工资、薪金所得；不含税级距适用于由他人（单位）代付税款的工资、薪金所得。

c. 折现率 i 的确定　折现率是指将未来预期收益额折算成现值的比率。从本质上来说，折现率是一种期望投资报酬率，是投资者在投资风险一定的情况下，对于投资所期望的回报率。折现率由无风险报酬率、风险报酬率及通货膨胀率三部分组成。

$$折现率 i = 无风险报酬率 + 风险报酬率 + 通货膨胀率 \quad (4-41)$$

无风险报酬率通常是指同期国库券利率，它实际上是一种无风险收益率。风险报酬率是指超过无风险收益率以上部分的投资回报率。在资产评估中，因为资产的行业分布、种类、市场条件等的不同，其折现率也不相同。所以，在利用收益法对二手车鉴定评估选择折现率时，应进行本企业、本行业历年收益率指标的对比分析，以尽量准确地估测二手车的折现率，如果无充分证据表明所选择折现率是合理的，通常采用同期银行存款的基准利率。

风险报酬率是指冒风险获得报酬与车辆投资中为承担风险所付出代价的比率，通常高风险都会带来高收益。风险收益能够计算，但是为承担风险所付出的代价难以确定，故风险收益率不好确定，也有可能比存钱合算，也有可能不如存钱合算。

通货膨胀率因为涉及国家更多的政治、经济、文化、金融方面的政策，所以很难确定，在确定折现率时往往忽略。

4.4.1.4　价格清算法

清算价格法是以清算价格作为依据来估算二手车价格的一种方法。所谓清算价格，指企业在停业或破产后，在一定的期限内拍卖资产（如车辆）时可获得的变现价格。清算价格法的理论基础是清算价格标准。

（1）清算价格法的基本原理　清算价格法在原理上与现行市价法大致相同，所不同的是迫于停业或破产，清算价格往往大大低于现行市场价格。这是因为企业被迫停业或破产，急于将车辆拍卖、出售。

（2）清算价格法的应用前提和适用范围

① 清算价格法的应用前提　以清算价格法评估车辆价格的前提条件有如下三点。

a. 以具有法律效力的破产处理文件或抵押合同及其他有效文件为依据。

b. 车辆在市场上可以迅速出售变现。

c. 所卖收入足以补偿因出售车辆的附加支出总额。

② 清算价格法的适用范围　清算价格法适用于企业破产、资产抵押以及停业清理时要出售的车辆。

a. 企业破产　当企业或个人因为经营不善造成严重亏损，到期不能清偿债务时，企业应依法宣告破产，法院以其全部财产依法清偿其所欠的债务，不足部分不再清偿。

b. 资产抵押　资产抵押是以所有者资产作为抵押物进行融资的一种经济行为，是合同当事人一方用自己特定的财产（如机动车辆）向对方承诺履行合同义务的担保形式。提供财产的一方是抵押人，接受抵押财产的一方是抵押权人。抵押人不履行合同时，抵押权人有权利将抵押财产在法律允许的范围内进行变卖，从变卖抵押物价款中优先受偿。

c. 停业清理　停业清理是指企业因为经营不善导致严重亏损，已临近破产的边缘或因其他原因将无法继续经营下去，为理清企业财物现状，对全部财产进行清点、整理及查核，为经营决策（破产清算或继续经营）以及由于资产损毁、报废而进行清理、拆除等的经济行为提供依据。

(3) 影响清算价格的主要因素　在二手车评估中，影响清算价格的主要因素有破产形式、债权人处置车辆的方式、车辆清理费用、拍卖时限、公平市价及参照车辆价格等。

① 破产形式　若企业丧失车辆处置权，出售的一方无讨价还价的可能，则以买方出价决定车辆售价；若企业未丧失处置权，出售车辆一方还有讨价还价余地，则以双方议价决定售价。

② 债权人处置车辆的方式　按抵押时的合同契约规定执行，例如公开拍卖或收回已有。

③ 车辆清理费用　在企业破产等情况下评估车辆价格时，需对车辆清理费用及其他费用给予充分的考虑。若这些费用太高，拍卖变现后所剩无几，则失去了拍卖还债的意义。

④ 拍卖时限　通常来说，规定的拍卖时限长，售价会高些；时限短，则售价就会低些。这是由资产快速变现原则产生的特定买方市场所决定的。

⑤ 公平市价　公平市价是指车辆交易成交时，使交易双方全部满意的价格。在清算价格中卖方满意的价格通常不易获得。

⑥ 参照车辆价格　参照车辆价格是指在市场上出售相同或类似车辆的价格。通常来说，市场参照车辆价格高，车辆出售的价格就会高；反之则低。

（4）清算价格法的计算方法　目前，对于清算价格的确定方法，从理论上还很难找到十分有效的依据，但在实践上仍有一些方法可以采用，主要方法有下面三种。

① 评估价格折扣法　首先，依据被评估二手车的具体情况及所获得的资料，选择重置成本法、收益现值法和现行市价法中的一种方法确定被评估二手车的价格；然后，依据市场调查和快速变现原则，确定一个适当的折扣率。用评估价格乘以折扣率，所得结果就是被评估二手车的清算价格。

比如，一辆已经使用3年的捷达轿车，经调查在二手车交易市场上成交价为5万元，依据销售情况调查，折价20%可以当即出售，则该车辆清算价格为$5×(1-20\%)=4$（万元）。

② 模拟拍卖法　模拟拍卖法，也称意向询价法。这种方法是依据向被评估二手车的潜在购买者询价的办法取得市场信息，然后经评估人员分析确定其清算价格的一种方法。用这种方法确定的清算价格受供需关系影响较大，要充分考虑其影响的程度。

比如，有1台8t自卸车，拟评估其拍卖清算价格，评估人员通过对两家运输公司、三个个体运输户征询意向价格，其报价分别是7万元、8.3万元、7.8万元、8万元和7.5万元，平均价为7.72万元。考虑目前各种因素，评估人员确定清算价格为7.5万元。

③ 竞价法　竞价法是由法院按照破产清算的法定程序或由卖方依据评估结果提出一个拍卖的底价，在公开市场上由买方竞争出价，谁出的价格高就卖给谁。

4.4.1.5　折旧法

（1）折旧法评估的基本原理　折旧是指企业的固定资产在预计的使用年限内因为磨损和损耗而逐渐转移的价值。机动车作为固定资产，按照现行财务制度规定应计提固定资产折旧。所谓机动车的折旧是指机动车随着时间的推移或在使用中，因为损耗而转移到产品中去的那部分价值。这部分转移的价值以折旧费的形式计入成本费用，并且从企业营业收入中得到补偿。

二手车折旧额是二手车所有者已经得到的价值补偿，余下的价值，即重置成本全价减去二手车已使用年数的累计折旧额，才是二手车现有的价值，评估时需以这个价值作为评估价。车辆鉴定评估时，若发现车辆有某些功能丧失，需要维修和换件的，还要考虑扣减相应维修费用。计算公式为

$$被评估二手车的评估值 = 重置成本全价 - 累计折旧额 - 维修费用 \qquad (4\text{-}42)$$

（2）折旧法的比较、选择与适用范围

① 折旧法的比较

a. 采用等速折旧法计提折旧　二手车的转移价值平均摊配在其使用年限中，它的优点是计算简单，容易理解。但是，随着二手车使用时间的推移，也存在如下的不足。

ⓐ 其磨损程度逐渐增加，使用后期的维修费支出将会高出使用前期的维修费支出，即便各

个使用年度负担的折旧费相同，但是各个使用年度的二手车使用成本（折旧费与维修费之和）也会不同。这种方法未考虑二手车使用过程中相关支出摊配于各个使用年度的均衡性。

ⓑ 当代科学技术进步飞速，导致了二手车无形损耗（功能性损耗和经济性损耗）加快，等速折旧法没有反映此类损耗的摊配比例。

b. 采用加速折旧法计提折旧　采用加速折旧法计提折旧，克服了等速折旧法的不足。由于这种方法前期计提的折旧费较多而维修费较少，后期计提的维修费较少而维修费较多，主要体现在以下两个方面。

ⓐ 保持了各个使用年度负担的二手车使用成本的均衡性。
ⓑ 较多地反映了因为技术的进步带来的价值损耗客观实际。

② 折旧法的选择　在二手车估价中，推荐使用加速折旧法。

③ 折旧法的适用范围　因为折旧法采用的是经济使用年限，且可以采用加速折旧法计算二手车的价值转移，使得二手车剩余价值相对比较小，这对二手车收购方来说是比较有利的。所以，折旧法比较适用于二手车收购。

（3）折旧法的计算
① 评估模型　折旧法的评估模型，其计算公式为

$$P = B - \sum D_t - F_s \tag{4-43}$$

式中　P——二手车评估值，元；
B——二手车重置成本全价，元；
D_t——二手车折旧额（$t=1, 2, 3 \cdots N$，N 为预计使用年限），元；
$\sum D_t$——二手车已使用年限内的累计折旧额，元；
F_s——二手车需要的维修费用，元。

② 折旧额的计算　车辆年折旧额的计算包括两种方法：等速折旧法和加速折旧法。因为市场情况是随着时间的变化而变化的，所以，推荐使用加速折旧法。

a. 等速折旧法　等速折旧法，也称为平均折旧法，是指用车辆的原值除以车辆使用年限，以求得每年平均计提折旧额的方法。计算公式为

$$D_t = \frac{K_0 - S_v}{N} \tag{4-44}$$

式中　D_t——二手车年折旧额，元；
K_0——二手车原值，元；
S_v——二手车残值，元；
N——二手车预计使用年限（通常取规定使用年限），年。

b. 加速折旧法　加速折旧法也称递减折旧法，是指在汽车使用早期多提折旧，在使用后期少提折旧的一种方法。

此方法的理论依据为，汽车在使用初期发生的故障少，需要的修理费用少，提供的服务多，为企业创造的效益大，理应多提折旧；在汽车的使用后期，随着汽车磨损程度的增加，需要的修理费用越来越多，单位时间提供的服务量逐年减少，理应少提折旧。如此，可使汽车在各年承担的总费用比较接近，利润比较平稳，也弥补了等速折旧法的不足。

加速折旧法求年折旧额的方法包括两种：年份数求和法和双倍余额递减法。

ⓐ 年份数求和法　年份数求和法是指每年的折旧额可用车辆原值减去残值的差额乘以逐年递减系数来确定折旧额的一种方法。其计算公式为

$$D_t = (K_0 - S_v) \frac{N+1-t}{\frac{N(N+1)}{2}} \tag{4-45}$$

式中　D_t——二手车年折旧额，元；

　　K_0——二手车原值（实际评估时，取评估基准日的重置全价），元；

　　S_v——二手车残值，元；

　　N——二手车预计使用年限（通常取规定使用年限），年；

　　t——已使用年限数（实际评估中，将已使用的总月数折算为年度数计算）；

　　$\dfrac{N+1-t}{\dfrac{N(N+1)}{2}}$——递减系数（也称为年折旧率）。

ⓑ 双倍余额递减法　双倍余额递减法是依据每年二手车剩余价值和双倍的等速法折旧率计算二手车折旧的一种方法。

这种方法计算时不考虑二手车预计净残值，用数学式表示为

$$年折旧额 = 该年二手车剩余价值 \times 年折旧率$$

其中

$$年折旧率 = \frac{2}{预计使用年限} \times 100\% \tag{4-46}$$

上述双倍余额递减折旧法求年折旧额可用计算公式表示为

$$D_t = [K_0(1-a)^{t-1}]\,a = K_0 a(1-a)^{t-1} \tag{4-47}$$

式中　D_t——二手车年折旧额，元；

　　K_0——二手车原值（实际评估时，取评估基准日的重置全价），元；

　　a——年折旧率，$a = 2/N \times 100\%$，N 为预计使用年限；

　　t——已使用年限数（实际评估中，把已使用的总月数折算为年度数计算）。

应用时，要将评估基准日当年所有已使用的月份数折算为年数。

因为采用双倍余额递减法，在确定二手车折旧率时，不考虑二手车的净残值因素，所以在连续计算各年折旧额时，若发现使用双倍余额递减法计算的折旧额小于采用等速折旧法计算的折旧额时，即应改用等速折旧法计提折旧。

③ 收购估价和鉴定估价的区别　二手车的收购估价与鉴定估价，其实质都是对二手车的现时价格进行评估。但两者相比较有显著的区别，主要体现在以下几个方面。

a. 两者估价的主体不同　二手车收购估价的主体为买卖双方，它是以购买者的身份与卖方进行价格谈判，依据供求价格规律可以讨价还价，自由定价；而二手车的鉴定估价是公正性、服务性的中间人，遵循独立性的原则，通过对被评估车辆进行的技术鉴定的全面判断来反映其客观价格，不得随意变动。

b. 两者的评估目的不同　二手车收购估价是购买者估算车辆价格，以理清事实真相，心中有数地和卖主讨价还价，是以经营为目的的；二手车鉴定估价是接受委托人委托，为被评估车辆即将发生的经济行为提供价值依据，是以服务为目的的。

c. 两者估价的思想和方法不同　二手车收购估价接受国家相关评估法规的指导，根据估价目的，参照评估的标准及方法进行，具有灵活性，可以讨价还价；二手车鉴定估价，要求严格遵守国家颁布的有关评估法规，按照特定的目的选择与其相匹配的评估标准和方法，具有约束性。

d. 两者估价的价值概念不同　虽然鉴定估价和收购估价其价值概念都具有交易价值及市场价值，但收购价格受快速变现原则的作用，其价格远远低于"市场价格"。

4.4.2 二手车评估实例分析

4.4.2.1 重置成本法评估实例

例 4-19 使用年限法评估二手车

李先生于 2010 年 7 月购置了一辆朗逸轿车，作为上下班代步用。购买价格为 129900 元，初次登记日期是 2010 年 7 月，于 2014 年 11 月进入二手车交易市场估价交易。现场查勘，车身外观较好，发动机运转平稳，无异常响声，制动系统良好。该车行驶里程为 8 万多千米，在评估时，该车的现行市场销售价格为 96000 元，其他税费不计，试评估该车的现时市场价值。

解：依据题意可知以下内容
① 初次登记日期为 2010 年 7 月，评估基准日为 2014 年 11 月，则已使用年限 Y=52 月。
② 该车为轿车，规定使用年限为 15 年，即 Y_g=180 月。
③ 该车的现时重置成本为 B=96000 元。
④ 该车的年限成新率为 $C_Y = \left(1 - \dfrac{Y}{Y_g}\right) \times 100\% = \left(1 - \dfrac{52}{180}\right) \times 100\% = 71.1\%$。
⑤ 评估值：$P=BC=96000 \times 71.1\% = 68267$（元）。

例 4-20 综合分析法评估二手车

2009 年 5 月赵小姐购置一辆国产本田轿车，作为家庭用车。于 2014 年 2 月到某二手车交易市场进行交易。该车行驶里程为 10 万千米，已知该车新车市场价格为 167800 元。经评估人员现场查勘，技术状况较好，使用维护好，该车主要是在市内行驶。试用重置成本——综合分析法评估该车的价值。

解：依据题意可知以下内容。
① 评估价值采用重置成本——综合分析法，计算公式为

$$P = BC_F = B\left(1 - \dfrac{Y}{Y_g}\right)K \times 100\%$$

② 初次登记日期为 2009 年 5 月，评估基准日为 2014 年 2 月，则 Y=57 月。
③ 该车为轿车，按规定使用年限为 15 年，即 Y_g=180 月。
④ 该车的现时重置成本为 B=167800 元。
⑤ 综合调整系数 K 的确定。
a. 技术状况较好，车辆技术状况调整系数 K_1=0.9。
b. 使用维护好，使用与维护调整系数 K_2=0.9。
c. 该车为国产名牌，制造质量调整系数 K_3=0.9。
d. 该车为私人用车，车辆用途调整系数 K_4=1.0。
e. 该车主要在市内行驶，适用条件一般，使用条件调整系数为 K_5=0.9。
f. 综合调整系数为

$$K=K_1\times30\%+K_2\times25\%+K_3\times20\%+K_4\times15\%+K_5\times10\%$$
$$=0.9\times30\%+0.9\times25\%+0.9\times20\%+1.0\times15\%+0.9\times10\%$$
$$=91.5\%$$

⑥ 计算成新率 C_F 为

$$C_F=\left(1-\frac{Y}{Y_g}\right)K\times100\%=\left(1-\frac{57}{180}\right)\times91.5\%\times100\%=62.525\%$$

⑦ 计算评估值 P 为

$$P=BC_F=167800\times62.525\%=104917(元)$$

例 4-21

孙先生欲出售一辆奥迪 A6L 轿车。据了解，目前与此款车相同的新车销售价格为 31 万元，至评估基准日为止，该车已经使用 3 年，累计行驶里程 8 万千米。通过现场勘察，该车左侧车灯下有一处擦伤痕迹，后悬架局部存在故障，前排座椅电动装置工作不良，一侧电动车窗不能正常工作，发电机工作不正常，其他车况均与车辆新旧程度相符。试评估该车的价格。

解：

① 依据调查、比较，该车的重置成本为 31 万元，功能性损耗、经济性损耗均可忽略不计。

② 由于被评估车辆的价值较高，因此决定采用部件鉴定法确定其成新率。

依据被评估车辆的各主要总成、部件的价值及重要性占整车价值及重要性的比重，按百分比确定各部分的权重，见表 4-13。

③ 对车辆进行技术鉴定，确定车辆各部分的成新率及整车的成新率，见表 4-13。

表 4-13 车辆各部件的权重及成新率

总成、部件名称	成新率估算明细		
	权重 /%	成新率 /%	加权成新率 /%
发动机及离合器总成	25	80	20
变速器及万向传动装置总成	12	75	9
前桥、前悬架及转向系统总成	9	70	6.3
后桥及后悬架总成	9	70	6.3
制动装置	6	80	4.8
车身装置	28	75	21
电器及仪表装置	7	75	5.25
轮胎	4	70	2.8
合计	100	—	75.45

④ 计算车辆的评估值为

车辆的评估值 $=310000\times75.45\%=233895(元)$

4.4.2.2 现行市价法评估实例

待评估车为捷达 FV7160GIX，在二手车市场上找到一辆捷达 FV7160CIX 和一辆捷达 FV7160CL，这三部车的技术经济参数见表 4-14。

表 4-14 技术经济参数

序号	技术经济参数	参照物 1	参照物 2	被评估车
1	车辆型号	捷达 FV7160CL	捷达 FV7160CIX	捷达 FV7160GIX
2	销售市场	公开市场	公开市场	公开市场
3	交易时间	2013 年 12 月	2014 年 6 月	2014 年 6 月
4	使用年限	15 年	15 年	15 年
5	初次登记年月	2008 年 6 月	2008 年 6 月	2008 年 12 月
6	已使用年限	5 年 6 个月	6 年	5 年 6 个月
7	成新率	53%	48%	50%
8	交易数量	1	1	1
9	付款方式	现款	现款	现款
10	地点	上海	上海	上海
11	物价指数	1	1.03	1.03
12	价格	5	5.5	待定

解：
（1）以参照物 1 做各项差异量化和调整 结构性能差异的量化与调整。参照物 1 的车身为老式车身，被评估车为新式车身，评估基准时点差异为 0.8 万元；参照物 1 为化油器式车，被评估车采用电喷 5 气门发动机，该项差异为 0.6 万元。结构性能差异的调整数为

$$(0.6+0.8)\times 50\%=0.7（万元）$$

销售时间差异量化与调整。参照物 1 成交时间的物价指数为 1，被评估车评估时的物价指数为 1.03，该项调整系数为 1.03/1=1.03。

新旧程度差异量化与调整。该项调整数为

$$5.0\times(50\%-53\%)=-0.15（万元）$$

销售数量及付款方式无异，不需修正。

$$评估值=(5.0+0.7-0.15)\times 1.03=5.72（万元）$$

（2）以参照物 2 做各项差异量化和调整 结构性能差异的量化与调整。参照物 2 的发动机为电喷 2 气门发动机，被评估车为电喷 5 气门发动机，该项差异为 0.3 万元。该项调整数为

$$0.3\times 50\%=0.15（万元）$$

新旧程度差异量化与调整。该项调整数为

$$5.5\times(50\%-48\%)=0.11（万元）$$

销售时间、数量和付款方式无异，不需修正。

$$评估值=5.5+0.15+0.11=5.76（万元）$$

综合参照物1和参照物2，最终评估值为

$$P = \frac{5.72 + 5.76}{2} = 5.74（万元）$$

4.4.2.3 收益现值法评估实例

例4-23

在某二手车交易市场，刘先生准备将一辆伊思坦纳车用作载客营运。按《机动车强制报废标准规定》规定，该车辆剩余年限为4年，适用的折现率为9%，经预测得出4年内各年预期收益的数据分别为12000元、10000元、8000元、7000元，试用收益现值法评估该车辆目前的价格。

解：依据题意可知

$$P = \sum_{t=1}^{n} \frac{A_t}{(1+i)^t} = \frac{A_1}{(1+i)^1} + \frac{A_2}{(1+i)^2} + \frac{A_3}{(1+i)^3} + \cdots + \frac{A_n}{(1+i)^n}$$

$$= \frac{12000}{(1+9\%)^1} + \frac{10000}{(1+9\%)^2} + \frac{8000}{(1+9\%)^3} + \frac{7000}{(1+9\%)^4}$$

$$= 11009 + 8417 + 6178 + 4959$$

$$= 30563（元）$$

例4-24

张先生拟购置一台较新的雪铁龙车用作个体出租车经营使用，经调查得到以下各数据和情况：车辆登记日是2014年7月，已行驶里程为1.5万千米，目前车况良好，能正常运行。如用于出租使用，全年可出勤350天，每天平均毛收入400元。评估基准日是2015年7月。每天耗油费75元，日常维修费1万元，平均大修费用1万元，牌照、保险、养路费及各种规费、杂费3.0万元，人员劳务费2万元，出租车标付费0.6万元，依据目前银行储蓄年利率、国家债券、行业收益等情况，确定资金预期收益率为15%，风险报酬率为5%，按个人所得税条例规定年收入在3万~5万元之间，应缴纳所得税税率为30%。试用收益现值法估算该车的价值。

解：依据题目条件，评估方法采用收益现值法。

分析从车辆登记日起至评估基准日止，车辆投入运行已1年。依据国家有关规定和车辆状况，车辆剩余使用寿命为7年。

预期收益额的确定思路是，将一年的毛收入减去车辆使用的各种税和费用，包括驾驶员的劳务费等，以计算其税后纯利润。

依据目前银行储蓄年利率、国家债券、行业收益等情况，确定资金预期收益率为15%，风险报酬率为5%。

具体计算步骤如下。

（1）预计年收入

$$400 \times 350 = 140000（元）$$

（2）估测车辆的预期收益

① 预计年支出。

每天耗油费75元，年耗油量为75×350=26250（元）。
日常维修费：10000元。
平均大修费用：10000元。
牌照、保险、养路费及各种规费、杂费：30000元。
人员劳务费：20000元。
出租车标付费：6000元。
② 故年毛收入为
$$140000-26250-10000-10000-30000-20000-6000=37750（元）$$
③ 按个人所得税条例规定年收入在3万～5万元之间，应缴纳所得税税率为30%。
所以，车辆的年纯收益额为
$$37750×(1-30\%)=26425（元）$$
（3）确定车辆的折现率 该车剩余使用寿命为7年，预计资金收益率为15%，再加上风险率5%，故折现率为20%。折现率（i）= 无风险利率 + 风险报酬率，即
$$i=15\%+5\%=20\%$$
（4）计算车辆的评估值
$$P = \sum_{t=1}^{n} \frac{A_t}{(1+i)^t} = A\left[\frac{1}{(1+i)^1} + \frac{1}{(1+i)^2} + \cdots + \frac{1}{(1+i)^n}\right]$$
$$= A \frac{(1+i)^n - 1}{i(1+i)^n} = 26425 \times \frac{(1+i)^7 - 1}{i(1+i)^7}$$
$$= 95196（元）$$

梁先生预将一辆10座旅行车转让，在二手车交易市场，孙先生准备将该车用作载客营运。按《机动车强制报废标准规定》规定，该车辆剩余年限为3年，适用的折现率为8%，经预测得出3年内各年预期收益的数据分别为10000元、8000元、7000元，试用收益现值法评估该车辆目前的价格。

解：依据题意可知
$$P = \sum_{t=1}^{n} \frac{A_t}{(1+i)^t} = \frac{A_1}{(1+i)^1} + \frac{A_2}{(1+i)^2} + \frac{A_3}{(1+i)^3} + \cdots + \frac{A_n}{(1+i)^n}$$
$$= \frac{1000}{(1+8\%)^1} + \frac{8000}{(1+8\%)^2} + \frac{3000}{(1+8\%)^3}$$
$$= 9259 + 6859 + 5557$$
$$= 21675（元）$$

某出租车行拟购置一辆桑塔纳普通轿车作为出租车经营使用，该车各项数据及情况如下。
① 评估基准日：2014年12月。
② 初次登记日期：2012年12月。
③ 技术状况正常。

④ 每年营运天数：320 天。
⑤ 每天毛收入：550 元。
⑥ 日营业所得税：50 元。
⑦ 每天燃油、润滑油费：100 元。
⑧ 每年日常维修保养费：8000 元。
⑨ 每年保险及各项规费：15000 元。
⑩ 营运证使用费：18000 元。
⑪ 两名驾驶员的工资及保险费：50000 元。

用收益现值法求评估值是多少？

解：
预期年收入为 320×550=176000（元）。
预计年各项支出税费为 320×50=16000（元）。
油费为 320×100=32000（元）。
维修、保养费为 8000 元。
保险及规费为 15000 元。
营运证使用费为 18000 元。
驾驶员工资、保险费为 50000 元。

支出合计 =16000+32000+8000+15000+18000+50000=139000（元）
年收入 =176000−139000=37000（元）

依据当时银行储蓄和贷款利率、债券、行业收益等情况，确定资金预期收益率为 10%，风险报酬率为 5%，折现率为资金预期收益率与风险报酬率之和，即 i=15%。已使用年限为 2 年，出租车的规定使用年限是 8 年，故未来可使用的年限 n=6，假定每年的年收益相同，即 A=37000 元，评估值为

$$P = A\frac{(1+i)^n - 1}{i(1+i)^n} = 37000 \times \frac{(1+0.15)^6 - 1}{0.15 \times (1+0.15)^6} = 140000（元）$$

例 4-27

何先生欲购置一辆小型客车作载客营运使用。该车已使用了 4 年，行驶了 12 万千米，目前车况正常。试利用收益现值法估算该车的价值。

解：
（1）确定车辆的剩余使用年限 依据国家的有关规定和车辆目前的状况，可确定车辆的剩余使用寿命为 4 年。

（2）估测车辆的预期收益 依据对行业内类似营运车辆的调查，此类车辆营运时的收入及支出数据情况如下。

① 该型车全年可工作 300 天左右，每天平均收入 450 元，预计年收入为
$$300 \times 450 = 135000（元）$$

② 该车平均每天油料支出为 55 元，年油料支出为
$$55 \times 300 = 16500（元）$$

③ 该车年维修费用平均支出 18000 元。

④ 车辆的各种杂费及人员劳务费等年平均支出 50000 元。

⑤ 车辆的年折旧费用为 6000 元。

⑥ 车辆的年毛收入为

$$135000-16500-18000-50000-6000=44500(元)$$

⑦ 按应缴纳税率为 33% 计算，车辆的年收益额为

$$44500×(1-33\%)=29815(元)$$

（3）确定车辆的折现率　依据对比分析，预计资金的年收益率为 3%，风险率为 5%，则车辆的折现率为

$$3\%+5\%=8\%$$

（4）确定车辆的评估值　若车辆每年的纯收入相同，则由收益现值法求得收益现值，即车辆的评估值为

$$P = A\frac{(1+i)^n - 1}{i(1+i)^n} = 29815 × \frac{(1+8\%)^4 - 1}{8\% ×(1+8\%)^4}$$
$$= 29815 × 3.9927$$
$$= 119042(元)$$

4.4.2.4　价格清算法评估实例

例 4-28

一辆旧朗逸轿车，经调查在二手车市场上成交价为 5.6 万元，依据销售情况调查，折价 20% 可以当即出售，则该车辆清算价格为 5.6×（1-20%）=4.48（万元）。

例 4-29

有大型农用机一台，拟评估其拍卖清算价格，评估人员经过对 2 个农场主、2 个农机公司经理和 2 个农机销售员征询相关的车辆信息、技术状况、使用情况等，其评估分别为 6.5 万元、7.0 万元、5.0 万元、5.2 万元、6.0 万元和 6.8 万元，平均价为 6.1 万元。评估人员确定清算价格为 5.8 万元。

例 4-30

某法院欲在近期内将其扣押的一辆奥威重卡拍卖。至评估基准日止，该汽车已使用了 11 个月，车况与其新旧程度相符。试评估该车的清算价格。

解：本次评估的目的是债务清偿，故应采用的评估方法为清算价格法。依据被评估车辆的实际情况和所掌握的资料，首先利用重置成本法确定车辆在公平市场条件下的评估价格。然后依据市场调查，按一定的折扣率确定汽车的清算价格。

（1）确定车辆重置成本全价　依据市场调查，全新的该车型目前的售价为 30 万元。依据相关规定，购置该型车时，要缴纳 10% 的车辆购置附加费和 3% 的货运附加费，故被评估车辆的重置成本全价为

$$重置成本全价 = 300000×(1+10\%+3\%) = 339000（元）$$

（2）确定车辆的成新率　依据相关标准规定，被评估车辆的使用年限为 15 年，折合为

180个月。该车已使用年限为11个月,折合为18个月。故被评估车辆的成新率为

$$成新率=\left(1-\frac{11}{180}\right)\times100\%=93.9\%$$

(3)确定被评估车辆在公平市场条件下的评估值 依据调查和了解,被评估车辆的功能性损耗及经济性损耗均很小,可忽略不计。故在公平市场条件下,该车的评估值为
$$339000\times93.9\%=318283(元)$$

(4)确定折扣率 依据市场调查,折扣率取80%时,可在清算日内出售车辆,故确定折扣率为80%。

(5)确定被评估车辆的清算价格 车辆的清算价格=318283×80%=254627(元)

4.4.2.5 折旧法的收购估价实例

2015年8月,某二手车销售公司欲收购一辆捷达轿车,车辆基本情况如下。车型:捷达1.4L时尚型。注册登记日期:2013年9月。行驶里程:3万千米。车辆基本配置:排量1.4L,发动机型号EA211,双顶置凸轮(DOHC)发动机,5挡手动变速器,发动机最大功率66kW,转向助力,ABS+EBD,前后电动窗,中控锁,发动机防盗,手动空调系统,钢轮毂。

经核对相关税费票据、证件(照)齐全有效。该车目前市场行情价为8.28万元。试确定其收购价格(残值忽略不计)。

解:
① 采用折旧法计算收购价格。
② 从2013年9月到2015年8月,该车已使用2年,$t=2$,按国家汽车报废标准,该车规定使用年限为15年,$N=15$。
③ 重置成本价格为$K_0=82800$元,残值忽略不计,即$S_v=0$。
④ 分别以等速折旧法、年份数求和折旧法及双倍余额递减折旧法计算累计折旧额。
a. 等速折旧法计算二手车的累计折旧额。
年折旧额为

$$D_t=\frac{K_0-S_v}{N}=82800/15=5520(元)$$

等速折旧法计算累计折旧额见表4-15。

表4-15 等速折旧法计算累计折旧额

时间	重置成本K_0/元	折旧率	年折旧额/元	累计折旧额/元
2013年9月~2014年8月	82800	1/15	5520	5520
2014年9月~2015年8月		1/15	5520	11040

b. 年份数求和折旧法计算二手车的累计折旧额。
递减系数为

$$\frac{N+1-t}{\frac{N(N+1)}{2}}=\frac{16-t}{120}$$

年折旧额为

$$D_t = (K_0 - S_v) \times \frac{N+1-t}{\frac{N(N+1)}{2}}$$

年份数求和折旧法计算累计折旧额见表 4-16。

表 4-16　年份数求和折旧法计算累计折旧额

时间	重置成本 K_0/元	递减系数	年折旧额/元	累计折旧额/元
2013 年 9 月～2014 年 8 月	82800	15/120	10350	10350
2014 年 9 月～2015 年 8 月		14/120	9660	20010

c. 双倍余额递减折旧法计算二手车的累计折旧额。

年折旧率为 2/15。

年折旧额为

$$D_t = K_0 a (1-a)^{t-1}$$

双倍余额递减折旧法计算累计折旧额见表 4-17。

表 4-17　双倍余额递减折旧法计算累计折旧额

时间	重置成本 K_0/元	年折旧率	年折旧额/元	累计折旧额/元
2013 年 9 月～2014 年 8 月	82800	2/15	11040	11040
2014 年 9 月～2015 年 8 月	71760	2/15	9568	20608

⑤ 计算二手车收购价格。题目没有给出需要修理的项目及费用，所以本例中 $F_s=0$，二手车收购价格按剩余价值最小（或按累计折旧额最大）的收购。从表 4-15 至表 4-17 可见，等速折旧法、年份数求和折旧法及双倍余额递减折旧法三种折旧方法计算的累计折旧额中，双倍余额递减折旧法计算的累计折旧额最大，所以，该二手车的收购价格为 82800-20608=62192（元）

例 4-32

刘小姐转让一辆卡罗拉轿车，经与二手车交易中心洽谈，由中心收购该车辆。该车初次登记日期为 2013 年 2 月，转让日期为 2016 年 1 月，已使用 3 年。该型号车辆现行市价为 104600 元，规定使用年限 15 年，残值忽略不计。试用年份数求和法计算收购价？

解：依据题意，已知该卡罗拉轿车已使用年限为 3 年，$Y=36$ 个月，$Y_g=180$ 个月。

递减系数为

$$\frac{N+1-t}{\frac{N(N+1)}{2}} = \frac{16-t}{120}$$

年折旧额为

$$D_t = (K_0 - S_v) \times \frac{N+1-t}{\frac{N(N+1)}{2}}$$

年份数求和折旧法计算累计折旧额见表 4-18。

表 4-18　年份数求和折旧法计算累计折旧额

时间	重置成本 K_0/元	递减系数	年折旧额/元	累计折旧额/元
2013 年 2 月～2014 年 1 月	104600	15/120	13075	13075
2014 年 2 月～2015 年 1 月		14/120	12203	25278
2015 年 2 月～2016 年 1 月		13/120	11332	36610

计算二手车收购价格为

$$P = B - \Sigma D_t - F_s$$

题目没有给出需要修理的项目及费用，所以，本例中 $F_s = 0$。

计算公式为

$$P = B - \Sigma D_t = 104600 - 36610 = 67990 \text{（元）}$$

4.5　二手车鉴定评估报告及案例

4.5.1　二手车鉴定评估报告

（1）二手车鉴定评估报告的概念与作用

① 二手车鉴定评估报告及鉴定评估报告书的概念　二手车鉴定评估报告是指二手车鉴定评估机构依据评估工作制度有关规定，在完成鉴定评估工作后向委托方及有关方面提交的说明二手车鉴定评估过程和结果的书面报告。它是依照一定格式和内容来反映评估目的、程序、依据、方法、结果等基本情况的报告书。广义的鉴定评估报告还是一种工作制度。它规定评估机构在完成二手车鉴定评估工作以后必须按照一定的程序和要求，用书面形式向委托方报告鉴定评估过程及结果。狭义的鉴定评估报告即鉴定评估结果报告书，它既是二手车鉴定评估机构完成对二手车作价意见，提交给委托方的公正性的报告，也是二手车鉴定评估机构履行评估合同情况的总结，还是二手车鉴定评估机构为其所完成的鉴定评估结论承担相应法律责任的证明文件。

② 二手车鉴定评估报告书的作用　二手车鉴定评估报告书不但是一份评估工作的总结，而且是其价格的公正性文件与二手车交易双方认定二手车价格的依据。

对委托方来说，它具有以下重要作用。

a. 作为产权交易的作价依据。二手车鉴定评估报告书是由专业的二手车鉴定估价师，遵守评估原则和标准，按照法定的程序，运用科学的方法对被委托评估的车辆价值进行评定及估算后，通过报告书的形式提出的作价意见。该作价意见不表示任何当事人一方的利益，是一种专家估价的意见，因此具有较强的公正性和科学性，可以作为二手车买卖交易谈判底价的参考依据，或是作为投资比例出资价格的证明材料，尤其是对涉及国有资产的二手车给出客观公正的作价，可以有效地防止国有资产的流失，保证国有资产价格的客观、公正、真实。

b. 作为法庭辩论和裁决时确认财产价格的举证材料。

c. 作为支付评估费用的依据。当委托方（客户）收到评估资料和报告后没有提出异议，也就是说评估的资料和结果符合委托书的条款，委托方应以此为依据向受托方（评估机构）付费。

d. 二手车鉴定评估报告书是反映和体现评估工作情况，明确委托方、受托方责任的依据。

二手车鉴定评估报告书采用文字的形式，对受托方进行二手车鉴定评估的目的、背景、产权、依据、程序、方法等过程及评定的结果进行说明和总结，体现了评估机构的工作成果。同时，也反映和体现了二手车鉴定评估机构和鉴定评估人员的权利及义务，并以此来明确委托方与受托方的法律责任。撰写评估结果报告书还行使了二手车鉴定评估人员在评估报告书上签字的权利。

对鉴定评估机构来说，它具有以下作用。

a. 体现了评估机构的评估成果，包括工作情况及工作质量等。

b. 是建立评估档案、归集评估档案资料的重要信息来源。

（2）撰写二手车鉴定估价报告的基本要求　国家国有资产管理局以国资办发［1993］55号文发布了《关于资产评估报告书的规范意见》，对资产评估报告书的撰写提出了相对系统的规范要求，结合二手车鉴定估价的实际情况，主要要求如下。

①《报告书》必须依照客观、公正、实事求是的原则撰写，如实反映评估工作的情况。调查取证的资料要真实可靠，不得提供伪证。《报告书》必须由评估机构独立撰写，不受资产评估委托方或其主管单位以及政府部门或其他经济行为当事人的干预。

②《报告书》应有委托单位的名称，评估机构的名称和印章，评估机构法人代表或其委托人和评估项目负责人的签字以及提供报告的日期。

③《报告书》要写明评估基准日，并且不得随意更改。所有在评估中采用的汇率、税率、费率、利率和其他价格标准，均应采用基准日的标准。

④《报告书》中应写明评估的目的、范围、资产状况和产权归属。

⑤《报告书》应说明评估工作遵循的原则和依据的法律法规，还要简述评估的工作过程。《报告书》要写明评估的方法，并概要说明各类资产选用的方法。

⑥《报告书》应有明确的评估价值结果，评估价值可以用文字表示，也可以列表表述。评估结果应有资产原值、资产净值、重置价值、评估价值、评估价值对净值的增减值和增减率等内容。

⑦鉴定估价报告还应有齐全的附件。

（3）二手车鉴定评估报告书的基本内容

① 封面　二手车鉴定评估报告书的封面须包含二手车鉴定评估报告书名称、鉴定评估机构出具鉴定评估报告的编号、二手车鉴定评估机构全称及鉴定评估报告提交日期等。有服务商标的，评估机构可以在报告封面载明其图形标志。

② 首部　鉴定评估报告书正文的首部应包括以下内容。

a. 标题　标题应简练清晰，含有"××××（评估项目名称）鉴定评估报告书"字样，位置居中偏上。

b. 报告书序号　报告书序号需符合公文的要求，包括评估机构特征字、公文种类特征字（如评报、评咨、评函，评估报告书正式报告应用"评报"，评估报告书预报告应用"评预报"）、年份、文件序号，如××评报字［2007］第010号。

c. 绪言　写明该评估报告委托方全称、受委托评估事项及评估工作整体情况，通常应采用包含下列内容的表达格式。

"××（鉴定评估机构）接受××××的委托，依据国家有关资产评估的规定，本着客观、独立、公正、科学的原则，按照公认的资产评估方法，对××××（车辆）进行了鉴定评估。本机构鉴定评估人员按照必要的程序，对委托鉴定评估车辆进行了实地查勘与市场调查，对其在××××年××月××日所表现的市场价值做出了公允反映。现将车辆评估情况及鉴定评估结果报告如下。"

d. 委托方与车辆所有方简介　应写明委托方、委托方联系人的名称、联系电话及住址；应写明车主的名称。

③ 鉴定评估目的　应写明本次鉴定评估是为了满足委托方的何种需要，及其所对应的经济行为类型。

依据委托方的要求，本项目评估目的。

□交易□转籍□拍卖□置换□抵押□担保□咨询□司法裁决。

④ 鉴定评估对象　应简要写明纳入评估范围车辆的厂牌型号、号牌号码、发动机号、车辆识别代号/车架号、注册登记日期、年审检验合格有效日期、车辆购置税证号码、车船税缴纳有效期、保险费有效日期。

⑤ 鉴定评估基准日　写明车辆鉴定评估基准日的具体日期，式样为鉴定评估基准日是××××年××月××日。

⑥ 评估原则　严格遵循"客观性、独立性、公正性、科学性"原则。

⑦ 评估依据　评估依据通常包括行为依据、法律法规依据、产权依据和评定及取价依据等。对评估中所采用的特殊依据也应在此部分内容中披露。

a．行为依据　行为依据主要是指二手车鉴定评估委托书、法院委托书等经济行为文件，如"二手车鉴定评估委托书第010号"。

b．法律、法规依据　应包括车辆鉴定评估的有关条款、文件和涉及车辆评估的有关法律、法规等。

c．产权依据　产权依据是指被评估车辆的机动车登记证书或其他可以证明车辆产权的文件等。

d．评定及取价依据　应为鉴定评估机构收集的国家有关部门发布的统计资料及技术标准资料，以及评估机构收集的相关询价资料和参数资料等，如下所示。

技术标准资料，如《最新资产评估常用数据与参数手册》；技术参数资料，如被评估二手车的技术参数表；技术鉴定资料，如车辆检测报告单；其他资料，如现场工作底稿、市场询价资料等。

⑧ 评估方法及计算过程　简要说明评估人员在评估过程中所选择并且使用的评估方法；简要说明选择评估方法的依据或原因；例如评估时采用一种以上的评估方法，应适当说明原因并且说明该资产评估价值确定方法；对于所选择的特殊评估方法，应适当介绍其原理及适用范围；各种评估方法计算的主要步骤等。

⑨ 评估过程　评估过程需反映二手车鉴定评估机构自接受评估委托起至提交评估报告的工作过程，包括接受委托、验证、现场查勘、市场调查与询证、评定估算、提交报告等过程。

⑩ 评估结论　给出被评估车辆的评估价格，金额（小写、大写）。

⑪ 特别事项说明　评估报告中陈述的特别事项是指在已经确定评估结果的前提下，评估人员揭示在评估过程中已经发现可能影响评估结论，但非评估人员执业水平和能力所能评定估算的相关事项；提示评估报告使用者应注意特别事项对于评估结论的影响；揭示鉴定评估人员认为需要说明的其他问题。

⑫ 评估报告法律效力　揭示评估报告的有效日期；特别提示评估基准日的期后事项对评估结论的影响以及评估报告的使用范围等。常见写法有以下几种。

a．本项评估结论有效期为90天，从评估基准日至＿＿＿＿年＿＿＿＿月＿＿＿＿日止。

b．当评估目的在有效期内实现时，本评估结果可以作为作价参考依据。超过90天，需重新评估。另外在评估有效期内如果被评估车辆的市场价格或因交通事故等原因导致车辆的价值发生变化，对车辆评估结果产生明显影响时，委托方也需要重新委托评估机构重新评估。

c．鉴定评估报告书的使用权归委托方所有，其评估结论仅供委托方为本项目评估目的使用及送交二手车鉴定评估主管机关审查使用，不适用于其他目的；由于使用本报告书不当而产生的任何后果与签署本报告书的鉴定估价师无关；未经委托方许可，本鉴定评估机构承诺不将本报告书的内容向他人提供或公开。

⑬ 鉴定评估报告提出日期　写明评估报告提交委托方的具体时间，评估报告原则上需在确定的评估基准日后1周内提出。

⑭ 附件　附件应包括二手车鉴定评估委托书、二手车鉴定评估作业表、机动车行驶证复印件、机动车登记证书复印件、车辆购置税完税证明复印件、二手车鉴定估价师资格证书复印件、鉴定评估机构营业执照复印件、鉴定评估机构资质复印件、二手车照片等。

⑮ 尾部　写明出具评估报告的评估机构名称，并盖章；写明评估机构法定代表人姓名并且签名；注册旧机动车鉴定评估师盖章并签名；高级注册旧机动车鉴定评估师审核签章以及报告日期。

(4) 编制二手车鉴定评估报告书的步骤及注意事项

① 编制二手车鉴定评估报告书的步骤　编制二手车鉴定评估报告书是完成评估工作的最后一道工序，也是评估工作中的一个非常重要的环节。评估人员通过评估报告不但要真实准确地反映评估工作情况，而且表明评估者在今后一段时期里对于评估的结果和有关的全部附件资料承担相应的法律责任。二手车鉴定评估报告是记录鉴定评估成果的文件，是鉴定评估机构向委托方及二手车鉴定评估管理部门提交的主要成果。鉴定评估报告的质量高低，不仅反映鉴定评估人员的水平，而且直接关系到有关各方的利益。这就要求评估人员编制的报告需思路清晰、文字简练准确、格式规范、有关的取证和调查材料及数据真实可靠。为了达到这些要求，评估人员应按以下步骤进行评估报告的编制。

a. 评估资料的分类整理　被评估二手车的有关背景资料、技术鉴定情况资料以及其他可供参考的数据记录等评估资料是编制二手车鉴定评估报告的基础。一个比较复杂的评估项目由两个或两个以上评估人员合作完成，将评估资料进行分类整理，包括评估鉴定作业表的审核，评估依据的说明，最后形成评估的文字材料。

b. 鉴定评估资料的分析讨论　在整理资料工作完成后，需召集参与评估工作的有关人员，对评估的情况及初步结论进行分析讨论。若发现其中提法不妥、计算错误、作价不合理等方面的问题，要求进行必要的调整。如果采用两种不同方法评估并得出两个不同结论的，应在充分讨论的基础上得出一个正确的结论。

c. 鉴定评估报告书的撰写　评估报告的负责人应依据评估资料讨论后的修正意见，进行资料的汇总编排和评估报告书的撰写工作；然后将二手车鉴定评估的基本情况及评估报告书初稿得到的初步结论与委托方交换意见，听取委托方的反馈意见后，在坚持客观、公正、科学、可行的前提下，认真分析委托方提出的问题及意见，考虑是否应该修改评估报告书，对于报告书中存在的疏忽、遗漏和错误之处进行修正，等到修正完毕即可撰写出正式的二手车鉴定评估报告书。

d. 评估报告的审核　评估报告先由项目负责人审核，再报评估机构经理审核签发，同时需要二手车鉴定评估人员签字并加盖评估机构公章。送达客户签收，应要求客户在收到评估书后，按送达回证上的要求认真填写并要求收件人签字确认。

② 编制二手车鉴定评估报告书时应注意的事项　编制二手车鉴定评估报告书时应注意下列几个事项。

a. 实事求是，切忌出具虚假报告。报告书必须建立在真实、客观的基础上，不得脱离实际情况，更不能无中生有。报告拟定人需是参与鉴定评估并全面了解被评估车辆的主要鉴定评估人员。

b. 坚持一致性做法，切忌表里不一。报告书文字、内容要前后一致，正文、评估说明、作业表、鉴定工作底稿、格式甚至数据应相互一致，不能出现相互矛盾的不一致情况。

c. 提交报告书要及时、齐全和保密。在正式完成二手车鉴定评估报告工作后，应按照业务约定书的约定时间及时将报告书送交委托方。送交报告书时，报告书及相关文件要送交齐全。

4.5.2 二手车鉴定评估报告案例

上海××二手评估中心二手车鉴定评估报告书

上海××评报字［2014年］第008号

一、绪言

上海××二手车评估中心接受×××的委托，根据国家有关资产评估的规定，本着客观、独立、公正、科学的原则，按照公认的资产评估方法，对沪A×××××进行了鉴定评估。本机构鉴定评估人员按照必要的程序，对委托鉴定评估车辆进行了实地查勘与市场调查，并对其在2014年2月6日所表现的市场价值做出了公允反映。现将车辆评估情况及鉴定评估结果报告如下。

二、委托方与车辆所有方简介

1. 委托方×××。

委托方联系人×××，联系电话××××××××××。

2. 根据机动车行驶证所示，委托车辆车主×××。

三、评估目的

根据委托方的要求，本项目评估目的（在□处填√）。

☑交易□转籍□拍卖□置换□抵押□担保□咨询□司法裁决

四、评估对象

评估车辆的厂牌型号（斯柯达速派）；号牌号码（沪A×××××）；发动机号（××××××）；车辆识别代号/车架号（LSVW×××）；登记日期（2013年1月）；年审检验合格至2014年3月车辆购置税（已交）；车船使用税（已交）。

五、鉴定评估基准日

鉴定评估基准日：2014年2月6日。

六、评估原则

严格遵循"客观性、独立性、公正性、科学性"原则。

七、评估依据

1. 行为依据

二手车评估委托书第［2014］008号。

2. 法律、法规依据

（1）《国有资产评估管理办法》（国务院令第91号）。

（2）原国家国有资产管理局《关于印发＜国有资产评估管理办法施行细则＞的通知》（国资办发［1992］36号）。

（3）原国家国有资产管理局《关于转发＜资产评估操作规范意见（试行）＞的通知》（国资办发［1996］23号）。

（4）《机动车强制报废标准规定》商务部［2012］12号。

（5）其他相关的法律、法规等。

3. 产权依据

委托鉴定评估车辆的机动车登记证书，编号××××××。

4. 评定及取价依据

技术标准资料：《汽车标准汇编》。

技术参数资料：随车说明书。

技术鉴定资料：《汽车质检技术》和《汽车维修手册》。

八、评估方法（在□处填√）

☑重置成本法□现行市价法□收益现值法□其他[1]

计算过程如下：因该车鉴定估价目的为交易，且其重置成本可知，故采用重置成本法计算评估价格。

目前市场该车型新车价格为 200000 元，本车的成新率为 90.79%（见附件三成新率估算明细表）。

计算公式为

$$评估价 = 重置成本 \times 成新率$$
$$= 200000 \times 90.79\%$$
$$= 181580（元）$$

九、评估过程

按照接受委托、验证、现场查勘、评定估算和提交报告的程序进行。

十、评估结论

车辆评估价格 <u>181580</u> 元，金额大写 <u>壹拾捌万壹仟伍佰捌拾元整</u>。

十一、特别事项说明[2]

该车轮胎有缺口引启动不平衡，但不影响汽车平稳性。

十二、评估报告法律效力

1. 本项评估结论有效期为 90 天，从评估基准日至 2014 年 5 月 5 日止。

2. 当评估目的在有效期内实现时，本评估结果可以作为作价参考依据；超过 90 天，需重新评估。另外在评估有效期内若被评估车辆的市场价格或因交通事故等原因导致车辆的价值发生变化，对车辆评估结果产生明显影响时，委托方也需委托评估机构重新评估。

3. 鉴定评估报告书的使用权归委托方所有，其评估结论仅供委托方为本项目评估目的使用和送交二手车鉴定评估主管机关审查使用，不适用于其他目的；因使用本报告书不当而产生的任何后果与签署本报告书的鉴定估价师无关；未经委托方许可，本鉴定评估机构承诺不将本报告书的内容向他人提供或公开。

附件：

一、二手车鉴定评估委托书（略）

二、二手车鉴定评估作业表和成新率估算明细表

三、成新率估算明细表

四、车辆行驶证、购置附加税（费）证复印件（略）

五、鉴定估价师职业资格证书复印件（略）

六、鉴定评估机构营业执照复印件（略）

七、二手车照片（要求外观清晰，车辆牌照能够辨认）（略）

注册二手车鉴定估价师（签字、盖章）： 　　　　　复核人[3]（签字、盖章）：
　　　　　　　　　　　　　　　　　　　　　　　（二手车鉴定评估机构盖章）
　　　　　　　　　　　　　　　　　　　　　　　沈阳××二手评估中心
　　　　　　　　　　　　　　　　　　　　　　　2013年5月9日

说明：
　　[1]指利用两种或两种以上的评估方法对车辆进行鉴定评估，并以它们评估结果的加权值为最终评估结果的方法。
　　[2]特别事项是指在已确定评估结果的前提下，评估人员认为需要说明在评估过程中已发现可能影响评估结论，但非评估人员执业水平和能力所能评定估算的有关事项以及其他问题。
　　[3]复核人应具有高级鉴定估价师资格。
　　备注：本报告书和作业表一式三份，委托方两份，受托方一份。

附件二　二手车评估鉴定表和成新率估算明细表

项目		内容		项目	内容
车主		×××	所有权性质	□公、☑私	联系电话	××××××××
地址		上海市××××××			经办人	×××
原始情况	车辆类型	☑轿车□客车□越野车□载货车□摩托车□其他				
	车辆品牌	斯柯达速派		车辆识别代号（VIN）		LSVW×××
	车牌号码	沪A×××××		产地		☑国产□进口
	发动机号	×××××		车架号		LSVW×××
	车身颜色	黑		燃料种类		☑汽油□柴油
	已使用年限	13个月		规定年限		□96个月□120个月☑180个月
	累计行驶里程	18000km				
核对证件	证件	☑原始发票☑机动车登记证书☑机动车行驶证☑法人代码或身份证□其他				
	税费	☑购置附加税☑车船使用税□其他				
	结构特点	发动机前置前驱				
	现时技术状况	在车速较高的情况下，车内没有噪声。刹车反应灵敏，制动无跑偏现象。各项性能均能完好				
	维护保养情况	☑好　□一般　□较差				
	制造质量	□进口　☑国产名牌　□国产非名牌				
	工作性质	☑私用　□公务、商务　□营运				
	工作条件	☑较好　□一般　□较差				
价值反映	购入原价/元	220000		车主报价/元		170000
	重置成本/元	200000	成新率/%	90.79	评估价格/元	181580

鉴定评估目的：为交易双方提供价格参考

评估过程：
1. 由于评估的目的是为交易双方提供价值参考，且该车的重置成本可知，故用重置成本法评估
2. 本车的成新率为90.79%（因车辆价值较高，采用总成部件法估算成新率，见附件二成新率估算明细表）
3. 计算公式为评估价=重置成本全价×成新率=200000×90.79%=181580（元）

注册二手车鉴定估价师（签名）：　　　　　　　复核人（签名）：
2014年2月6日　　　　　　　　　　　　　　2014年2月7日

填表说明：
　　（1）现时技术状况：必须如实填写对车辆进行技术鉴定的结果，客观真实地反映出二手车主要部分（含车身、底盘、发动机、电气设备、内饰等）以及整车的现时技术状况。
　　（2）鉴定评估说明：应详细说明重置成本的计算方法、成新率的计算方法以及评估价格的计算方法。

附件三 成新率估算明细表

汽车部件	权分/%	成新率/%	加权成新率/%
发动机及离合器	26	95	24.7
变速器及传动轴总成	11	90	9.9
前桥及转向器	10	85	8.5
后桥及后悬架总成	8	85	6.8
制动系统	6	90	5.4
车架总成	2	92	1.84
车身总成	26	90	23.4
电气设备及仪表	7	95	6.65
轮胎	4	90	3.6
合计	100	—	90.79

例 4-34

山东××××× 二手车评估中心二手车鉴定评估报告书
山东××× 评报字 [2014 年] 第 106 号

一、绪言

山东×××× 二手车评估有限公司接受××× 的委托，根据国家有关资产评估的规定，本着客观、独立、公正、科学的原则，按照公认的资产评估方法，对鲁B×××××一汽马自达轿车进行了鉴定评估。本鉴定评估人员按照必要的程序，对委托鉴定评估车辆进行了实地查勘与市场调查，并对其在 2014 年 9 月 8 日所表现的市场价值做出了公允反映。现将车辆评估情况及鉴定评估结果报告如下。

二、委托方与车辆所有方简介

1. 委托方×××，联系电话×××××××××××。

2. 按照机动车行驶证所示，委托车辆车主×××。

三、评估目的

根据委托方的要求，本项目评估目的：为车辆处置提供现时价值依据。

四、评估对象

评估车辆的厂牌型号（一汽马自达）；号牌号码（鲁B×××××）；发动机号（××××××）；车辆识别代号（LCA××××××）；登记日期（2011 年 11 月）；年审检验合格至 2016 年 9 月；保险齐全有效；购置附加税证（已交）；车船使用税（已交）。

五、鉴定评估基准日

鉴定评估基准日期：2014 年 11 月 2 日。

六、评估原则

严格遵循"客观性、独立性、公正性、科学性"原则。

七、评估依据

1. 法律、法规依据

（1）《国有资产评估管理办法》（国务院令第 91 号）。

（2）原国家国有资产管理局《关于印发＜国有资产评估管理办法施行细则＞的通知》（国资办发 [1992] 36 号）。

（3）《资产评估操作规范意见（试行）》（国资办发 [1996] 23 号）。

（4）《二手车流通管理办法》（商务部、公安部、工商总局、税务总局令 2005 年第 2 号）。

（5）《机动车强制报废标准规定》（商务部、发改委、公安部、环境保护部令 2012 年第 12 号）。

2. 产权依据

委托鉴定评估车辆的《机动车登记证书》（编号：××××××）。

3. 评定及取价依据

技术标准资料：《机动车运行安全技术条件》（GB 7258—2012）、《轻型汽车污染物排放限值及测量方法（中国第Ⅲ、Ⅳ阶段）》（GB 18352.3—2005）、《二手车鉴定评估技术规范》（GB/T 30323—2013）。

技术参数资料：《汽车技术参数手册》《机动车登记证书》等。

技术鉴定资料：鉴定评估对象现场查验记录、二手车鉴定其他有关资料。

其他资料：山东××汽车贸易服务有限公司提供新车销售价格。

八、评估方法

本次价格鉴定采用重置成本法。重置成本法主要用于在现实条件下重新购置一辆与被评估车辆相同或类似的全新状态新车，减去被评估车辆已发生的实体性、功能性和经济性贬值而得到的该车现时价格的一种方法。

计算过程如下。

1. 重置成本的确定

在评估基准日评估师从山东××汽车贸易服务有限公司得知，与被评估车辆类似的新车售价为 147800 元。因为 2011 年款停售，但是 2015 年款车型仍在售，经比较发现被评估车辆与新车之间有一些差异，如发动机和底盘悬架、内饰基本不变，2015 年款的安全气囊和倒车雷达等较 2010 年款有些改动，基于被评估车辆与在售车辆的差异，故综合确定被评估车辆的功能性贬值约为新车售价的 10%，因此该车的重置成本为

$$A = 新车售价 \times (1-功能性贬值) = 147800 \times (1-10\%) = 133020（元）$$

2. 综合调整系数的确定

影响因素	等级	调整系数取值	权重 /%
技术状况	一般	0.8	30
维护保养	一般	0.8	25
制造质量	国产名牌	0.9	20
工作性质	私用	1	15
工作条件	一般	0.9	10

$$0.8 \times 30\% + 0.8 \times 25\% + 0.9 \times 20\% + 1 \times 15\% + 0.9 \times 10\% = 0.86$$

3. 成新率的确定

根据我国现行的《机动车强制报废标准规定》，取该车的规定使用年限为 15 年，且该车已使用了 36 个月。

$$成新率 = \left(1 - \frac{已使用年限}{规定使用年限}\right) \times 综合调整系数 \times 100\%$$

$$= \left(1 - \frac{36}{180}\right) \times 0.86 \times 100\%$$

$$= 68.8\%$$

4. 评估值的计算

$$P = A \times 成新率 = 133020 \times 68.8\% = 91518(元)$$

九、评估过程

按照接受委托、验证、现场查勘、评定估算、提交报告的程序进行。

十、评估结论

被评估车辆在评估基准日的评估价格为 <u>91518</u> 元,金额大写为玖万壹仟伍佰壹拾捌元整。

十一、评估报告法律效力

1. 本项评估结论有效期为 90 天,从评估基准日期至 2015 年 2 月 1 日止。

2. 当评估目的在有效期内实现时,本评估结果可以作为作价依据。超过 90 天须重新评估。另外在评估有效期内若被评车辆的市场价格或因交通事故等原因导致车辆的价值发生变化时须重新评估。

3. 鉴定评估报告书的使用权归委托方所有,其评估结论仅供委托方为本项目评估目的使用,不适用于其他目的;未经委托方许可,本鉴定评估师承诺不将本报告书的内容向他人提供或公开。

附件:

一、二手车评估委托书

二、二手车鉴定评估作业表

三、机动车行驶证复印、照片(略)

四、二手车鉴定评估机构营业执照复印件(略)

五、二手车鉴定评估师执业资格证书复印件(略)

×××××二手车评估咨询有限公司

公司法人:

二手车中级鉴定估价师:

二手车高级鉴定估价师:

2014 年 11 月 2 日

附件一 二手车评估委托书

委托书编号:2014-0106

山东×××二手车评估有限公司:

因车辆处置需要,特委托你公司对车辆(车牌号码为鲁B×××××,车辆类型为小型轿车,发动机号为××××××;车辆识别代号为LCA××××××××××)进行技术状况鉴定并出具评估报告书。

附:委托评估车辆基本信息

车主		×××	联系电话	××××××××	
住址		山东省青岛市×××××			
车辆情况	厂牌型号	一汽马自达6		使用用途	私用
	座位/载重	5座		燃料种类	汽油
	初次登记日期	2011 年 11 月		车身颜色	蓝色
	已使用年限/月	36		累计行驶里程/km	80000
	大修次数	发动机/次	—	整车/次	—
	车主报价/元		—		
备注		2011 年款已停售,2015 年款在售			

填表说明:

（1）若被评估车辆使用用途曾经为营运车辆，需在备注栏中予以说明。

（2）委托方必须对车辆信息的真实性负责，不得隐瞒任何情节，凡由此引起的法律责任及赔偿责任均由委托方负责。

（3）本委托书一式两份，委托方、受托方各一份。

委托方：×××××有限公司　　　　　　　　　　　山东××二手车评估咨询有限公司

经办人：××　　　　　　　　　　　　　　　　　　经办人：××

2014年11月2日　　　　　　　　　　　　　　　　　2014年11月2日

附件二　二手车鉴定评估作业表

车主	×××		所有权性质	□公、☑私	联系电话	××××××××
地址	×××				经办人	×××
原始情况	车辆类型		☑轿车□客车□越野车□载货车□摩托车□其他			
	车辆品牌		一汽马自达	型号	马自达6-2.0L-时尚型	
	车牌号码		鲁B××××	产地	☑国产□进口	
	发动机号		××××××	车辆识别代号	LCA××××××	
	车身颜色		蓝	燃料种类	☑汽油□柴油	
	已使用年限		36个月	规定年限	□96个月 □120个月 ☑180个月	
	累计行驶里程		80000km			
核对证件	证件		☑原始发票☑机动车登记证书☑机动车行驶证☑法人代码证或身份证 ☑车辆保险卡□其他			
	税费		☑购置附加税☑养路费□车船使用税□其他			
	结构特点		排量2.0L、双顶置凸轮（DOHC）、国Ⅳ标准、5挡手自一体变速器、液压助力转向、前后电动门窗、铝合金轮毂、方向盘可调节、ABS+EBD、织物座椅、手动空调、中控锁、电子防盗系统			
	现时技术状况		该车无大的碰撞，但是车身有局部补漆；发动机启动顺畅，运行时工作正常，保养良好；发动机运行情况较好，变速器工作状态良好，底盘系统保养良好；电气元件工作正常；路试手感一般，行车时底盘有轻微异响			
	维护保养情况		☑好　　□一般　　□较差			
	制造质量		□进口　　☑国产名牌　　□国产非名牌			
	工作性质		☑私用　　□公务、商务　　□营运			
	工作条件		☑较好　　□一般　　□较差			
价值反映	购入原价/元		179800		车主报价/元	100000
	重置成本/元	133020	成新率	68.8	评估价格/元	91518

鉴定评估目的：为车辆处置提供现时价值依据

鉴定评估说明：本次评估采用重置成本法，成新率的确定采用使用年限法和综合分析法

国家注册二手车中级鉴定估价师：　　　　　　　　**复核人：**

2014年11月2日　　　　　　　　　　　　　　　　　2014年11月3日

第 5 章
事故车损失评估

5.1 车辆碰撞事故损坏

车辆碰撞事故通常是指与车辆有关的交通事故。车辆碰撞事故包括车辆的单车事故,车辆与车辆、车辆与摩托车、车辆与自行车、车辆与行人等的事故。

车辆的单独事故约占全部交通事故的 7%,其他事故几乎全部是由人们所驾驶的车辆相互碰撞引起的。大部分交通事故是由驾驶车辆的人和其他车辆驾驶员或行人碰撞引起的。

5.1.1 车辆碰撞事故的分类及特征

车辆碰撞事故分为单车事故与多车事故。

(1) 单车事故 单车事故有路上(碰撞驻车车辆、碰撞工作物、翻车)与路外(驶出路面、碰撞护栏、碰撞电线杆、碰撞隔离带)等类型。可将上述类型归纳为两种,即障碍物碰撞事故和驾驶失误事故。

① 障碍物碰撞事故 障碍物碰撞事故主要分为前部、尾部及侧部碰撞事故,其中前两种碰撞较多。前部和尾部碰撞又可以根据障碍物的特点及碰撞方向的不同再分。如图 5-1 所示为车辆与障碍物碰撞情形。

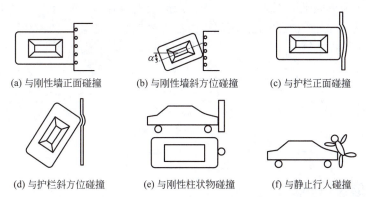

图 5-1 车辆与障碍物碰撞情形

虽然在单车事故中侧撞较少发生,但当障碍物具有一定速度时也有可能发生,甚至产生更严重后果,如图 5-2 所示。

② 驾驶失误事故　碰撞障碍物是因为错觉或未能及时辨别路上静止物造成的。此时,没有发生驾驶操作的失误,而只是辨别的过失。但是,路上翻倒、滚落路外、与护栏和分离带的碰撞,则是由驾驶操作失误导致的。

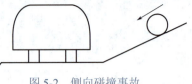

图 5-2　侧向碰撞事故

驾驶操纵失误最典型的例子就是以下所述的不规则旋转。在有雨水或积雪的较滑的道路上,一边儿转动方向盘,一边儿紧急制动,导致后轮横向滑出,车身绕前轮的中心点旋转。一旦开始旋转,便无法控制。即使反向转动方向盘也不能制止这种旋转,这即为不规则旋转。驾驶员发现跑到路上的行人较晚时,一边突然转动方向盘,一边踩下制动踏板。如此,即使避免了正面碰撞,但因为车身绕前轴中心点旋转,也会使车身的侧面撞上行人。

这种不规则旋转,是因为后轮制动,使横向滑动的摩擦力消失,同时围绕被制动的前轮车轴中心点有惯性力矩而引起的。此外还有下列几种情形。

a. 紧急制动时,制动器单侧起作用,或者因为左右车轮与路面摩擦系数差别较大,而转动方向盘,驶出路外。

b. 转弯时,转弯半径大,使外侧车轮压到路缘上,翻至路外。

c. 为避免其他碰撞而反应过度,方向盘转角过大造成车辆驶出路外。

d. 为躲避剧烈的阵风,方向盘转角过大,以致车辆驶出路外。

e. 转弯时,注意力不集中,看其他的地方而驶出路外。

单车事故中,汽车可受到前、后、左、右、上、下的冲击载荷,而且对汽车施加冲击载荷的障碍物可以是有生命的人或动物,也可以是无生命的物体。障碍物的特征及运动状态对汽车事故的后果影响较大。这些特性包括重量、形状、尺寸及刚性等。这些特性参数的实际变化范围很大,引起的结果是对事故车辆及乘员造成不同类型和不同程度的伤害。

(2) 多车事故　多车事故为两辆以上的车辆同时碰撞,通常考虑两辆车相撞的情形,如图 5-3 所示。

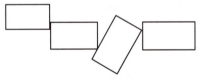

图 5-3　多车事故

图 5-4(a) 所示的正面碰撞和图 5-4(c) 所示的侧面碰撞,均是具有极大危险性的典型事故碰撞状态,共占事故的 70% 以上。追尾事故在市内交通中发生时,通常相对碰撞速度较低。但因为追尾可造成被撞车辆中乘员颈部的严重损伤和致残,其后果仍然非常严重。

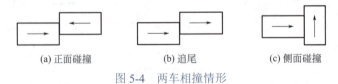

(a) 正面碰撞　　　　(b) 追尾　　　　(c) 侧面碰撞

图 5-4　两车相撞情形

5.1.2　车辆碰撞机理

(1) 碰撞冲击力　在汽车碰撞过程中,碰撞冲击力的方向总是与某点冲击力的特定角度相关。所以,冲击合力可以分解成分力,通过汽车向不同方向分散。

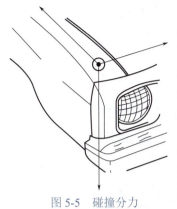

图 5-5　碰撞分力

例如，在一次汽车碰撞过程中，冲击力以垂直和侧向角度撞击汽车的右前翼子板，冲击合力可分解成三个分力：垂直分力、水平分力和侧向分力。这三个分力均被汽车零部件所吸收（图 5-5）。水平分力使汽车右前翼子板变形方向指向发动机机舱盖中心；侧向分力导致汽车的右前翼子板向后变形。这些分力的大小和对汽车造成的损坏取决于碰撞角度。

冲击力造成多大面积的损坏，也同样取决于冲击力和汽车重心相对应的方向。假设冲击力的方向并不是沿着汽车的重心方向，则一部分冲击力将形成使汽车绕着重心旋转的力矩，该力矩会导致汽车旋转，从而减少冲击力对汽车零部件的损坏［图 5-6（a）］。

另一种情况是，冲击力指向汽车的重心，汽车不会发生旋转，大部分能量将被汽车零件所吸收，造成的损坏是非常严重的［图 5-6（b）］。

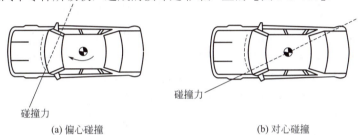

图 5-6　碰撞力方向与重心关系

驾驶员的反应经常影响到冲击力的方向，特别是对于正面碰撞。驾驶员意识到碰撞不可避免时，其第一反应即为旋转方向盘以避免正面碰撞［图 5-7（a）］。这种反应所引起的汽车碰撞损坏被称为侧面损坏。在众多的碰撞类型中，人们应首先了解这种碰撞类型的损坏。

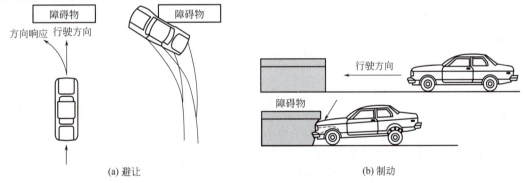

图 5-7　驾驶员的反应对碰撞方向的影响

驾驶员的第二反应即为试图踩制动踏板，汽车进入制动状态，使汽车从前沿向下俯冲。这种类型的碰撞通常发生在汽车的前沿，比正常接触位置低［图 5-7（b）中箭头所示］。由这种反应所引起的碰撞损坏类型称为凹陷，经常在侧面损坏后立即发生。正面碰撞中的凹陷能造成碰撞点高于汽车的前沿。这将引起前罩板件和车顶盖向后移动及汽车尾部向下移动。若碰撞点的位置低于汽车的前沿，汽车的车身重量将引起汽车的尾部向上变形，迫使车顶盖向前移动，这即为在车门的前上部和车顶盖之间形成一个大缝隙的原因（图 5-8）。

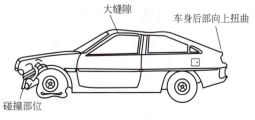

图 5-8　典型正面碰撞

（2）接触面积　假设汽车以相同的速度和相近的载货量行驶，碰撞的类型不同，损坏的程度也就不一样。例如，撞击电线杆和一面墙，若撞击的面积较大，损坏程度就较小［图5-9（a）］。从另一个角度来看，接触面积越小，损坏就越严重［图5-9（b）］。在本例中，保险杠、发动机机舱盖、散热器等均发生了严重的变形。发动机向后移动，碰撞所产生的影响甚至会扩展到后悬架。

(a) 大面积　　　　　　　　　　(b) 小面积

图 5-9　不同碰撞面积产生的损伤

另一种情况是，一辆汽车撞击另一辆正在行驶的汽车。如图5-10所示，假如汽车1向正在行驶的汽车2侧面撞击。汽车1的撞击导致汽车2的前端向左运动，而汽车2的运动将汽车1向侧面"拖动"。虽然这是一次碰撞，但是碰撞损失却是两个方向的。此外在一个方向也可能发生二次碰撞，在高速公路上连环撞击是一种普遍存在的现象。一辆车撞到另一辆车，然后冲向路边的立柱或栏杆，这是两种完全不同类型的碰撞。

还有许多其他类型的碰撞与混合碰撞的类型，要做出精确的损失评估，弄清楚汽车碰撞是怎样发生的是非常重要的。获取大量的交通事故资料，并将它们与测量进行结合，判定出汽车碰撞的类型及车身和哪些零件扭曲或折断。

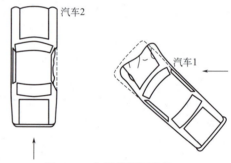

图 5-10　典型的侧面碰撞

（3）应力集中　当一个物体在力的作用下伸长或缩短时，若物体结构不改变应力分布，则应力将均匀分布在物体上。

如图5-11（a）所示，从工件两边加工一个半环形凹槽，当工件两边受到拉力时，将在凹槽之间形成应力集中。如图5-11（b）所示，在一个工件的中心加工一个圆形的孔，当工件两边受拉力时，将在工件内部形成一个不同的应力集中。

承载式车身汽车利用结构的变化来控制纵梁与前翼子板上部加强件的应力集中。这些结构的变化是采用弯曲或扭曲支撑零部件，可以非常有效地控制并吸收碰撞中的能量（图5-12）。

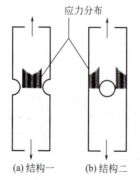

图 5-11　不同结构设计应力集中的区别

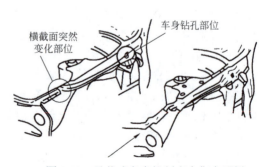

图 5-12　承载式车身控制应力集中示例

（4）冲击力传递　现代汽车车身上有很多焊接缝，这些焊接缝可以作为汽车结构的刚性连接点。这些刚性连接点将冲击力传递给整个汽车上与其相连的钣金件和汽车零部件，所以大大降低了汽车的结构变形。

如图 5-13 所示，假设汽车前角 A 点受到一个力 F_0 作用，B 区域将会发生变形，减小了 F_1 的冲击作用，剩下的冲击力传递至 C 点，金属将发生变形，能量继续减小到 F_2，F_2 将分解为两个方向的力传递到 D 点，冲击力继续减弱传递给 F_3，所受到的力继续改变方向并且冲击着车身的支柱和车顶盖，E 点的冲击力 F_4 继续减小，汽车车顶盖金属稍稍变形，在 F 点几乎不再有冲击力，也不再发生变形。碰撞能量大部分被汽车零部件所吸收。刚性连接点、结构件、钣金件均可以吸收能量。不但这些部分可以直接吸收碰撞能量，而且其他和该点相连的零件也会发生变形，甚至在该点对面的零部件也可以发生变形或偏离原来位置。

要想完全掌握现代汽车，尤其是承载式车身汽车的碰撞损坏，了解汽车的冲击力传递原理是非常重要的（图 5-14），否则，就无法理解为什么轻微损坏也可能会引起汽车在操纵控制和运行性能上发生严重故障。

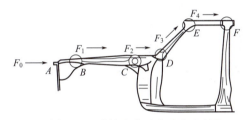

图 5-13　碰撞力在承载式车身结构上的分布和传播

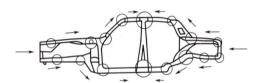

图 5-14　承载式车身在追尾碰撞中的冲击力分布和碰撞能量吸收区域

5.1.3　车辆碰撞损伤类型

（1）按产生形式分类的车辆碰撞损伤　直接损伤和间接损伤。

① 直接损伤　直接损伤通常是可见的，如半圆槽、撕破、刮擦，这是碰撞物体直接和汽车接触造成的汽车钣金件部分损坏。直接损伤通常占总体损伤的 10%～15%。因为现代汽车的钣金件均是非常薄的，所以很难修理和再利用。拉直也非常费时且无法消除直接损伤的区域。因此，对于直接损伤修理，通常是在完成所有间接损伤的修理后，采用对车身填料的方法对直接损伤进行修理。直接损伤的修理方法根据不同的碰撞方式而改变。

② 间接损伤　间接损伤是由直接损伤造成的，是因为碰撞力传递到其他部件而导致的变形而损伤。

（2）根据汽车车架及车身结构的损伤情况分类的车辆碰撞损伤　通常有侧弯、凹陷、褶皱或压溃、菱形损伤、扭曲五大类（图 5-15）。

① 侧弯　汽车前部、汽车中部或汽车后部在冲击力的作用下，偏离原来的行驶方向发生的碰撞损伤称为侧弯。如图 5-15（a）所示是汽车的前部侧弯，冲击力使"汽车"的一边伸长，一边缩短。

侧弯也有可能在汽车中部和尾部发生（图 5-16）。侧弯可以通过视觉观察以及对汽车侧面的检查判别出来，在汽车的伸长侧面留下一条刮痕，而在另一缩短侧面会出现褶皱。发动机机舱盖不能正常开启等情况均是侧面损伤的明显特征。

对于非承载式车身汽车，褶皱式侧面损伤通常发生在汽车车架横梁的内部和相反方向的外部。承载式车身汽车的车身也能够发生侧面损伤。

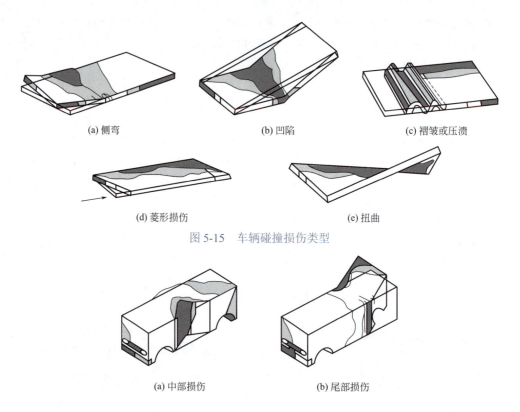

图 5-15　车辆碰撞损伤类型

图 5-16　中部损伤和尾部损伤

② 凹陷　损伤的车身或车架背部常呈现凹陷形状。凹陷通常是因为正面碰撞或追尾碰撞引起的，有可能发生在汽车的一侧或两侧［图 5-15（b）］。当发生凹陷时，可见到在汽车翼子板和车门之间顶部变窄，底部车门闩眼处过低。凹陷是一种普通碰撞损伤类型，大量存在于交通事故中。凹陷对汽车车架本身的影响并不显著，但是一定的凹陷将破坏汽车车身的钣金件的接合。

③ 褶皱或压溃　褶皱即为在车架上（非承载式车身汽车）或侧梁（承载式车身汽车）产生微小的弯曲。若仅仅考虑车架或侧梁上的褶皱位置，常常是另一种类型损伤。

例如，在车架或在车架纵梁内侧有褶皱，表示有向内的侧面损伤；褶皱在车架或在车架边梁外侧，表示有向外的侧面损伤；在车架或在车架边梁的上表面有褶皱，通常表明是向上凹陷类型；若褶皱在相反的方向即位于车架的下表面，则通常为向下凹陷类型。

压溃是一种简单、具有广泛性的褶皱损伤。这种损伤使得汽车框架的任何部分比规定的均要短［图 5-15（c）］。压溃损伤通常发生在前罩板之前或后窗之后，车门没有显著的损伤痕迹，然而在前翼子板、发动机机舱盖和车架棱角等处会存在褶皱和变形。在轮罩上部车身框架常向上升，引起弹簧座损伤（图 5-17）。伴有压溃的损伤，保险杠的垂直位移较小。发生正面碰撞或追尾碰撞时，会引起这种损伤。

图 5-17　车架的拱起和凹陷损伤

> **特别提示**
>
> 在确定严重压溃损伤的修理方法时,评估员或鉴定员必须注意:在承载式车身汽车上,高强度钢加热后易于拉伸,但这种方法要严格限制,由于这些钢材加热处理不当,会使其强度降低。

另外,对弯曲横梁采用冷法拉直可能造成板件撕裂或拉断。然而对小的撕裂,可用焊接的方法修复。评估员必须合理地考虑零件是修理还是换新件。若结构部件扭绞,即弯曲超过90°,则该零件应该换新件。若弯曲小于90°,可能拉直并且可以满足设计强度,则该零件可以修理。用简单的方法拉直扭绞零部件可能会使汽车结构性能降低。当这种未达到设计标准的汽车再发生事故时,气囊将有可能无法正常打开,这样就会危及乘客的生命。

④ 菱形损伤　菱形损伤即为一辆汽车的一侧向前或向后发生位移,使车架或车身不再是方形。如图5-15(d)所示,汽车的形状类似一个平行四边形,菱形损伤是因为汽车碰撞发生在前部或尾部的一角或偏离重心方向所造成的。明显的迹象即为发动机机舱盖和车尾后备厢盖发生了位移。在后侧围板的后轮罩附近或在后侧围板和车顶盖交接处可能会出现褶皱。褶皱也可能出现在乘客室或后备厢地板上。一般情况下,压溃和凹陷会带有菱形损伤。

> **特别提示**
>
> 菱形损伤通常发生在非承载式车身汽车上。车架的一边梁相对于另一边梁向前或向后运动。可以通过量规交叉测量方法来检验菱形损伤。

⑤ 扭曲　扭曲即汽车的一角比正常的要高,而另一角要比正常的低[图5-15(e)]。当一辆汽车以高速撞击到路边或是高级公路中间分界的安全岛时,就有可能产生扭曲损伤。后侧车角发生碰撞也经常产生扭曲损伤,仔细检查能发现板件不明显的损伤。然而真正的损伤通常隐藏在下部。因为碰撞,车辆的一角向上扭曲,同样,相应的另一角向下扭曲。由于弹簧弹性弱,因此若汽车的一角凹陷到接近地面的程度,即应该检查是否有扭曲损伤。当汽车发生滚翻时,也会有扭曲损伤。

只有非承载式车身汽车才能真正发生扭曲。车架的一端垂直向上变形,而另一端垂直向下变形(图5-18)。从一侧观察,可见两侧纵梁在中间处交叉。

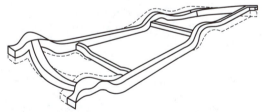

图5-18　典型车架扭曲损伤情况

承载式车身汽车前后横梁并没有连接,所以并不存在真正意义上的"扭曲"。承载式车身汽车的扭曲是指前部相对于后部元件发生相反的凹陷。例如,右前侧向上凹陷,左后侧向下凹陷,左前侧向下凹陷,右后侧向上凹陷。要区别车架扭曲和车身扭曲,因为它们的修理方法和修理工时是不同的。对于承载式车身汽车来说,在校正每一端的凹陷时应对汽车的拉伸修理进行评估。对于非承载式车身汽车,需要两方面的拉伸修理,即汽车前沿的拉伸修理及汽车后端的修理。

5.2 碰撞损伤的诊断与测量

5.2.1 车辆碰撞损伤影响因素

汽车碰撞事故是所有汽车事故中数量最多的一种。影响事故车辆损坏程度的因素如下。
① 事故车的结构、大小、形状和重量。
② 被撞物体的大小、形状、刚度和速度。
③ 发生碰撞时的车辆速度。
④ 碰撞的位置和角度。
⑤ 事故车辆中的乘员或货物的重量和分布情况。

5.2.2 碰撞对不同车身结构的影响

汽车车身既要经受行驶中的振动，还要在碰撞时能给乘员提供安全保护。因此，现代汽车的车身被设计成在碰撞时能最大限度地吸收能量，以降低对乘员的伤害（图5-19）。

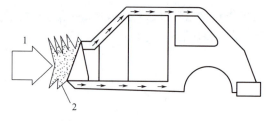

图5-19 碰撞时车身变形吸能
1—碰撞力方向；2—车身变性区

非承载式车身（图5-20）汽车被碰撞后，可能是车架损伤，也可能是车身损伤，或车架和车身均损伤。车架和车身均损伤时可通过更换车架来实现车轮定位及主要总成定位，然而，承载式车身（图5-21）汽车受碰撞后一般会造成车身结构件的损伤。一般非承载式车身汽车的修理只需满足形状要求即可，而承载式车身汽车的修理既要满足形状要求，更要满足车轮定位及主要总成定位的要求。因此碰撞对不同车身结构的汽车影响不同，从而造成修理工艺及方法的不同，最终造成修理费用的差距。

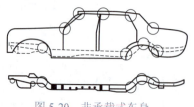

图5-20 非承载式车身

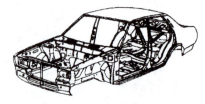

图5-21 承载式车身

（1）碰撞造成的非承载式车身变形种类
① 左右弯曲（图5-22） 侧面碰撞会引起车架左右弯曲或一侧弯曲。左右弯曲一般发生在

汽车前部或后部，通常可通过观察钢梁内侧及对应钢梁外侧是否有褶皱来确定。通过发动机罩、后备厢盖以及车门缝隙、错位等情况也能够辨别出左右弯曲变形。

② 上下弯曲（图5-23） 汽车碰撞产生弯曲变形后，车身外壳会比正常位置高或低，结构上也有前倾或后倾现象。上下弯曲通常由来自前方或后方的直接碰撞引起，可能发生在汽车一侧，也可能发生在两侧。判别上下弯曲变形时，可以查看翼子板与门之间的上下缝隙，是否顶部变窄，下部变宽，也可查看车门在撞击后是否下垂。

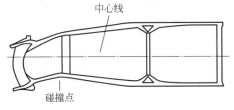

图5-22 左右弯曲

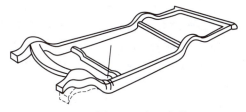

图5-23 上下弯曲

③ 褶皱与断裂损伤（图5-24） 汽车碰撞后，车架或车上某些零部件的尺寸会和厂家提供的技术资料不相符，断裂损伤一般表现在发动机罩前移和侧移、后备厢盖后移和侧移。有时看上去车门与周围吻合很好，但车架却已形成了褶皱或断裂损伤，这是非承载式结构不同于承载式结构的特点之一。褶皱或断裂一般发生在应力集中的部位，而且车架一般还会在对应的翼子板处造成向上变形。

④ 平行四边形变形（图5-25） 汽车一角受到来自前方或后方的撞击力时，其一侧车架向后或向前移动，导致车架错位，使其成为一个接近平行四边形的形状。平行四边形变形会对整个车架产生影响。目测可见发动机室盖和后备厢盖错位，一般平行四边形变形还会带来很多断裂及弯曲变形的组合损伤。

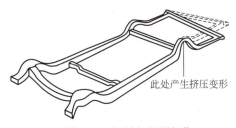

图5-24 褶皱与断裂损伤

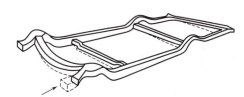

图5-25 平行四边形变形

⑤ 扭曲变形（图5-26） 当汽车高速撞击到与车架高度相近的障碍时，会产生扭曲变形。另外，尾部受侧向撞击时也会出现这种变形。受此损伤后，汽车一角会比正常时高，而相反一侧会比正常时低。应力集中处经常伴有褶皱或断裂损伤。

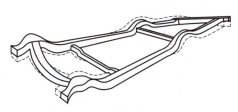

图5-26 扭曲变形

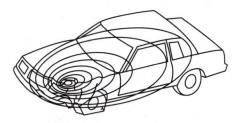

图5-27 承载式车身汽车碰撞时能量的锥形传递

（2）碰撞对承载式车身的影响 承载式车身一般被设计成能很好吸收碰撞时产生的能量。

这样一来，受到撞击时，车身因为吸收撞击能量而变形，使撞击能量大部分被车身吸收。撞击能量在承载式车身上造成的影响一般按锥形传递，碰撞点为锥顶（图5-27）。

在受到碰撞时，车身可以按照设计要求形成折曲，这样传到车身的振动波在传送时就明显减小。即来自前方的碰撞应力被前部车身吸收；来自后方的碰撞应力被后部车身吸收；来自前侧方的碰撞应力被前翼子板和前部纵梁吸收；来自中部的碰撞应力被边梁、立柱及车门吸收；来自后侧方的碰撞应力被后翼子板和后部纵梁吸收。

① 前端碰撞　碰撞较轻时，保险杠会被向后推，前纵梁和内轮壳、前翼子板、前横梁及水箱框架会变形；若碰撞加重，那么前翼子板会弯曲变形并移位触到车门，发动机罩铰链会向上弯曲并且移位触到前围盖板，前纵梁变形加剧造成副梁的变形；若碰撞程度更剧烈，前立柱将会产生变形，车门开关困难，甚至造成车门变形；若前面的碰撞从侧向而来，因为前横梁的作用，前纵梁也会产生变形。前端碰撞常出现前部灯具及护栅破碎，冷凝器、水箱及发动机附件损伤，车轮移位等。

② 后端碰撞　汽车因后端正面碰撞造成损伤时，往往是被动碰撞所致。若碰撞较轻，一般后保险杠、后备厢后围板、后备厢底板可能产生压缩弯曲变形；若碰撞较重，C柱下部前移，C柱上端与车顶接合处会产生折曲，后门开关困难，后挡风玻璃和C柱分离，甚至破碎。碰撞更严重时会造成B柱下端前移，在车顶B柱处形成凹陷变形。后端碰撞常伴随着后部灯具等的破碎。

③ 侧面碰撞　在确定汽车侧面碰撞时，分析其结构尤为重要。通常来说，对于严重的碰撞，车门A柱、B柱、C柱以及车身地板均会变形。当汽车遭受的侧向力较大时，惯性作用会导致另一侧车身变形。当前后翼子板中部遭受严重碰撞时，还会引起前后悬架的损伤，前翼子板中后部遭受严重碰撞时，还会造成转向系统中横拉杆、转向器齿轮齿条的损伤。

④ 底部碰撞　底部碰撞一般为因路面凹凸不平、路面上有异物等造成车身底部与路面或异物发生碰撞，导致汽车底部零部件、车身底板损伤。常见损伤包括前横梁、发动机下护板、发动机机油底壳、变速器油底壳、悬架下托臂、副梁及后桥、车身底板等被损伤。

⑤ 顶部碰撞　汽车单独的顶部受损多为空中坠落物导致，以顶部面板及骨架变形为主。汽车倾覆是造成顶部受损的常见现象，受损时常常伴随着车身立柱、翼子板、车门变形和车窗破碎。

5.2.3　车辆碰撞损伤的检查

进行事故车辆的损失评估时，评估人员需掌握一套科学的损伤检查方法，这对于受损严重的事故车来说尤为重要。评估时若不遵循规范的检查程序，很容易遗漏一些受损件或维修项目，或者对同一项目重复估损。

（1）区位检查法　按碰撞损坏规律将汽车分为五个区位。

一区：车辆直接受到碰撞的部位。

二区：受到间接损伤的车身其他部位。

三区：受到损伤的机械零部件。

四区：乘员舱，包括舱内受损的内饰、灯、附件、控制装置等。

五区：车身外部件和装饰件。

在对事故车定损时，应从一个区位到另一个区位逐处检查，同时按照顺序记录损伤情况。

① 一区——直接损伤区　直接损伤情况因车辆结构、碰撞力度及角度的不同而有所不同。多数情况下，直接损伤会造成板件弯折、断裂和部件损坏。直接损伤直观明了，通常不需要测量。检查一区时，首先应检查外部装饰件、塑料件、玻璃、镀铬层和外板下面的金属材料。

对于前部碰撞，应检查的项目一般有前保险杠、格栅、发动机罩、翼子板、前照灯、玻璃、前车门、前车轮、油液泄漏等。对于后部碰撞，应检查的项目一般包括后保险杠、后侧围板、后备厢盖、后车灯、玻璃、后车轮、油液泄漏等。对于侧面碰撞，如图 5-28 所示，应检查的项目一般包括车门、车顶、玻璃、立柱、前车身底板、支撑件、油液泄漏。有时要将事故车举升起来，检查车身底板、发动机支架、横梁及纵梁等的损伤情况。

图 5-28　侧面碰撞

为了检查哪些部位受到了损伤，应当查找下列线索或痕迹：缝隙，卷边损坏，裂开的焊点，扭曲的金属板。

② 二区——间接损伤区　车辆碰撞时，碰撞力会沿着车身向各个方向传递，从而引起间接损伤。碰撞力扩展和间接损伤的范围取决于碰撞的力度与角度，以及车身纵梁和横梁吸收碰撞力的能力。一般承载式车身的吸能区会在碰撞中产生间接损伤。

动力传动系统和后桥也会引起间接损伤。当汽车因为碰撞突然停止时，这些重量很大的零部件在惯性作用下继续前移，对其支座及支撑构件产生一个强大的惯性力，从而造成相邻金属件变形、划伤或焊点开裂。所以，对于比较严重的事故，一定要仔细检查悬架、车桥、发动机以及变速器的支撑点。

③ 三区——机械损坏区　对于前部碰撞的事故车，需检查散热器、风扇、动力转向泵、空调器件、发电机、蓄电池、燃油蒸发炭罐、前挡风玻璃清洗器储液罐以及其他机械和电子元件是否损坏。检查油液是否泄漏，皮带轮是否与皮带不对正，软管和电线是否错位以及是否有凹坑与裂纹等。

若碰撞比较严重，发动机和变速器也可能受损。若条件允许，应当启动发动机，怠速到正常工作温度。举升车辆，使车轮离开地面，在各个挡位运转发动机，检查有没有异常的噪声。对于手动挡车辆，检查换挡是否平顺，离合器工作是否正常。查看节气门拉索、离合器操作机构以及换挡拉索是否犯卡。

打开空调，保证空调正常运转。查看充电、机油压力等仪表板灯和仪表，若检查发现发动机故障灯点亮，说明发动机存在机械或电控故障。但是，估损人员需判断，故障码是否在事故之前就已存储在计算机中，对于不是由事故引起的故障码，其维修费用不应当包含在估损单中。

在完成发动机机舱的检查后，用千斤顶举起事故车，钻到车辆下面检查转向及悬架元件是否弯曲，制动软管是否纽绞，制动管路和燃油管路及其接头是否泄漏。检查发动机、变速器、差速器、转向机和减振器是否泄漏。将方向盘向左和向右打到头，查看是否犯卡，是否有异常噪声。转动车轮，检查车轮是否跳动，轮胎是否存在裂口、刮痕和擦伤。降下车辆，使轮胎着地，转动方向盘，使车轮处于正直向前的位置，测量前轮毂至后轮毂的距离，左右两侧的测量值应当相同，否则表明转向或悬架元件有损伤。

④ 四区——乘员舱　乘员舱损坏可能是因为碰撞力直接引起的（如侧碰时）。而内饰和车内附件的损坏可能是由乘员舱内的乘客及物品的碰撞能量引起的。

a．检查仪表板　若碰撞导致前围板或车门立柱受损，那么仪表板、暖风机芯、管道、音响、电子控制模块及安全气囊等就有可能损伤。所有在三区检查中没有被查看的元器件均要进行检查。

b. 检查方向盘是否损坏　查看其安装紧固件、倾斜程度及伸缩性能、喇叭、前照灯和转向信号灯开关、点火钥匙和方向盘锁。转动方向盘,将车轮打到正直向前的位置,查看这时的方向盘是否对中。对于吸能型方向盘,应查看它是否已经发生溃缩。

c. 检查门把手、操纵杆、仪表板玻璃及内饰是否受损　打开、关闭并锁住杂物箱,查看杂物箱是否在碰撞中变形或损坏。检查制动踏板是否变形、犯卡或松脱等。掀开地毯,查看地板与踢脚板,看铆钉是否松脱,焊缝是否裂开。

d. 检查座椅是否受损　汽车在前端受到碰撞时,乘客的身体重量会形成较大的惯性力,由于乘客被安全带固定在座椅上,因此这个惯性力可能会对座椅框架调节器和支撑件产生损害。汽车在后端受到碰撞时,座椅靠背的铰链点可能受到损坏。将座椅从最前位置移动到最后位置,查看其调节装置是否完好。

e. 检查车门的状况　乘客的惯性力可能损坏内饰板件及车门内板。若发生侧碰,门锁和车窗调节器也可能受损。即使是前端碰撞,车窗玻璃产生的惯性力也可能导致车窗轨道和调节器受损。将车窗玻璃降到底后再完全升起,检查玻璃是否卡顿或受到干扰。将车窗降下 4cm,查看车窗玻璃是否和车门框平齐。查看电动门锁、防盗系统、车窗和门锁控制装置以及后视镜的电控装置等所有附件是否正常。

f. 检查乘员约束系统　当代汽车大部分装备了被动式约束系统,应检查安全带是否能够正常扣紧和松开,安全带插舌和锁扣是否完好。对于主动式安全带系统,检查其两点式和三点式安全带是否均能轻松地扣紧和解开。查看卷收器、D 形环及固定板是否损坏,如图 5-29 所示。有些安全带有张力感知标签。若安全带在碰撞中磨损,或者安全带的张力超过设计极限,张力感知标签撕裂,就必须加以更换。将安全带从卷收器中完全拉出,就可以看到这个张力感知标签。

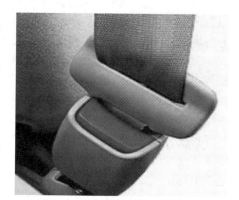

图 5-29　检查乘员约束系统

还应当列出车内的非原装附件,如民用无线电装置、磁带播放机、立体声扬声器等。

⑤ 五区——外饰和漆面　在车身、机械件、内饰和附件均检查完毕之后,再围绕车辆检查一圈,查看并列出受损的外饰件、嵌条、车顶板、轮罩、示宽灯以及其他车身附件。

打开灯光开关,检查前照灯、尾灯、转向信号指示灯和危险指示灯。车灯的灯丝一般在碰撞力的作用下会断裂,若碰撞时车灯处于点亮状态,灯丝就更容易断裂。

若在一区和二区检查中没有查看保险杠,那么就应该对保险杠进行检查。查看杠皮与防尘罩是否开裂,吸能装置是否受损或泄漏,橡胶隔振垫是否开裂。

仔细检查油漆的状况。记录下哪块油漆必须重新喷涂,并要列出那些需要格外注意的事项,如清漆涂层、柔性塑料件和表面锈迹。板件的轻度损坏可能仅需进行局部喷涂,而有些维修项目则需要喷涂整块板件甚至多块板件。不论是哪种情况,均需要考虑新油漆与原有油漆的配色和融合工时。若事故车的损坏非常严重,或者原有漆面已经严重老化,则可能需要进行整车喷漆。

检查漆面是否在事故前就已经损坏也非常重要。事故前已有的凹痕、裂缝、擦伤和油漆问题不在保险公司的理赔范围内,其维修费用需由客户自行承担。

(2) 目测检查法　一般碰撞部位能直接显示出结构变形或断裂迹象。目测检查时,应先根据碰撞点位置,预估受撞范围大小及方向,判断碰撞是如何扩散的;然后,从总体上检查汽车上是否有扭转和弯曲变形,并确定所有损伤是否由同一事故引起。

碰撞力沿车身扩散,并使很多部位发生变形,碰撞力具有穿过车身坚固部位,最终抵达并损坏薄弱部件,扩散并深入至车身部件内的特性。所以,为了查找汽车损伤,必须沿碰撞力扩散的路径查找车身薄弱部位。沿碰撞力扩散方向依次检查,确认是否有损伤,若有损伤,还要确定损伤程度。具体可从以下几方面加以识别。

① 钣金件截面变形 车身设计时,要使碰撞产生的能量能按照既定路径传递到指定地方吸收,即车身钣金件有些部位是薄弱环节,撞击时,薄弱环节就会发生截面变形。截面的变形一般通过漆面的变化情况来判断。碰撞所造成的钣金件截面变形和钣金件本身设计的结构变形不一样,钣金件本身设计的结构变形处表面油漆完好无损,而碰撞导致的钣金件截面变形处油漆起皮、开裂。

② 零部件支架断裂、脱落及遗失 发动机支架、变速箱支架、发动机各附件支架是碰撞应力的吸收处,各支架在设计时都有保护重要零部件免受损伤的功能。在碰撞事故中经常有各支架断裂、脱落及遗失的现象出现。

③ 检查车身各部位的间隙和配合 车门是以铰链形式装在车身立柱上的,一般立柱变形会造成车门与门框、车门与立柱的间隙不均匀。还可以通过简单地开关车门,查看车门锁与锁扣的配合,从锁和锁扣的配合可判断车门是否下沉,从而判断立柱是否变形,从检查铰链的灵活程度判断主柱及车门铰链处是否有变形。

在比较严重的汽车前端碰撞事故中,还需检查后车门与后翼子板、门槛、车顶侧板的间隙,并做左右对比,这是判断碰撞应力扩散范围的主要手段。

④ 检查来自乘员及行李的损伤 因为惯性力作用,乘客和行李在碰撞中会引起车身二次损伤,损伤程度因乘员位置及碰撞力度而异,比较常见的是方向盘、仪表工作台、方向柱护板及座椅等被损坏。行李碰撞是引起后备厢中部分设备(如音频功率放大器)损伤的主要原因。

(3)测量检查法 在评估车身的损伤时一般要参照车身尺寸图对车身的特定点进行测量。如图5-30所示为承载式车身尺寸,如图5-31所示为非承载式车身尺寸。

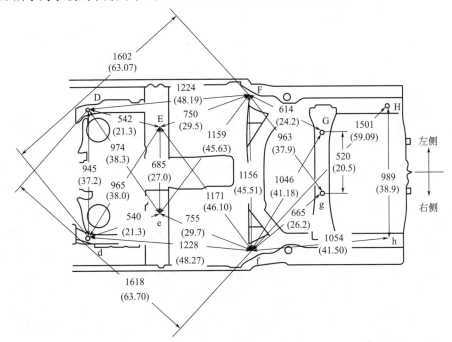

图5-30 承载式车身尺寸(单位为mm,括号内数字的单位为in,1in=2.54cm,下同)

用钢卷尺或轨道式量规可以测量各控制点之间的尺寸，和汽车厂家给定尺寸进行比较，从而确定变形程度。若没有原厂车身规范，可以对一辆完好无损的相同车型进行测量，获得原厂尺寸。另外，若车辆只有一侧损坏，一般可以对未损坏的一侧进行测量，然后比较这两侧的测量值。测量点最好选择在悬架和机械零件的安装点，因为这些点对于定位非常重要。

很多原厂车身尺寸手册中给出的尺寸是从轨道式量规杆上读取的测量值，而不是钢卷尺测量的绝对距离，实际作业时必须仔细查看手册中的有关说明。

除了底部车身尺寸外，还需测量上部车身尺寸，比如前部车身尺寸、侧面车身尺寸、后部车身尺寸等，其常用测量点分别如图5-32～图5-34所示。

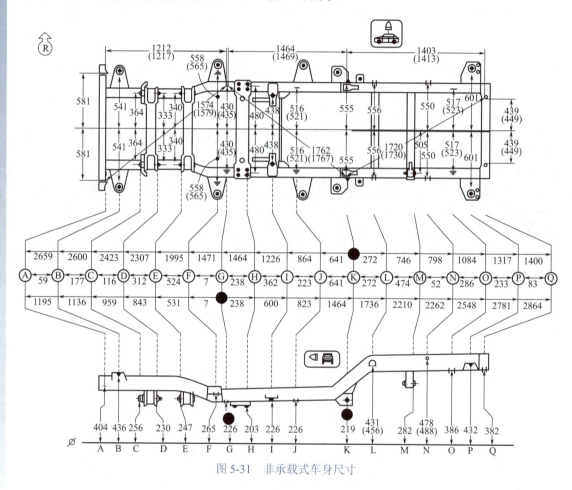

图5-31 非承载式车身尺寸

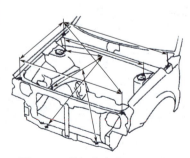

图5-32 前部车身常用测量点

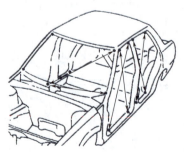

图5-33 侧面车身常用测量点

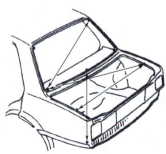

图5-34 后部车身常用测量点

5.3 主要零部件损伤评估

5.3.1 车身前部及后部损伤评估

（1）保险杠　保险杠（图5-35）的功能是保护车辆避免因汽车低速碰撞造成车身前部和后部损伤。

传统保险杠由厚弹簧钢板制成并镀铬。镀铬弹簧钢保险杠现在仍然用于高级轿车、厢式汽车和货车。但是，大部分轿车已装备了塑料保险杠，这些塑料保险杠由氨基甲酸酯、聚合碳纤维或合成材料制成。这些塑料保险杠可以涂漆，使其与汽车装饰相同。当保险杠护罩由散热器格栅、前装饰板和下导流板集成为一体时，则被称为保险杠装饰板。一些紧凑型轿车配备了铝制保险杠，货车通常配备着漆钢制保险杠。

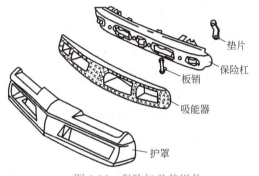

图 5-35　保险杠及其组件

镀铬保险杠损伤时，一般应予以更换。镀铬装饰件承受冲击时容易破裂、碎裂。损伤的保险杠一般需要重新镀铬，这种保险杠恢复修理作业只有专业保险杠修理厂才能胜任。很多事故修理厂没有大型液压机，不能将厚钢板制成的保险杠矫正成原状。所以，除非保险杠轻微损伤且可用普通的金属加工技术处理，否则镀铬保险杠将用新原装件、修复件、拆车件或旧件更换。

一般情况下，损伤的镀铬保险杠会用一个重新镀铬的保险杠或拆车件进行更换。用修复保险杠比用原装新件可节省25%～40%的费用。钢制保险杠可用碰撞修复设备进行矫正和修复。铝制保险杠轻微碰撞时也可被矫正。擦伤与轻微剐伤的铝制保险杠常常可以经抛光来恢复铝的光泽。但是，当涂漆的钢制或铝制保险杠的修复费用超过换新原厂件的50%时，很多保险公司则会要求用修复件或同类同品质件更换。

塑料保险杠损伤时，常常伴随护罩的损伤。这些塑料部件可以用原厂件、拆车旧件或是同类同品质件更换。然而，若撕裂或破洞很小时，损伤部分可用塑料焊接或环氧修复剂修复。若聚碳酸酯保险杠损伤深及加强件（箱式内部区域）时就必须更换。加强件即使损伤很小也不可修复。塑料也可用于保险杠的其他部分，比如扰流板、壁板和其他嵌板。这些部件也可用塑料焊接修复，并且这些部件通常很便宜，可以简单更换。

（2）碰撞吸能装置　前保险杠和加强件通常安装在吸能器上。吸能器可以用来吸收轻微碰撞的能量，并允许保险杠恢复至原来位置而不使车辆损伤。

① 橡胶吸能装置　橡胶吸能器（图5-36）的工作原理类似于发动机的橡胶支座。橡胶垫装在吸能器与车架纵梁之间。一旦受到冲击，吸能器受力后移，延伸到橡胶垫。橡胶垫受力压缩，吸收冲击能量。当冲击力减小时，橡胶垫恢复至原始位置（除非因冲击而损伤），保险杠也恢复至原始位置。

一些吸能器具有圆形检视口，当可见橡胶垫部分超过检视口的一半时，减振器需要进行更换。这种吸能器像其他吸能器一样，可以单独更换，不必一次成对更换。

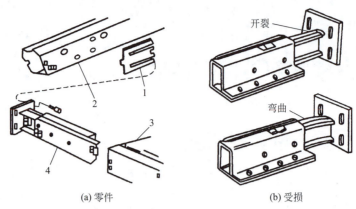

(a) 零件　　　　　　　　　　(b) 受损

图 5-36　橡胶吸能器

1—垫片；2—加强梁；3—车架；4—吸能器

② 充气或充液碰撞吸能器（图 5-37）　其工作原理类似于悬架减振器，一旦遭到冲击，充满惰性气体的活塞推动装满液压油的缸筒运动。在压力作用下，液压油经由一个小孔流进浮动活塞中，受控液体的流动吸收冲击的能量。当液体进入缸筒时，它承受浮动活塞和惰性气体的压力。当冲击力释放时，被压缩的惰性气体使得液体从缸筒流出，使保险杠恢复至原来的位置。

当对吸能器进行检查时，应检视液体是否泄漏，同时检查缸筒是否歪曲、安装板是否歪曲、安装孔是否拉长。此外，也应检查吸能器的长度。一旦活塞或者缸筒歪曲或损伤，吸能器便无法恢复到原始的长度，吸能器就必须加以更换。充气吸能器不能进行矫正或焊接修复。

③ 弹簧储能式吸能器　弹簧储能式吸能器用一个弹簧而不是压缩气体使保险杠恢复到原来的位置（图 5-38）。

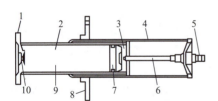

图 5-37　充气或充液碰撞吸能器

1—保险杠托架；2—活塞缸；3—液压油；
4—缸筒；5—安装螺杆；6—计量针阀；
7—浮动活塞；8—车架托架；
9—气体；10—密封钢珠

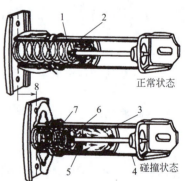

图 5-38　弹簧储能式吸能器

1—复位弹簧；2—碰撞后油液返回储液腔；
3—碰撞过程油液聚集区；4—外缸筒；5—阀门；
6—液孔；7—储液腔；8—内缸筒

④ 泡沫垫吸能器　在一些进口轻型汽车和运动型汽车上可以见到泡沫垫式的吸能器。吸能器不是安装在纵梁与保险杠或加强件之间，而是厚甲酸酯泡沫垫以夹层的形式安装在冲击杆和塑料板或护罩之间。这种结构的吸能垫在以低车速碰撞时使保险杠恢复至原始位置。当检视这种保险杠时，要查找吸能垫和护罩是否有凿孔及撕裂，若吸能垫和护罩不能用塑料焊接技术或塑料修补材料修理时，则必须进行更换。

⑤ 压溃式吸能器（图 5-39）　这种吸能器设有一个褶纹轴，在碰撞时通过可控的方式压溃。与车身结构板的碰撞区相似，伴随褶纹轴的压溃变形吸收冲击能。装备这些吸能器可以满足低

车速碰撞时对车辆进行保护的要求。

当检视这些吸能器时，比较两个吸能器的长度就可确定是否已有变形。若吸能器弯曲、开裂或压碎，则需要更换吸能器。

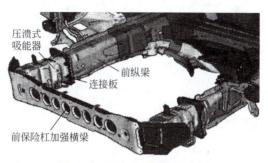

图 5-39　压溃式吸能器的位置

(3) 格栅　格栅固定于车辆前部中央（图 5-40）。根据车辆设计结构，格栅可能固定在保险杠装饰板上或固定在前护板上，也可能固定在散热器支架或是发动机机舱盖上。格栅既美观又实用，它用于隐藏散热器及导入空气。格栅可由铝、灰铸铁、ABS 塑料、氨基甲酸酯等几种材料制成。

格栅有多种结构形式。一些格栅由多块组成，这些格栅块可以单独进行更换，而无需更换整个格栅。格栅上的厂标、车标、支架、托架、嵌条、加强筋和填料均可单独更换。塑料或甲酸酯格栅受到轻微碰撞时，可用塑料焊接技术或塑料修补方法修复。如果不能维修，则需要以新件更换。

(4) 散热器支架　散热器支架（图 5-41）通常焊接在围板和前横梁上形成车辆前板。在一些车架式车身结构的车辆中，散热器支架用螺栓固定在翼子板、车轮罩和车架总成上。除了提供前部钣金件的支撑外，也用于支撑散热器以及相关冷却系统零部件。

损伤的散热器支架可由普通车架矫正设备和技术进行矫正及修理。若支架损伤严重而不能修复，可更换新件或修复件。若支架部分损伤，例如上横梁或隔板损伤，只需更换相应损伤部件。

检查时需仔细观察散热器支架是否经过修理，支架两端的密封是否完好。如果发现有维修痕迹，则说明该车之前有过碰撞损伤。

图 5-40　格栅

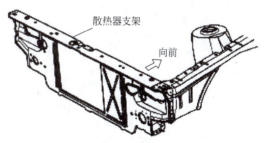

图 5-41　散热器支架

(5) 发动机机舱盖　发动机机舱盖位于发动机机舱两侧翼子板之间，用于保护发动机免受灰尘及湿气侵袭，也能吸收发动机噪声。发动机机舱盖一般由冷轧板材制成，现代车辆上也用铝制玻璃纤维和塑料罩。

典型的发动机机舱盖（图 5-42）由一块外板和内板构成，内外板外部边缘利用点焊连接，内外板的接合面用黏结剂黏结在一起。一个枢轴或闩眼固定在发动机机舱盖前缘的下面，发动机机舱盖关闭时起到锁止作用。在大部分车辆上，这个锁扣安装在散热器支架上。

当从驾驶室内拉动操纵缆索时，枢轴或闩眼从锁扣上脱开。发动机机舱盖装备安全锁扣，若锁扣突然与闩眼脱开，安全锁扣可避免发动机机舱盖开启。发动机机舱盖用两个铰链安装在前围板或挡泥板内裙上。当发动机机舱盖开启时，铰链通过弹簧或扭杆维持发动机机舱盖向上开启。有些发动机机舱盖利用分离连杆开启。很多发动机机舱盖内侧涂有降噪层，降噪层由人造纤维制成，有助于减少发动机噪声，也隔绝发动机机舱盖和发动机机舱内的高温。发动机机舱盖配备很多嵌条、车标、进气口、装饰条等。

（6）翼子板　翼子板和发动机机舱盖、后备厢盖、后车门及保险杠总成相连接形成车身前后端的外轮廓，结构如图5-43所示。车辆翼子板使用螺栓固定在邻近的支撑结构板上。对于承载式车身，翼子板固定在侧围板、护板、散热器支架和挡泥板上。

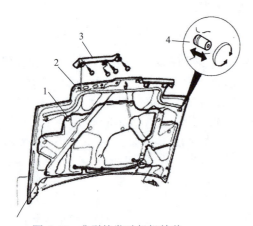

图5-42　典型的发动机机舱盖

1—发动机机舱盖降噪层；2—盖体；3—发动机机舱盖边缘护条；4—发动机机舱盖边缘缓冲垫

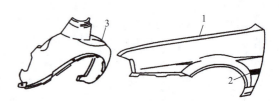

图5-43　翼子板及附件

1—前翼子板；2—装饰条；3—砾石板

（7）车架　车身前部的车架即纵梁（图5-44）与横梁是支撑发动机、变速器和悬架的主要部分。在一些承载式车身上，前部横梁是散热器支架的一部分，侧纵梁是防护挡板总成的一部分。在有些车辆上这些部件及其他横梁、纵梁悬置部分和加强梁均可以单独使用。在一些承载式车身车辆上，车架可以是单件或是组件。

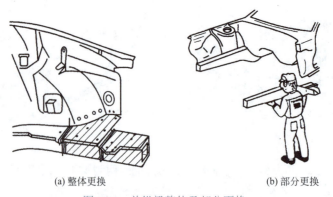

(a) 整体更换　　　　　(b) 部分更换

图5-44　前纵梁整体及部分更换

承载式车身车辆的车架损伤可以进行校正，也可以切割纵梁与横梁，但在用焊接方法进行修理时，必须小心观察可以在哪里分割。

整个车架损伤而无法恢复到碰撞前的状态时，必须予以更换。在某些情况下，如果原装零件允许切割，车架可以切割为前部与后部两部分。横梁损伤时可以更换。焊接的横梁构件应采取焊接方法予以更换。铆接和螺栓固定的构件可使用螺栓及螺母。货车车架一般采用普通车架。这种车架损伤后无法修理，零件必须进行更换。

（8）后备厢盖、尾门及玻璃

① 后备厢盖　后备厢盖又称行李舱盖，其与发动机机舱盖在结构及作业工序上有相似之处。后备厢盖总成由外板件、内板件、锁芯、门闩总成、锁销以及双铰链等部分组成。当后备厢的损伤程度已经超出了合理的修理费用范围时，上、下板件作为一个整体更换。

② 尾门　更换客货两用车尾门和后备厢门式汽车或货车的举升门与后备厢盖的修理方法相同。因为尾门和举升门上有玻璃，在评估时需考虑玻璃的拆卸和更换工时以及更换或移装车门附属件的工作量。

③ 玻璃　近年来，多数汽车上采用的玻璃不是层压玻璃就是回火玻璃。层压玻璃由两层薄玻璃片与一层位于它们之间的透明塑料组成，用于挡风玻璃。当这种玻璃破碎时，塑料材料将把这些碎片约束在原位并预防它们对人造成伤害。回火玻璃是单层热处理过的玻璃，破碎时将散落成一些小片。它比普通玻璃更有抗碰撞的能力，通常用于侧面或后面的窗玻璃，但千万不要用于挡风玻璃。这是因为回火玻璃破碎的时候，将碎成很多小片。

在车损报告中需列出正确的玻璃类型（包含玻璃的清晰度、色调、色差、加热装置等）信息，同时说明玻璃中有无被引入或嵌入的天线通过，查看玻璃上的标签能辨认出玻璃类型。

在很多承载式车身车辆上挡风玻璃被视为承载式结构的一部分，它使得车身更加坚固。这些挡风玻璃用氨基甲酸乙酯黏结剂固定。当更换使用黏结剂固定的玻璃时，全部原有的黏结剂必须清除，新黏结剂涂在夹缝焊接处。更换使用黏结剂的挡风玻璃，和更换使用简便方法的传统挡风玻璃相比较，作业时间一般较长。

车损报告中必须包括黏结剂和其他安装材料的费用。若挡风玻璃由氨基甲酸乙酯固定，则碰撞评估报告会给出黏结剂的价格，此费用必须包括在车损报告中。

5.3.2　车身其他板件损伤评估

（1）车门　车门是最复杂和最昂贵的车身板件之一。典型车门是由内板件和外板件（又称外壳）组成的。

车门通常有推拉式车门、旋转式车门、折叠式车门及上掀式车门等形式。车门是车身的一个独立总成，通常用铰链将车门安装在车身上。推拉式车门主要由车门内外板、限位器、滑轨和门锁等零件组成。如图5-45所示，推拉式车门常用在客车和部分厢式货车上。旋转式车门包括车门把手、锁芯、门闩、倒车镜、嵌条、防擦饰条等，其结构如图5-46所示。

车门板件一般由金属薄板制成，但外壳也可用金属材料、玻璃纤维或塑料制成。外壳被焊接或卷曲粘接到内板件上。加强件通常由高强度钢板制成，被焊接在车门外壳内侧。这种结构能阻止碰撞使车门弯曲而伤及车内乘员。

通常，一个车门总成还包括很多附件和内部构件。从门外观上看，包括车门把手、锁芯、门闩、车门镜、嵌条、贴纸、车标、饰条或涂层。车门框架内部包括窗玻璃、玻璃导槽、调整器（手动或电动）、线束、门锁机构以及外后视镜的控制件。并非所有的门板内部表面均被汽车饰板覆盖。门把手、肘靠、控制板、车窗手动调解器也安装在车门内侧。

车门外板件使用吸盘、杠杆和撬棒、焊机、撞杆进行修理。若损伤严重，车门外面板可单独更换。应根据具体情况决定修理程序，而不是更换车门。

若碰撞损伤了车门，已经达到无法修复或修复不经济的程度，就需更换新车门。车门外面板包含在新车门内，新车门也安装了内部加强梁和其他加强件。通常，窗玻璃、导槽、调整器和其他车门附件不包括在所更换的车门中。

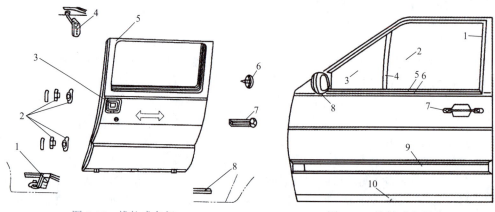

图 5-45　推拉式车门

1—下滚柱体；2—限位器；3—门把手；
4—上滚柱体；5—门体；6—门锁撞块；
7—中间滚柱体；8—下滑道

图 5-46　旋转式车门

1—玻璃槽；2—前门玻璃；3—前门三角玻璃；4—玻璃隔条；5—外玻璃挡雨条；6—下托架；7—门把手；8—倒车镜；9—防擦饰条；10—下防碰饰条

（2）车顶盖　车顶盖将车身顶部围住，一般是一块金属板，其结构如图 5-47 所示。在一些车辆上，内外板件相互连接，两者组成一个完整总成。顶盖的组成包括前、后横梁和侧边纵梁。

有些车上的顶盖，特别在大轿车或礼仪车上，有圆弧顶盖或水平放在顶盖下层的加强件。顶盖总成的另外部分也包括较小的加强件、雨槽、滴水纵梁。一些顶盖包括活动车顶。在损伤评估报告中所有这些均要仔细记录。

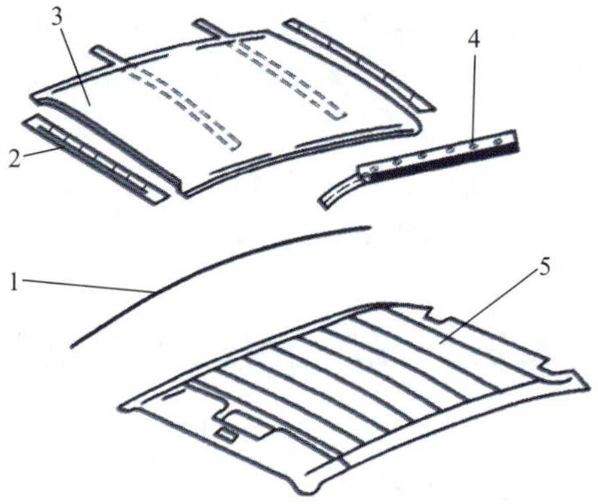

（3）前围板及仪表板　现代汽车的前围板和仪表板一般焊接在前底板、左右车门槛板和前门铰链立柱上。在承载式车身的车辆上，轮罩（挡泥板）与前纵梁也焊接在前围板上，安装位置如图 5-48 所示。当车辆 A 柱侧面受到严重撞击时会引起前围板损伤。

图 5-47　车顶盖

1—落水槽；2—车顶横梁；3—车顶；
4—车顶边梁；5—内衬板

前围板和仪表板重度损伤可在原厂接缝处进行拆卸及更换，但更换和维修比较复杂。评估前围板及仪表板总成更换工时时需考虑如下作业所需时间：仪表板的拆卸及安装；挡风玻璃的拆卸及安装；翼子板的拆卸及安装；车门的拆卸及安装；汽车衬里前边缘的拆卸及安装；空调与暖风装置零件的拆卸及安装；车顶纵梁嵌条的拆卸及安装。

仪表板总成安装在前围板的仪表板上，是车身附属设备中最重要的组成部分之一。仪表板多使用塑料件作为框架，将各部件组装到框架上以后，再用螺栓固定到车身上。

仪表板总成集中了全车的监察仪表，使驾驶员可以随时掌握并控制车辆的运行状况。桑塔纳 2000 型轿车的仪表板总成如图 5-49 所示。在仪表板总成的中部，一般装有一些其他设备的控制仪表和开关，以及烟灰盒和杂物箱等，两端则设置通风格栅。在一些轿车上，还应安装安全气囊和其他一些电子设备，仪表板总成的下部延伸到驾驶员侧有通道的一段，称为副仪表板，主要装有烟灰盒、音响、电话和冰箱等辅助设备。一般情况下，不同的车辆选装的设备和其安装位置略有不同。

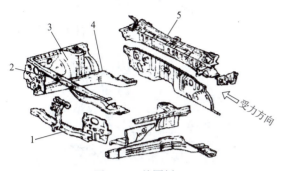

图 5-48　前围板

1，2—散热器框架；3—挡泥板；4—前纵梁；
5—仪表板

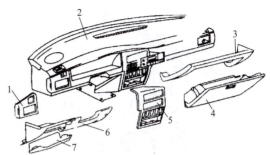

图 5-49　桑塔纳 2000 型轿车的仪表板总成

1—左饰板；2—仪表板；3—右饰框；4—杂物箱盖；
5—中心饰板总成；6—左饰框；7—杂物箱

高级轿车仪表板多采用软化结构，主要包括骨架、蒙皮及中间发泡层三部分。将蒙皮埋入镶嵌物，再注入发泡剂发泡成形，形成局部骨架结构，将其固定在仪表板横梁和支架上，也可直接在骨架上胶结软化层，形成封闭式架结构。

仪表板骨架按照材料不同主要包括钢板冲压件、树脂注塑件、纤维板、硬纸板等类型。钢板冲压件骨架重量大、成本高、焊接工作量大、装配质量低。而树脂注塑成型的仪表板骨架使用最多，如图 5-50 所示为奥迪车的仪表板。

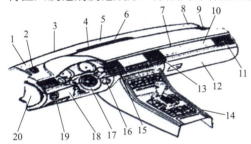

图 5-50　奥迪车的仪表板

1，5，8—喇叭；2—左侧除霜喷嘴；3—仪表板；4—中部除霜喷嘴；
6—日照传感器；7，10—副驾驶员安全气囊；9—右侧除霜喷嘴；
11—出风口；12—杂物箱；13，15—中部仪表出风口；14—中控
台；16—进入及启动许可开关；17—转向柱开关饰板；18—驾驶
员侧杂物箱；19—车灯开关；20—左侧仪表板护板

在紧急制动的情况下经常会造成出风口、杂物箱等仪表板零部件损伤，零部件损伤应以更换为主。仪表板轻微损伤应以维修为主。

（4）A 柱、B 柱及车门槛板　A 柱是前门铰链立柱与风窗玻璃立柱的统称，包括内、外板件。内、外板件焊接在一起形成牢固紧凑的结构。车辆 A 柱损伤无法通过校正维修时可经由切割、分离，再将配件焊接在此位置上的方法维修。一般情况，在维修手册中提供有能切割的部位，切割时，必须按照要求进行，而且不能对车辆的整体结构造成损伤。奥迪 A8 的 A 柱切割部位如图 5-51 所示。

B 柱又称中柱，一般 B 柱由内板件和外板件组成，焊接在车门槛板、底板及顶盖纵梁上，形成一个紧凑的结构。B 柱不但为车顶盖提供支撑，而且为前门提供门锁接触面，又作为后门门柱。

B 柱被碰撞而严重变形时，应进行更换。更换 B 柱前，一般在车顶盖下沿处切割 B 柱。切割部位在维修手册中可以找到。如图 5-52 所示为奥迪 A8 的 B 柱切割部位。

当 B 柱和车门槛板同时毁坏时，通常把 B 柱和车门槛板作为总成进行更换。损伤评估时，要考虑 B 柱的切割和焊接作业工时，同时还需考虑拆除后车门、前座，松开汽车衬里，卷起垫子和地毯，进行 B 柱饰件、车门密封条拆卸及安装等工时，还要考虑抗腐蚀材料费用及防腐处理工时。

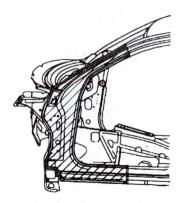

图 5-51 奥迪 A8 的 A 柱切割部位

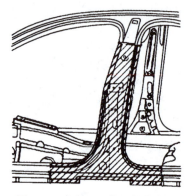

图 5-52 奥迪 A8 的 B 柱切割部位

车门槛板一般由内、外板件组成,是承载式车身的重要组成部件,其外形结构及断面如图 5-53 所示。在某些车辆上,外板件被直接焊接在底板上,它为驾驶室底板提供支承。承载式车身车辆的车门槛板由高强度钢板制成,其两侧经电镀处理,以提高抗腐蚀能力。

车门槛板碰撞严重变形时,应进行更换。内、外车门槛板可以单独更换,也可以整体更换,更换时,先进行切割,然后进行焊接,如图 5-54 所示。车门槛板在立柱之间被切割,完成全部焊接后,要进行防腐处理。损伤评估时应考虑防腐材料的费用。

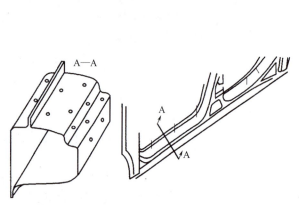

图 5-53 车门槛板外形结构及断面

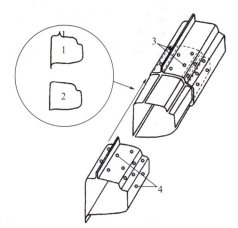

图 5-54 车门槛板的焊接

1—纵向切割车门槛板插入件的截面;2—切割后插入件的截面;3—插入车门槛板用铆焊或螺钉固定;4—电铆焊孔

5.3.3 机电设备及总成损伤评估

在一些交通事故中,除了车身板件和塑料件经常出现损伤外,发动机、传动系统、转向系统、悬架、制动系统、空调、冷却系统等机械、电气设备及其总成也经常发生损伤,电气线路及传感器和继电器也可能遭受损伤。

(1) 电气系统 汽车上有很多由蓄电池提供电流给各个电气元件的电路。整个电气系统包括充电系统、照明系统、其他电路(包括喇叭、刮水器和闪光器等)、启动系统、点火系统。

① 充电系统　由发动机曲轴通过传动带驱动的交流发电机（图5-55）的功能是将机械能转化成电能。当电流流向蓄电池时，蓄电池开始充电。当电流从蓄电池流出时，蓄电池开始放电。

蓄电池必须在充电后，方可为启动发动机提供必需的电流。当系统的需求负荷超过交流发电机的输出时，蓄电池也可以提供相应的电力。

交流发电机有自我控制特性，即控制充电电路的电流，但无法控制电压的输出。电压调节器的功能是借助控制发电机磁场电流的大小，以限制发动机输出电压。若没有电压调节器，在发动机高速运转时所产生的电压将会导致蓄电池过充电。

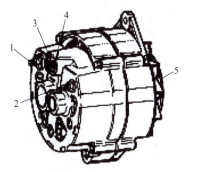

图 5-55　交流发电机
1—蓄电池接线柱；2,4—搭铁接线柱；3—继电器接线柱；5—带轮

② 照明系统　汽车照明系统包括前照灯、尾灯、示宽灯、停车灯、转向信号灯、汽车牌照灯以及仪表指示灯。

将这些照明系统的导线集结起来形成线束，并用电缆和其他电器相连接。前照灯分为可换灯泡式车灯及封闭式车灯。可换灯泡式车灯总成由前照灯罩、灯泡、调节螺钉以及固定支架组成。需经常检查前照灯是否正常工作或松动。若前照灯已松动，一般是因为前照灯罩定位舌的调整螺钉部位已损伤，在这种情况下，需更换前照灯罩。封闭式前照灯由封闭灯光装置、调整螺钉和支座组成。若前照灯罩或是固定托架已损伤，则应更换前照灯总成。在编写评估报告时，需检查前照灯是否能正常工作。每一个前照灯的拆卸或更换，均要计入调整前照灯的工时。

③ 其他电路　在每一辆汽车上都有风窗刮水器和洗涤器，以及喇叭两种电路。其他典型装置有收音机、盒式单放机、扬声器、报时器、蜂鸣器、图形显示器，以及各类仪表、计算机控制器、动力座椅调节装置、动力门窗和锁、外后视镜动力调节装置、前照灯自动变光器、气囊系统、巡航控制等。

（2）空调系统　汽车空调主要由压缩机、冷凝器、储液干燥器、制冷控制器、蒸发器等构成。空调的大部分零部件在碰撞中均容易损伤。有些零件可以修复，而有些零件则需要用新件更换。

当压缩机在碰撞中被损伤时，首先会引起离合器和带轮总成的损伤。这些均可分别从压缩机上拆卸和修理或者更换。当损伤时，对压缩机本身也可以进行分解及修理。在压缩机前方有个油封，它可以避免制冷剂和制冷润滑油从压缩机轴向外泄漏。当油封损伤时，应该及时将它更换下来。

冷凝器所处的位置决定了它在汽车正面碰撞时容易损伤。其空气流动散热片就像散热器上的一样，也可以进行清洗或矫形，而其泄漏可以采用锡焊加以修理。

当冷凝器损伤时，也应该检查集液器（干燥器）是否已损伤。若干燥器损伤，则应该予以更换。若系统在碰撞中以开口状态暴露于空气之中有一段时间，也应该进行替换。蒸发器、膨胀阀以及节流阀在碰撞中很少损伤。若蒸发器已损伤，其机壳和机芯可以更换，调温膨胀阀损伤时也应该更换。

无论何时进行任何操作，均需要拆卸一条制冷剂管，并且附加操作时间必须包括排空系统和填充系统需要的时间。当然，必须加上所有附属零件拆卸和重新安装所需的时间。制冷剂与制冷润滑油的价格也应该添加到价格评估中。

（3）动力传动系统　动力传动系统通常分为前轮驱动式和后轮驱动式两种。碰撞时，两种动力传动系统的损伤不同。

① 发动机　碰撞可能对发动机内部零件造成破坏。若横置发动机汽车在保险杠以上遭受严

重碰撞，则可能造成气缸盖与顶置凸轮轴损伤。在碰撞中可能会损伤发动机带轮、传动带、发动机支座、正时罩盖、油底壳及空气滤清器等外部零部件。

发动机支座可能在正面或侧面碰撞中遭到严重的损伤。在碰撞中，下纵梁和散热器支架以及附在其上面的任何零件均可发生易位。发动机支座通常以这种方式弯曲。观察支座、发动机以及纵梁的位置，一般情况下，支座与发动机和纵梁以直角方式连接。除了直角以外，任何角度都表示发动机或纵梁发生了位移。一般要对纵梁进行修理使其恢复到适当的角度。

若支座变形，也应该予以更换。支座在严重碰撞中会发生破碎现象。应该在举升发动机后，再对支座进行检查。若发动机上移，则表明支座可能已破损。为了检查自动变速器汽车的发动机支座是否损伤，需启动发动机，踩下制动踏板，并使汽车处于驱动状态。不松开制动器，但是缓缓地踩下加速踏板，若发动机弹起，则表明支座可能已损伤，应更换破碎或者弯曲的发动机支座。

② 变速驱动桥

a. 手动变速驱动桥　变速器传动部分安装在铸铝壳体内。变速驱动桥的内部零件包括齿轮、离合器总成和换挡拨叉等。其外部零件有变速杆、离合器操纵主缸和离合器操纵工作缸。在正常工作时，变速驱动桥与液压离合器必须有润滑液，并且操纵杆件必须正确定位。碰撞会引起变速器壳开裂损伤，破坏液压系统，或者造成操纵机构定位失准。将汽车举升起来检查在变速器的接合处是否有漏液现象，有任何形式的损伤均必须更换。

b. 自动变速驱动桥　自动变速器由一组或多组行星齿轮、制动带、伺服机构、离合器、半轴齿轮和油泵组成。这些零部件都被安装在变速器壳和盖里。此外，若变速器壳已破碎或开裂，则变速器壳应进行更换。自动变速器底部装有一个冲压的钢制油盘用来储存润滑液。若油封部位受损，则应将它拆卸下来，进行矫形，加上新密封垫后，重新安装到变速器壳上。如果该油盘受损后拆卸下来，则对其内部零件也要进行检查。

若变速器外部零件受损，或者怀疑内部零件已损伤，则变速器应该解体并加以检查。由于磨损可引起变速器不能正常工作，因此，客户和保险公司应该提前达成协议，确定谁支付解体检查费用。典型情况为，若问题由碰撞所致，则保险公司需要支付费用；若磨损是导致故障的原因，则应由客户支付费用。通常并不需要将变速器从汽车上拆卸下来。

若变速器在汽车驻车制动状态下被碰撞，则可能会损伤驻车制动棘轮，该棘轮被设计成在其他任何零部件损伤前就被损伤。

c. 传动轴　前轮驱动汽车发动机产生的动力经由两个传动轴或半轴传到驱动轮。为了能使车轮转向，每个半轴包括两个等速万向节，半轴的两端均与相应的万向节相连接，如图5-56所示。每个等速万向节都由球笼、轴承、驱动件或三销轴、壳体和防尘罩组成。防尘罩内储有润滑脂以确保等速万向节正常工作。作用在驱动轮上严重的撞击会将半轴从变速驱动桥中拉出，严重时会损伤等速万向节。只要有一个驱动轮遭受损伤，就需要对半轴进行检查。检查防尘罩是否损伤。拉动半轴，检查是否松动。防尘罩和等速万向节损伤可予以更换。在某些情况下，整个车轴均应予以更换。

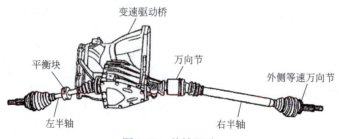

图 5-56　前轮驱动

对于后轮驱动的汽车，传动轴将发动机及变速器的动力传送到差速器。传动轴可能因后桥遭受严重冲击而从变速器端被拽出。如果传动轴已损伤，不需对它进行修理应更换整个总成。

d. 后桥总成　驱动轮由半轴及车桥所驱动。差速器可以使左、右后轮以不同的速度转动。后桥总成由桥壳、两个半轴及一个差速器组成。作用于后轮上的冲击可能使后桥弯曲或者损伤后桥壳。为了检查后桥的弯曲度，首先应该用千斤顶顶起车后部并且将桥壳支住。如果车轮是挠曲的，应该重新安装一个新车轮。转动车轮，并站在车后，观察车轮是否发生摆动。放置一个指针作为参考点将有助于观察。若车轮摆动，则车桥可能已弯曲。为了检查套管是否弯曲，可采用从一个参考点出发来测量两端的方法。如果车桥或桥壳已弯曲，则应该予以更换。

e. 四轮驱动车辆　四轮驱动车辆通常是皮卡、越野车或高级轿车，一般情况下，包括一个分动器、一个前驱动桥和一个后驱动桥。分动器安装在变速器的后侧来驱动前传动轴和前驱动桥。在某些情况下，前轮使用等速万向节。若有撞击作用在前轮上或者车架严重损伤，将有可能使这些零件损伤，就需检查分动器是否漏油或者紧固点是否损伤。前传动轴和前驱动桥的检查及修理同后传动轴和后驱动桥。

（4）悬架系统　悬架系统是一个复杂的系统，需要承担某些相互矛盾的功能。而前悬架必须保持车轮的姿态并同时允许其左转或右转。除此以外，由于在制动期间发生重量转移，前悬架系统要吸收大部分的制动回转力。当前悬架达到这些目标时，它就可以提供良好的乘坐舒适性和操作稳定性。

不论是哪种形式的悬架，通常都包括摆臂、弹簧、减振器、球头及球头销、转向节、橡胶垫及导向杆。在做损伤评估时，应检查这些地方是否有断裂、松动、弯曲、泄漏、裂纹等现象，并且要区分是事故之前就已经存在，还是因为事故碰撞造成的。主要是检查当以上现象出现时，这些现象是新产生的还是老旧的痕迹。如图 5-57 所示为主动空气悬架。

图 5-57　主动空气悬架

（5）转向系统　现代轿车的转向系统多数为齿轮齿条转向系统。它可以是无助力的或带有转向助力器的。在少数轿车上也有使用循环球式转向器的，它多用于无助力的转向系统上，由循环的圆形滚道、钢球、螺杆、螺母副及齿条扇齿等组成，在螺杆、螺母之间装有钢球。钢球通常分为两组，钢球随方向盘的转动而在螺杆、螺母之间的滚道上滚动，并经由各自的导管做循环运动，钢球驱动螺母使其在螺杆上上下移动。这种类型的转向机构在碰撞时，具有很高的防撞能力，碰撞时的冲击能量可通过转向传动机构传递给变速器。

当汽车发生前部碰撞事故时，必须检查齿条与齿轮是否损伤，以及固定支架是否变形。所有手动或带动力转向泵转向机构的部件都应被仔细地检查，不允许有任何损伤被漏检。若怀疑任何部件可能有内部损伤，则必须对转向系统进行仔细的检查与评估。

（6）制动系统　对于车轮的碰撞可能会损伤制动系统的，包括制动系统中的管路、制动器、传感器，应检查制动工作情况。若连续踩制动踏板，能够完全踩下制动踏板到底板，则表明制动管已破损。仪表板上有关 ABS 的指示灯闪亮，即表示 ABS 存在损伤。更换零件是 ABS 唯一的修复方法。

5.3.4 漆面修整费用评估

对漆面整修工序的劳动工时及材料成本进行估算时，估算值和调整值应该与实际作业工序、车辆喷漆所用工具及材料费用相符合。评估时，必须考虑车损评估及鉴定的前期作业。在维修手册中给出的关于拆卸和更换、拆卸和安装以及钣金件大修等的作业工时通常不包括对钣金件喷漆的时间。

普通车型喷漆用料及工时如图 5-58 所示，这是单个配件喷漆费用，不同的车型按全车喷漆的不同漆料及工时单价比例做相应的调整。

① 全车喷漆漆料最高不超过 2L，人工 160 工时，人工单价按照各企业标准执行。
② 非全车喷漆应考虑到漆料的浪费，所以漆料费总计比全车喷漆略高。
③ 某些车型的个别部位面积过大或过小可酌情调整。
④ 漆料在实际操作中最低使用量为 0.2L。
⑤ 金属漆加材料费用的 25% 漆料费，通常占材料加人工总费用的 10%。

另外还应考虑喷漆辅料费用。
① 普通金属漆价格根据市场行情变化。
② 配套辅料占漆料的 35%，包含稀释剂、固化剂、罩光漆。
③ 喷漆工序辅料占漆料的 15%，包含腻子、底漆、砂纸、清洁布、清洁剂。

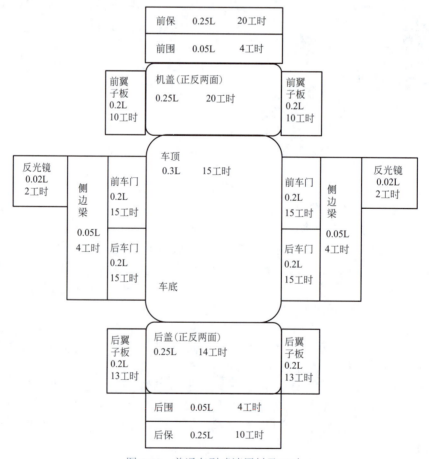

图 5-58　普通车型喷漆用料及工时

5.4 汽车水灾损失分析

（1）汽车水灾损失影响因素

① 水的种类 评估水淹汽车损失时，一般将水分为淡水和海水。同时，还应该对水的浑浊情况进行认真了解。多数水淹损失中的水为雨水和山洪形成的泥水，但也有因为下水道倒灌而形成的浊水，这种城市下水道溢出的浊水中包含油、酸性物质和各种异物。油、酸性物质和其他异物对汽车的损伤各不相同，必须在现场查勘时仔细检查，并进行明确记录。

② 水淹高度 水淹高度是确定水损程度非常重要的参数，水淹高度一般不以高度作为计量单位，而是以汽车上重要的具体位置作为参数。以轿车为例，水淹高度一般分为6级。

1级——制动盘和制动毂下沿以上，车身地板以下，乘员舱未进水。

2级——车身地板以上，乘员舱进水，而水面在驾驶员坐垫以下。

3级——乘员舱进水，水面在驾驶员坐垫面以上，仪表工作台以下。

4级——乘员舱进水，水面在仪表工作台中部。

5级——乘员舱进水，水面在仪表工作台台面以上，顶篷以下。

6级——水面超过车顶，汽车被淹没顶部。

③ 水淹时间 水淹时间（t）的长短对汽车所造成的损伤差异较大。水淹时间以小时（h）为单位，一般分为6级。

1级——$t \leqslant 1h$。

2级——$1h < t \leqslant 4h$。

3级——$4h < t \leqslant 12h$。

4级——$12h < t \leqslant 24h$。

5级——$24h < t \leqslant 48h$。

6级——$t > 48h$。

（2）汽车水灾损失评估

① 水淹高度为1级时的损失评估 当汽车的水淹高度为1级时，有可能造成的受损零部件主要是制动盘和制动毂。损坏形式主要是生锈，生锈的程度主要取决于水淹时间的长短以及水质。一般情况下，无论制动盘和制动毂的生锈程度如何，所采取的补救措施主要是四轮的保养。所以，当汽车的被淹高度为1级，被淹时间也为1级时，一般不计损失。

② 水淹高度为2级时的损失评估 当汽车的水淹高度为2级时，除造成1级水淹高度时所导致的损失以外，还会导致四轮轴承进水；全车悬架下部连接处由于进水而生锈；配有ABS的汽车的轮速传感器的磁通量传感失准；地板进水后车身地板的防腐层与油漆层本身有损伤就会造成锈蚀；少数汽车将一些控制模块布置在地板上的凹槽内（如上海大众帕萨特B5），会造成一些控制模块损毁（若水淹时间过长,被淹的控制模块有可能彻底失效),损失率一般为0.5%～2.5%。被淹时间为2级或2级以上时，水淹时间对损失金额的影响也不大，损失率一般为0.1%左右。

③ 水淹高度为3级时的损失评估 当汽车的水淹高度为3级时，除造成2级水淹高度所导致的损失以外，还会造成座椅潮湿和污染、部分内饰的潮湿和污染、真皮座椅与真皮内饰损伤严重。通常来说，水淹时间超过24h以后，还会造成桃木内饰板分层开裂;车门电动机进水;变速器、主减速器以及差速器可能进水；部分控制模块被水淹；起动机被水淹；中高档车CD换片机、音响功放被水淹。损失率一般为1.0%～5.0%。

④ 水淹高度为4级时的损失评估　当汽车的水淹高度为4级时,除造成3级高度所导致的损失以外,还可能造成发动机进水;仪表台中部音响控制设备、CD机、空调控制面板受损;蓄电池放电、进水;大部分座椅和内饰被水淹;音响的喇叭全损;各种继电器、熔断器可能进水;所有控制模块被水淹。损失率一般为3.0%～15.0%。

⑤ 水淹高度为5级时的损失评估　当汽车的水淹高度为5级时,除造成4级高度所导致的损失以外,还可能造成全部电器装置被水泡;发动机严重进水;离合器、变速箱、后桥也可能进水;绝大部分内饰被泡;车架大部分被泡。损失率一般为10.0%～30.0%。

⑥ 水淹高度为6级时的损失评估　当汽车的水淹高度为6级时,汽车所有零部件均受到损失。损失率一般为25.0%～60.0%。

(3) 鉴别水淹车的技巧　二手车因为电路部分进水,尤其是各个控制电路板浸水后,容易短路、烧坏、腐烂,在日后的使用中常常会有各种故障出现,严重的情况会导致发动机需要大修。所以,车辆浸水后价值大打折扣,购买二手车要慎防买到水淹车。鉴别水淹车有如下技巧。

① 检查后备厢、杂物箱、仪表板以及座椅下是否有污水毁坏的印迹,尤其要检查死角里是否存有淤泥、泥浆印迹或生锈。

② 仔细检查内饰和地板,若有不匹配或松动,很可能是被更换掉的。变色、染色或褪色材料一般有水损坏的痕迹。淹水车的地毯晒干后可以看到那些毛粒耸起,而且用手摸上去会显得比较粗糙,没有泡水的地毯摸上去感觉会更为柔软。

③ 仔细检查空调出风口,这是很难清洗干净的地方,仔细检查边边角角的缝隙有没有泥垢残留,而且因为内部管线容易发霉,闻闻有无霉味吹出。若车内可以闻到浓烈的香水味应小心,因为具有浓烈气味的香水经常被用来掩盖发霉的气味。

④ 查看仪表盘下边的电线是否有龟裂,若经水泡过数日的电线一旦干了后,表层的塑料皮会比较脆,同时有稍许变色。

⑤ 安全带的插孔与关节处必须检查,因为该处一旦被水浸过,就会留有痕迹。

⑥ 水浸泡过后,音响液晶面板字体会出现断字情形。若车内音响是全新或改装品,特别是新装产品比出厂所标配的等级还低,有可能是淹水车,因为音响一般只会升级,很少会降级。

⑦ 转动点火钥匙,保证各相关配件、警告灯和仪表工作正常,并确保安全气囊和ABS指示灯工作正常。

⑧ 反复试验几次电源和电子设备,例如内室和外部的灯、窗户、车门锁、收音机、点烟器、加热器和空调等是否正常工作。

⑨ 打开发动机盖,淹水车发动机机舱的电线很多均已经沾满了污泥,而且这些是没有办法清洗的。这是鉴别是否是淹水车最为保险的方法之一。检查发动机盖的隔音棉,是否毛粒耸起,这均是水泡过的痕迹。

⑩ 发动机的金属质地和其他金属部件是否存在一些霉点,若全车金属均是这样的话,说明该辆车很可能是淹水车,但是若只是部分金属出现这样的情况,也有可能只是车辆长期放置在潮湿的地方才导致这样的问题。另外,淹水车因为有一些砂石是没有办法清理的,留在一些齿轮或者皮带处,因此会造成某些部件容易损坏,而且开始时也会有一些异响。

5.5　汽车火灾损失分析

(1) 汽车火灾的分类　火灾对车辆损坏通常分为整体燃烧和局部燃烧。

① 整体燃烧 整体燃烧是指机舱内线路、电器、发动机附件、仪表台、内装饰件、座椅烧损，机械件壳体烧熔变形，车体金属（钣金件）件脱碳（材质内部结构发生变化），表面漆层大面积烧损。该情况下的汽车损坏一般非常严重。

② 局部燃烧 局部燃烧分三种情况。

a. 机舱着火造成发动机前部线路、发动机附件、部分电器、塑料件烧损。

b. 轿壳或驾驶室着火，导致仪表台、部分电器、装饰件烧损。

c. 货运车辆货箱内着火。

（2）汽车火灾的损失评估 汽车起火燃烧以后，其损失评估的难度相对大些。

若汽车的起火燃烧被及时扑灭了，可能只会造成一些局部的损失，损失范围也只是局限在过火部分的车体油漆、相关的导线和非金属管路、汽车内饰。只要参照相关部件的市场价格，并考虑相应的工时费，就可确定出损失的金额。

若汽车的起火燃烧持续了一段时间之后才被扑灭，虽然没有给整车带来毁灭性的破坏，但也可能造成比较严重的损失。只要是被火"光顾"过的车身的外壳、汽车轮胎、导线线束、相关管路、汽车内饰、仪器仪表、塑料制品、外露件的美化装饰等可能均会报废，定损时需考虑到相关需更换件的市场价格、工时费用等。

若起火燃烧程度严重，外壳、汽车轮胎、导线线束、相关管路、汽车内饰、仪器仪表、塑料制品、外露件的美化装饰等肯定会被完全烧毁。部分零部件，例如控制计算机、传感器、铝合金铸造件等，可能会被烧化，失去使用价值。一些看似"坚固"的基础件，比如发动机、变速器、离合器、车架、悬架、车轮轮毂、前桥、后桥等，在长时间的高温烘烤作用下，会因为"退火"而失去应有的精度，无法继续使用，这时，汽车离完全报废的距离已经很近了。

汽车火灾损失评估步骤如下。

① 对显著烧损的部位进行分类登记。

② 对机械件应进行测试、分解检查，尤其是转向、制动、传动部分的密封橡胶件。

③ 对金属件（尤其是车架、前桥、后桥、壳体类）考虑是否因燃烧而退火、变形。

④ 对于因火灾使车辆遭受损害的，分解检查工作量很大，且检查、维修工期较长，通常很难在短时期内拿出准确估价单，只能是边检查边定损，反复进行。

5.6 汽车修理工时费用的确定

5.6.1 汽车的修理与更换工件

在做出进行修理或更换损伤钣金件的决定时，必须考虑一些因素，首先是损伤程度。所有的钣金件均存在不同程度的弯曲，并且有恢复其原状的趋势，这种趋势称为弹性变形。但是，当一块钣金件的弯曲大于一定值（弹性变形极限）时，它就会发生永久损伤或变形。金属晶格就会发生滑移和重组，呈现出重新排列或重置。晶格会沿着弯曲的顶点伸展，也会沿着弯曲的底部压缩和收缩。伸展和压缩区被称为加工硬化区，该区域重组晶格变得很硬。在车身钣金件上的加工硬化区，过度加工硬化可能需要大量的修理工时，这时就需要更换钣金件。

有时，钣金件损伤的类型可能决定钣金件是否可修。使用中，碳钢钣金件比高碳钢或低碳钢钣金件更易于收缩或伸展回原形。有些高碳钢在受热进行压缩或拉伸操作时，会失去其晶格排列或强度。所以，损伤的高碳钢板材常常比低碳钢板材更需要更换。常规的修理方法可能对特殊零件不适用，更换或切断损伤的零件是比较理想的方法。

影响钣金件可修性的另一个因素是其结构。在汽车的很多零部件中，外部钣金件和内部钣金件焊接在一起形成稳固的箱式结构。高碳钢加强件通常放在箱式结构里面。这些加强件经常受到各种切割和焊接技术的限制。所以，了解结构技术非常重要，这样才能知道加强件的位置。

有时，不能对损伤零件的背面进行操作。这就限制了锤子、垫铁、匙形工具或錾子的使用。若钣金件损伤严重而无法用锤子和销校正，就应更换钣金件。

损伤钣金件是修理还是更换最主要的决定因素是成本。这就存在一个问题，在何时更换钣金件比修理更经济。最基本的原则是，若修理的费用超过更换费用的75%，损伤的零件就应予以更换。

需要换件时，通常需掌握以下原则。
① 修复后无法恢复原有性能，例如转向节、钢卷。
② 修复后无法达到技术标准，例如缸体、飞轮壳、元宝梁。
③ 修复后无法恢复原外观，例如亮条、饰条。
④ 骨架、立柱、轮槽严重变形，修复后会漏水，漏气。
⑤ 气盖件损伤面积超过50%，恢复难度较大。
⑥ 恢复件费用达到换件的50%以上。
⑦ 能修复但无厂家修复的，例如大梁、工字梁、后桥等。
⑧ 无法修复，例如玻璃制品、橡胶件。
⑨ 影响安全的部件，例如横切托杆、平衡杆、球头转向机等。
⑩ 商品车，3个月内的新车。

5.6.2 作业工时

作业工时是以汽车制造商提供的信息与工时标准为基础的。制造商提供在普通修理企业条件下可实现的时间定额。通常维修技师在平均劳动条件下和按照制造商修理手册规定的工序，需能在规定的时间内完成修理作业。作业工时标准包括准备作业时所花费的收集工具和材料的时间。

汽车制造商建议的作业工时，是指从新的、未损伤的汽车上拆卸和安装新的、未损伤的原装零件所用的时间。实际经验表明，制造商提供的作业时间有时与修理损伤汽车的实际不符。所以，碰撞评估研究机构不断地从碰撞修理企业中搜集相关的作业数据，对制造厂提供的作业工时予以修正，建立了一套实用的作业工时标准。这些作业工时标准受地域限制，可有一定的差异。

作为独立作业，一个新的、未损伤零件的安装是制订作业工时的基础。这种工时只适用于标准原装库存零件，不适用于装备非汽车制造商提供的汽车零件。制造商也不将其作为标准或常规产品选装来供货。若其他零件或设备必须予以更换，作业工时就应该调整以弥补增加的劳动。例如，若决定用市场配件或旧车拆解零件更换损伤零件，就会因为调整和校正汽车零件而调整附加工时。所以，在计算作业工时时，要考虑附加工时，主要考虑的附加工时如下。
① 准备时间，用于切割、拉伸、压缩等方法拆卸严重损伤的零件。
② 防腐抗锈材料，拆卸或应用可以烧焊的富锌底漆、石蜡、面漆和底漆等。
③ 碎玻璃的清理。
④ 电气元器件。
⑤ 必要的拆卸和安装时间，包括接线、线束及计算机模块。
⑥ 在断电进行修理时，应重新启动记忆模块功能的时间。

⑦ 车架调整。
⑧ 清洗零件，清洗零件上的锈迹与腐蚀物所需的时间。
⑨ 测量和检验，承载式车身结构损伤。
⑩ 塞堵和修整孔，安装时塞堵零件上不需要的孔。
⑪ 修理及校准，相邻零件被更换时。
⑫ 修复零件，适用于特定年款和车型（例如钻车灯孔，修改散热器支架）。
⑬ 润滑油与润滑脂，清洗这些或其他可能影响工作的材料。
⑭ 移装时间，将旧零件上的支架、托架或加强件焊接或铆接到新零件上。

5.6.2.1 事故车的维修作业工时

事故车的维修作业工时主要包括修复工时、换件工时、拆检工时及涂漆工时4大部分。

（1）修复工时　修复工时是指对钣金件和车架的修复所需的工时。

① 钣金件修复工时　矫直损伤钣金件的作业工时称为钣金件修复工时。对钣金件修复工时进行计算时，需要掌握如下修复内容：检查钣金件；制订修理工序；粗略估计损伤情况；刮掉涂层；若需要，进行热装；车身混合填料；对车身进行填料作业；打磨车身填料。

矫直工作的单位时间、材料费，最好通过记录几个星期或几个月中修理厂矫直工作所需的时间和材料费测得。然后，就能确定平均小时材料费。

在确定矫直损伤钣金件的工时费和材料费后，就应对修理总费用及更换损伤钣金件的费用进行比较。若矫直费用超过新钣金零件和工时费的75%，就应更换钣金件，尤其是新款车。这种损伤程度的钣金件很难修复到原状。显然，其安全性能、外观以及质量抵消了稍高的更换费用。

② 车架修复工时　在车架修理中常存在各种易变因素，例如损伤程度、设备种类以及零件附件等，因此不能列出具体的作业工时。每个碰撞修理企业均应制订劳动工时标准。这个标准应考虑进行下列作业所需时间的总和。

a. 将汽车安装到车架修理设备上时间　在一些工作台系统中，汽车在举升器上被举起，而工作台向下移动。然后，将汽车落到工作台上。其他工作台系统位于汽车底下，而且汽车在装配过程中被逐渐举升。在有动力车架纵梁系统中，汽车驶上或被推到工作台上。在地沟系统中，汽车被固定到地面上，对于承载式车身的汽车，使用一个焊接夹具固定汽车，随后将其固定在地面上。严重损伤的汽车，因为其悬架损伤而不能行驶将需要附加时间进行固定。

b. 损伤测量时间　为了正确地制订计划和修理，必须对车架进行测量，可能会用到挂式量规、机械或计算机测量方法。其中，每种方法均需要不同的时间，应确定测量设备安装需要多长时间，然后读数并且记录数据。总时间可能在承载式车身汽车和车架式车身汽车之间变动。

c. 准备时间　为了对已经损伤的板件进行修理，可能需要拆卸某些未损伤的零件，所需时间即为准备时间。例如，一辆遭受前部碰撞的承载式车身汽车的散热器支架损伤需要修复，未遭受碰撞一侧的挡泥板未损伤。然而，在修理散热器支架时，未遭受碰撞一侧应进行正确的支撑，将未损伤挡泥板拆卸后，夹具方可夹住散热器支架。对于一辆载货汽车，在对其车架进行修理时应固定车架。有时要将燃油箱中的燃油排干并将燃油箱拆卸下来，才能用铁链固定车架。所有的准备时间均必须计入车架修理工时中。

d. 车架调整时间　车架调整时间是由需要多少个附件及连接件所决定的。严重损伤的车架存在多种损伤，其修理比只有单一损伤的简单损伤车架的修理需要更多的连接件及时间。有时一个连接件需要修理两种类型的损伤，例如侧弯和凹陷。

总之，评估人员应熟悉安装、测量、拉伸等修理设备，才能对准备时间和调整时间进行评估。

（2）换件工时　在必须用新零件更换损伤零件时，需用换件工时。换件工时是指将损伤零件或总成拆卸下来,再将螺栓或卡箍等连接件拆下并安装新零件,将新零件或总成安装到车上,并调整零件或总成时间。

对换件工时进行正确评估的关键是要了解哪些修理作业包括在拆卸与安装时间中,而哪些不包括在内。例如,更换围板和纵梁的作业通常包括以下内容。

① 所有必需的焊接。
② 拆卸和安装底板缓冲垫和装饰件。
③ 拆卸和安装捻缝。

更换围板和纵梁作业列出的作业工时通常不包括以下内容。

① 在车架矫形机上安装汽车以及对损伤情况进行诊断的时间。
② 拆卸和安装所有的螺栓连接零件。
③ 车轮定位。
④ 拆卸和安装车身钣金件。
⑤ 漆面修整。
⑥ 进行底漆、隔声材料及防腐保护等作业。
⑦ 拆卸相邻钣金件。
⑧ 拉伸和矫直。
⑨ 前照灯校准。
⑩ 更换印花。

若在更换工序中必须进行一些尚未列入的作业,则评估时需将这些作业分别计入相应的作业工时中。另外,应避免将已包含在拆卸和安装工时中的作业列进去。

车门或保险杠等的装配工时已包括个别部件的拆卸和安装工时,不得在评估报告中单列。例如,更换车门的作业工时就包括拆装把手、车门锁、车窗玻璃及其他零部件的时间。对这些零部件的作业工时也需单列。但是,单独拆卸和安装这些零件不应计入评估报告中,因为这些作业已经计入车门的拆卸和安装工时之内。事故车换件工时标准应参照当地标准,因为地域不同,各地的事故车换件工时费有所不同。

(3)拆检工时　有时为了修理钣金件或零件,需要拆卸与其相邻的未损伤零件,修复以后,需要重新将零件装上,这种作业称为拆检。比如,一辆汽车驶进排水沟中,可能损伤了车轮和车架。为了修理损伤的汽车下部零件,就需要拆下未损伤的保险杠、发动机机舱盖及翼子板。待修理完成后,这些零件必须重新安装和调整。拆检工时即是用于这些零件的拆卸和安装。拆检工时还包括零部件或总成的校准与调整,不包括被拆卸和安装零件的相邻零部件的修理及校准时间。也不包括特殊作业或无需拆卸和安装的零件。拆检工时也用来拆卸和安装损伤零件,以使得零部件能从车上拆下来进行修理。例如,先将车门从车上拆下来,受损的车门就可能更容易修理。

(4)喷漆工时　当金属板件损伤和板件表面损伤的修理工作完成以后,就需要进行新漆面整修工作,所花工时称为喷漆工时。当对漆面整修工序的劳动工时及材料成本进行估算时,估算值和调整值应该和实际作业工序、车辆喷漆所用工具和材料费用相符合。

5.6.2.2　作业工时的调整

(1)重复作业　若修理作业重复,就需要考虑减少一个或多个劳动工时。在更换一个零件时,若需要更换另一个相连的零件,就会发生重复作业。例如,在更换一辆汽车的后侧围板与后车身板时,这两个零件相交的部分就叫作重复。存在重复作业,相邻零件的更换就比分别更换这些零件所花的时间要少。

（2）包含作业　包含作业是另一种降低劳动成本的作业。这种作业可以单独进行，但也是其他作业的一部分。例如，在更换车门时，车门更换的推荐工时可能有更换除装饰之外的所有车门附件。不拆卸这些零件就无法对车门进行修理。这样，有关拆卸这些零件的工时就可能是包含作业而应加以忽略，因为单独拆卸这些零件的工时已经包括在车门更换工时之内。

（3）作业准备　减少作业工时的第三种情况是在修理作业过程中涉及拆卸相邻零件及其修理作业。若上一工序拆卸的零件或钣金件，可使下一工序作业更加简单，则碰撞评估指南中所列出的平均费用就应该适当地减少。例如，拆卸和更换汽车后车身板的工时是 0.5h。但是，这些工时包含为了对后车身板进行修理而拆卸相邻零件的时间。若前一工序修理作业已经拆卸了相邻零件，以便对车身进行作业，则拆卸和安装工时就需相应地减少。

5.7 车辆损伤评估报告的撰写

（1）基本信息　车损报告中的基本信息主要包括车主姓名、地址、电话号码、保险信息、车辆 VIN（17 位代码）、油漆代码、牌照号和行驶里程等。这些信息是最基本的，也是非常重要的，不能缺少。

（2）确定是否有重要选装件　汽车选装某些零部件可能会增加汽车现值，因此应在汽车碰撞事故评估中列出，常见的有下列可以选择。

① 特定大小的发动机尺寸或其他。

② 汽车天窗。

③ 调频收音机、立体声音响、录音机、CD 播放器（仅限原装件）。

④ 遥控门锁、车窗自动升降器和座椅自动调节器。

⑤ 巡航控制、倾斜式方向盘。

⑥ 真皮座椅、特制轮毂罩盖、后备厢（原装件）和专用修理包。

除了选装件使现值增加以外，柴油机、手动变速器或没有装空调、备选修理包或动力转向都会降低汽车现值。

（3）判断事故前损伤　必须彻底检查整车，排除和保险条款无关的事故前损伤。

① 旧划痕和凹痕。

② 锈蚀、腐蚀或喷漆抛光的缺口及瑕疵。

③ 在保险杠、框架、护罩上的塑料件和橡胶件的裂缝、凹痕。

④ 座椅或内饰撕裂口。

⑤ 座椅、地毯和内部表面的污点与损坏。

⑥ 玻璃或后视镜的破碎和裂纹。

⑦ 轮毂罩盖或装饰条的损坏或缺失。

⑧ 灯罩开裂、破碎或者灯泡烧损。

⑨ 单独选配设备的损伤，如空调、暖风、后防霜等。

确定事故前损伤，将其记录在车损报告及鉴定中。保险公司不负担对事故前损伤的修理费用，他们的责任只是负担因这次事故造成的损伤。

（4）确定更换的零件及其价格　根据碰撞方向和程度，确定受损零件，其确定方法是从直接碰撞点开始检查，向内检查整个损伤区域，列出受影响的所有零件。按着冲击力贯穿全车的路径进行检查。在最常见的前端碰撞事故中，检查过程是由汽车前端开始，逐渐向后。

考虑将汽车划分为主要总成或相关零件组,然后,根据从外到内的顺序,按组列出损伤零件。例如,一辆汽车左前角受到损伤,在这种碰撞中受损的典型总成(按从前向后的顺序)为保险杠、格栅、左前照灯、散热器、车顶及翼子板。从汽车前端开始,检查已损伤总成的每个损伤零件,将零件按从外向内的顺序列出。例如,损伤翼子板需更换翼子板、悬架滑柱支座、滑柱塔座、后延伸件、挡泥板和车裙围。翼子板附属件,车身嵌条及车灯等也可能需要换。

根据配件价格手册,即可查出所需更换零件的价格和更换工时费用。

(5)确定维修项目及价格 对于需要维修的板件及车架,必须合理确定维修项目,分别列出需维修矫正的零件,根据"机动车事故修复分项工费"可以查得修复某一零件所需工时及对应的工时费,填入评估表中。

(6)填写车损评估表注意事项

① 避免缩写 除非缩写在评估报告中已定义,否则不许过多地使用缩写。当一块后围侧板必须进行矫直时,不能写成"矫围板",而要具体写成"矫正后围侧板"。必须区分左、右侧的零件。在编写报告时,重复利用一个标记可节省时间,但用得过多会引起混乱,甚至难懂。每个记录均应完整。

② 字迹要整洁 干净、整洁的表格会给用户及理赔员留下深刻的印象。这很好理解,也容易做到。交予每个汽修厂员工或理赔员一份清楚、准确的报告,报告上无涂划、无污迹、无难懂文字或计算符号,这是专业要求。

潦草、无法辨认的字迹反映了报告编写者的专业水平低下。顾客们更愿意和能提供简单、易懂车损报告的公司发生商业往来。难以辨认的数字可能会造成价格错误。

③ 特殊说明 任何特殊说明均应当清楚地在输入项中予以注明。这可以提醒修理者注意存在隐蔽损伤,给出解体说明,并详细介绍拆解修理。拆解修理涉及的任何一方(碰撞修理企业、保险公司和用户)均应该了解拆解修理项目、修理方法以及质量工作的重要性。

④ 客户要求 若客户希望进行条款未规定的附加作业(例如修复事故前的损伤),这应看作是"客户要求"修理。作为一项通用规则,保险公司将不负责赔偿这部分修理费。在这种情况下,通常需要单独为客户进行评估。

⑤ 审阅车损报告 在完成车损报告编制并汇总、核查数字后,与客户共同审阅报告。逐一审阅报告,解释要做什么、怎样做及为什么某种类型零件和修理方法对于这辆汽车来说是最好的。

⑥ 拍照记录 通常事故车的损伤摄影照片属于车损报告的一部分。照片可以用于记录和发现车辆损伤。照片上可能显示出隐患损伤、车架损伤、微量失准、小划痕和凹坑等。

(7)车损评估报告 当车辆损伤鉴定、核查完成后,应列出具体损伤零件和维修工时,并编写车损评估报告。典型的车损评估报告见表5-1。

表5-1 典型的车损评估报告

被保险人:_____

牌照号码			肇事车保单号码			
发动机号			底盘号(VIN)			
厂牌车型		出险时间	年 月 日 时	保险险别	□车损险	□三者险
生产年月		排气量/L		变速器形式	□自动	□手动
发动机形式	□化油器 □电喷	安全装置		□安全气囊□ ABS 系统□无安全装置		
更换配件名称	数量		配件价格	修理项目	工时费	
				事故拆装:		

续表

更换配件名称	数量	配件价格	修理项目	工时费
			事故钣金：	
			机修：	
			电工：	
			喷漆：	
			工时费小计：	
材料费小计：			管理费：	

本页未尽的栏目，请见定损报告明细表

（1）经甲、乙、丙三方协商，完全同意按以上核定的价格修理。

总计工料费人民币 ____ 佰 ____ 拾 ____ 万 ____ 仟 ____ 佰 ____ 拾 ____ 元 ____ 角 ____ 分（¥____）

（2）乙方按以上核定项目保质保量修理，且履行以上核定的修理及换件项目，如有违背，甲方有权向乙方追回价格差额。

（3）乙方保证在 ____ 日内保质保量按时完成修理。如果违约，愿意赔偿因拖延时间而造成丙方的利润损失。

（4）丙方对以上核定的修理项目和价格无任何异议。如存在修理质量问题或价格超标，由乙方负全部责任。

（5）其他约定：

_____

乙方（修理厂）签章：	丙方（车方）签章：	甲方（保险公司）签章： 查勘定损人： 核价人：
年 月 日	年 月 日	年 月 日

第 6 章
二手车交易

6.1 二手车交易知识

6.1.1 合法完备的二手车交易过程

在我国，二手车交易是一种特殊商品的交易，它除了实现一般二手物品产权交易属性外，还包括完成交易后相关手续的转移属性。一个合法、完备的二手车交易过程通常包括车辆交易、车辆所有权转移登记和税、险变更三个环节。

（1）车辆交易　车辆交易完成了一般商品的交易过程，仅实现了车辆使用权从卖方到买方的转移。从买卖双方角度看，已完成了"一手交钱一手交货"的商品交易，实现了车辆使用权的易主。车辆交易必须在指定的地点（二手车交易市场、二手车拍卖公司或二手车经营销售公司）完成，完成交易的标志为买方获得二手车销售统一发票。

（2）车辆所有权转移登记　从法律角度看，完成车辆交易的使用权易主并没有实现法律上的易主，因为在车辆管理所中的存档信息及车主手里的机动车登记证书上车辆所有权人的信息还没有易主，若这时买方使用车辆出现交通违法行为，交警会追究原车主承担的法律责任。所以，只有办理了二手车所有权从卖方到买方的转移登记（即所有权过户），才算是真正合法地完成了交易。

（3）税、险变更　车辆购置税、车船税以及保险凭证是汽车的附属属性，也是买方免费享受卖方原来为二手车购买的附加利益。车辆购置税完税凭证为新车注册登记前一次性购买获得的凭证；车船税和保险缴纳凭证则是车主每年缴纳获得的凭证。车船税仅涉及车牌号，随车自然转移，所以不用变更；而车辆购置税和保险与车辆所有人和车牌号相对应，车辆易主后若不及时变更会影响到车辆今后再次交易以及保险期内车辆出现道路交通事故时的经济补偿。所以在完成车辆所有权转移登记后应及时变更这些税险凭证。

6.1.2 二手车交易市场经营者与二手车经营主体

二手车交易市场是指依法设立、为买卖双方提供二手车集中交易即相关服务的场所。市场管理者即是市场经营者，对市场内的交易活动负有监督、规范及管理的责任，确保良好的市场环境和交易秩序；另外，严格按国家有关法律、法规审查二手车交易的合法性，坚决杜绝盗抢车、走私车、非法拼装车以及证照与规费凭证不全的车辆上市交易。

二手车经营主体是指经工商行政管理部门依法登记，从事二手车经销、拍卖、经纪、鉴定评估的企业。也就是说，二手车经销企业、二手车拍卖公司、二手车经纪公司、二手车鉴定评估企业是二手车经营主体。

我国对二手车交易市场经营者与二手车经营主体实行备案制度。凡经工商行政管理部门依法登记，取得营业执照的二手车交易市场经营者及二手车经营主体，应当自取得营业执照之日起 2 个月内向省级商务主管部门备案。只有通过备案的二手车交易市场经营者和二手车经营主体才是合法的。

成熟的二手车交易市场是聚集众多二手车经营主体的经营场所，这样有利于形成规模市场、交易活跃，带来公平竞争，容易形成二手车市场行情及公平市价，为二手车评估和交易提供丰富的参照车辆。

6.1.3 二手车交易的相关规定及意义

《二手车流通管理办法》和《二手车交易规范》（见附录 2）的相关规定如下。

（1）二手车交易的地点　二手车应在车辆注册登记所在地交易，也就是说，二手车不得在异地交易。允许交易的地点包括二手车交易市场、二手车经销企业和二手车拍卖公司。二手车经纪机构与消费者之间的二手车交易要求在二手车交易市场内进行。

（2）办理二手车转移登记手续的地点　二手车转移登记手续需按照公安部门有关规定在原车辆注册登记所在地公安机关交通管理部门办理。需要进行异地转移登记的，由车辆原属地公安机关交通管理部门办理车辆转出手续，在接收地公安机关交通管理部门办理车辆转入手续。

（3）二手车交易各方的行为规范

① 二手车卖方行为规范如下。

a. 二手车卖方应当拥有车辆的所有权或者处置权。

b. 二手车卖方出售、拍卖无所有权或者处置权车辆的，应承担相应的法律责任。

c. 二手车交易完成后，卖方需及时向买方交付车辆、车辆法定证明文件和税、险等相关凭证。

② 二手车交易市场经营者和二手车经营主体行为规范如下。

a. 确认卖方身份以及交易车辆所有权或处置权合法、有效。

b. 验证车辆的号牌、《机动车登记证书》《机动车行驶证》、机动车安全技术检验合格标志真实、合法、有效。

c. 对交易违法车辆的，二手车交易市场经营者和二手车经营主体应当承担连带赔偿责任和其他相应的法律责任。这个规定有效保护了买方的权益，确保买到合法车辆，所以，购买二手车时应当到二手车交易市场、合法经营的二手车经销企业、拍卖公司购买。

d. 完成交易后，二手车交易市场经营者、二手车经销企业和二手车拍卖公司应当按照国家有关规定给二手车买方开具二手车销售统一发票。

e. 二手车交易市场经营者和二手车经营主体应当建立完整的二手车交易拍卖、经纪以及鉴定评估档案。

③ 二手车买方行为规范如下。

a. 向二手车交易市场经营者及二手车经营主体提供其合法身份证明。

b. 与二手车卖方签订二手车交易合同，按照合同支付车款，并承担相应的法律责任。

（4）建立二手车交易档案　交易后，二手车交易市场经营者、经销企业、拍卖公司应建立交易档案，交易档案主要包括下列内容。

① 法定证明、凭证复印件（主要包括车辆号牌、机动车登记证书、机动车行驶证、机动车安全技术检验合格标志、车辆购置税、车船税及保险缴费凭证）。

② 购车原始发票或者最近一次交易发票复印件。
③ 买卖双方身份证明或者机构代码证书复印件。
④ 委托人和授权代理人身份证或者机构代码证书以及授权委托书复印件。
⑤ 交易合同原件。
⑥ 二手车经销企业的《车辆信息表》、二手车拍卖公司的《拍卖车辆信息》及《二手车拍卖成交确认书》。
⑦ 其他需要存档的有关资料。

交易档案保留期限不少于3年。

（5）二手车销售的统一发票和纳税规定

① 二手车销售的统一发票　为了适应二手车交易方式变化和强化税收征收管理的需求，国家税务总局规定了二手车销售发票购买和开票的企业资格，且统一了发票的式样。

二手车销售统一发票是一式五联计算机机打发票，第一联为发票联，印色为棕色；第二联为转移登记联（公安机关车辆管理部门留存），印色为蓝色；第三联为出入库联，印色为紫色；第四联为记账联，印色为红色；第五联为存根联，印色为黑色。规格为241mm×178mm。

具有二手车销售发票开票资格的企业包括二手车交易市场、二手车经销企业（包括从事二手车交易的汽车生产和销售企业）、从事二手车拍卖活动的拍卖公司。这些企业只有在税务部门备案登记后方可有资格购买发票。

二手车经纪公司与消费者个人之间直接交易不具有开票资格，应由二手车交易市场统一开具。

② 二手车交易的纳税规定　根据财政部、国家税务总局《关于部分货物适用增值税低税率和简易办法征收增值税政策的通知》（财税［2009］9号）规定，二手车交易市场、二手车经营销售及二手车拍卖三种二手车经营主体交易的二手车需要交纳增值税（二手车经纪公司及二手车交易市场不需要缴纳增值税），具体征税规定如下。

a. 个人车主在二手车交易市场内销售自己使用过的二手车免征增值税。

b. 单位车主在二手车交易市场内销售自己使用过的二手车分下列2种情况征收增值税。

一般纳税人（年销售额在规定标准以上的增值税纳税人）销售自己使用过的机动车，按照4%征收率减半征收增值税。应开具普通发票，不得开具增值税专用发票。

小规模纳税人（包括除一般纳税人之外的其他单位，不包括其他个人）销售自己使用过的机动车，按照2%征收率征收增值税。应开具普通发票，不得由税务机关代开增值税专用发票。

主管税务机关根据有利于税收控管和方便纳税的原则，按照相关规定委托二手车市场经营者代征增值税。

c. 从事二手车交易的经销企业（包括从事二手车交易的汽车生产及销售企业）销售二手车，一律按照简易办法依照4%征收率减半（即2%）征收增值税。

d. 从事二手车拍卖活动的拍卖公司受托拍卖二手车，向买方收取全部价款及价外费用的，应按照4%的征收率征收增值税。

纳税计算方法如下。

小规模纳税人

$$销售额 = \frac{含税销售额（开票额）}{1+3\%}$$

$$应纳税额 = \frac{销售额 \times 4\%}{2}$$

一般纳税人

$$销售额 = \frac{含税销售额（开票额）}{1+4\%}$$

$$应纳税额 = \frac{销售额 \times 4\%}{2}$$

6.1.4 常见的二手车交易模式

根据《二手车流通管理办法》和《二手车交易规范》规定,二手车交易包括直接交易、中介交易和二手车经营销售几种交易模式。

(1)二手车购买渠道 二手车消费者可以从多种渠道购买二手车,常见的渠道有下列几种。

① 直接向私人购买 消费者向私人购买二手车没有中介费,可以和车主讨价还价,获得较低的成交价格。这种购买方式要求消费者自己找到卖主,一般比较困难,且购买后需要的手续(如过户、办理保险、贷款等)均需亲自去办理。私人交易不能提供保修服务。

② 到二手车交易市场选购 这是最常见的购车方式。二手车交易市场集聚很多从事二手车经营企业,车源丰富,选购余地大且能货比三家。二手车交易市场具有功能比较完善的交易服务平台,可以办理二手车交易相关手续,方便、省事且保证能购买到合法的二手车。

③ 到品牌4S店购买品牌二手车 4S店对置换的二手车经过检测认证、出售,质量有保障并有一定的售后服务,可以放心购买。品牌二手车通常车型少、价格相对较高。对于热衷品牌车的消费者来说是很好的选择。

④ 购买拍卖车辆 拍卖车辆的优点是来源绝对合法、底价低,缺点是无法试驾、无法详细地了解车况,车辆保持回收时的车况,完全没有经过整修。

⑤ 通过网上交易 网站逐渐成为购买二手车的一个重要的渠道,通过二手车专业网站可以迅速了解二手车行情,快捷搜索到自己的目标车型,其车辆来源可能是二手车经纪公司、品牌二手车公司、二手车经销商或者私人。

⑥ 到二手车典当行购买绝当车辆 绝当车辆也是一种二手车来源,但其车源较少。典当车辆通常都是市场认知度较高、畅销和保值率较高的品牌车。二手车典当是指二手车所有人将其拥有的、具有合法手续的车辆质押给典当公司,典当公司支付典当当金,封存质押车辆,双方约定在一定期限内由出典人(二手车所有人)结清典当本息、赎回车辆的一种贷款行为。所谓绝当是指过了约定赎回时间,出典人不赎回典当车辆的情况。典当行可以根据典当协议自行处置绝当车辆,如出售。典当是一种很好的短期融资手段,比向商业银行申请贷款手续简单、方便快捷。利用二手车典当进行短期融资是解决燃眉之急的一个绝佳选择。

(2)二手车直接交易

① 直接交易概念 二手车直接交易是指二手车所有人不通过经销企业、拍卖企业和经纪企业将车辆直接出售给买方的交易行为。也就是说,二手车直接交易是直接用户之间一对一的自由交易。

② 直接交易的类型 二手车可以在任何身份的人群中交易。依据二手车买卖双方身份不同,二手车直接交易有以下四种类型。

    a. 个人对个人交易 这种交易类型为,二手车所有权人为个人,二手车买受人也是个人。
    b. 个人对单位交易 这种交易类型为,二手车所有权人为个人,二手车买受人是单位。
    c. 单位对个人交易 这种交易类型为,二手车所有权人为单位,二手车买受人是个人。
    d. 单位对单位交易 这种交易类型为,二手车所有权人为单位,二手车买受人也是单位。

但这几种交易类型的定价规定是不同的,单位车辆若涉及国有资产的,必须通过评估定价;若是个人交易,则交易价格可由买卖双方商定。

③ 二手车直接交易的场所 根据《二手车流通管理办法》规定:二手车直接交易应当在二手车交易市场进行。这个规定包含两层含义:直接交易不能在交易双方之间直接完成;这里提

到的"应当"不是强制性的,也就是说,直接交易也可以在其他地方完成。原因是无论哪一种直接交易类型,卖车方都不能给买车方开具二手车销售统一发票,因此二手车买卖双方要完成交易必须到有开票资格的企业完成最终交易过程。根据《国家税务总局关于统一二手车销售发票式样问题的通知》规定,只有二手车交易市场、二手车销售企业、二手车拍卖公司才有开票资格。

二手车直接交易"应当在二手车交易市场进行"有以下理由。

a. 付出代价最少。通过二手车销售企业及二手车拍卖公司开票完成交易的,企业相当于销售了一辆车,企业除了按照规定所开发票要交纳2%增值税外,还需交纳营业所得税等,这笔费用肯定由直接交易方负担;由二手车交易市场开票,个人车主是免税的,单位车主(小规模纳税人)仅需交纳发票额2%的增值税。可见通过经营公司开票的价格明显高于在二手车交易市场过户开票价格。

b. 根据国家规定,二手车销售企业和二手车拍卖公司只能为本企业交易车辆开具二手车销售发票,不得为其他企业和个人代开发票;二手车交易市场可以为直接交易以及通过经纪公司中介交易的开票。

c. 二手车交易市场是专业的二手车交易平台,负责对交易二手车的合法性进行确定,杜绝盗抢车、走私车、非法拼装车以及证照与规费凭证不全的车辆上市交易。而且其功能齐全,包括二手车鉴定评估、收购、销售、寄售、代购代销、租赁、置换、拍卖、检测维修、配件供应、美容装饰、售后服务,以及为客户提供过户、转籍、上牌、保险等服务。这些优势及便利为二手车直接交易双方顺利完成交易提供了极大方便和保障。

d. 通过二手车交易市场统一开具二手车销售发票和代征增值税,有助于征收和管控,规范纳税程序。

④ 二手车直接交易的规范 在我国,二手车交易属于特殊商品交易,一直以来二手车交易均存在交易双方信息不对称问题,而且交易时又缺乏规范、有公信力的专业技术评估手段,因此二手车交易屡屡出现二手车消费者上当受骗的"诚信危机",严重地制约了二手车市场的健康发展。为了改变这一局面,2006年3月国家商务部颁布了《二手车交易规范》,对二手车直接交易做出了相应规范。

a. 二手车直接交易方为自然人的,应具有完全民事行为能力。无民事行为能力的,应由其法定代理人代为办理,法定代理人应提供相关证明。二手车直接交易委托代理人办理的,应签订具有法律效力的授权委托书。

这条规定强调了二手车直接交易卖方的合法性:卖方必须是对车辆有处置权的二手车所有人(车主)或是委托代理人(有车主处置授权委托书)。只有合法卖方参与的直接交易才是合法有效的,否则买卖双方就算完成了"一手交钱一手交货"传统意义的商品交易,也因为交易不合法而不能取得二手车销售统一发票,造成后续无法完成车辆转移登记手续的办理。

b. 二手车直接交易双方或其代理人均应向二手车交易市场经营者提供其合法身份证明,并将车辆及真实、合法、有效的车辆号牌、机动车登记证书、机动车行驶证、机动车安全技术检验合格标志等送交二手车交易市场经营者进行合法性验证。

c. 二手车直接交易双方应签订买卖合同,如实填写有关内容,并承担相应的法律责任。

d. 二手车直接交易的买方按照合同支付车款后,卖方应按合同约定及时将车辆和真实、合法、有效的车辆号牌、机动车登记证书、机动车行驶证、机动车安全技术检验合格标志等交付买方。车辆法定证明、凭证齐全合法,并完成交易的,二手车交易市场经营者应当按照国家有关规定开具二手车销售统一发票,并如实填写成交价格。

(3)二手车中介交易 中介交易是指二手车买卖双方通过中介方的帮助而实现交易,中介方收取约定佣金的一种交易行为。中介经营包括二手车经纪、二手车拍卖等。

二手车经纪是指二手车经纪机构以收取佣金为目的，为促成他人交易二手车而从事居间、行纪或者代理等经营活动。二手车拍卖是指二手车拍卖企业以公开竞价的形式将二手车转让给最高应价者的经营活动。

① 二手车经纪　实现直接交易的难点在于买卖双方不容易得到满足，即卖车方找不到需求方，需求方不知哪里有所想购买的车辆出售。二手车经纪正是为了满足这一市场需求而诞生的。《二手车交易规范》规定，从事二手车经纪活动不得以二手车经纪人个人名义参加，而必须以有固定经营场所的二手车经纪机构进行；消费者购买或是出售二手车可以委托二手车经纪机构（公司）办理，其完成的交易是一种委托交易。委托交易的最大特征为二手车经纪机构不拥有车辆的所有权。

二手车经纪的形式主要包括代购、代销、买卖信息中介服务等。其中代销（也称为寄卖、委托销售等）是最常见的形式。二手车寄卖，就是将二手车委托给二手车经纪公司进行出售的一种方式。买主与二手车经纪公司达成交易意向后，二手车经纪公司通知车主到市场办理过户手续。车主将二手车委托给经纪公司进行出售，可以节省自己寻找客户所耗费的时间、精力以及因为对市场行情或过户手续缺乏了解可能造成的不必要的损失。

二手车经纪公司以二手车交易市场作为经营场所，是我国现阶段二手车交易市场的主力军。大量二手车经纪公司的参与给二手车交易市场带来了公平竞争，使得市场交易活跃，易于形成二手车市场行情和公平市价，也为二手车评估及交易提供丰富的参照车辆。

二手车交易市场里二手车经纪公司数量较多、从业人员多，掌握大量的二手车资源信息，大量个人消费者都是通过二手车经纪公司购买到二手车的。二手车经纪公司的车源主要包括以下几个方面。

a. 车主主动委托销售。一些个人或单位车主因为对二手车交易信息不了解，自行寻找买者比较困难，这时，委托市场内的二手车经纪公司代销是比较方便和省事的。

b. 二手车经纪公司主动到社会上收购车辆。拥有代销车源是二手车经纪公司的生命线，但市场内二手车经纪公司较多，竞争激烈，靠守株待兔式的等待车主自动委托代销是不能获得稳定车源的，大部分经纪公司主要依靠在社会上广泛收集卖车信息（包括到二手车网络信息平台获得车辆信息）甚至将车辆买下补充代销车源。这是现阶段主导二手车市场的经纪公司的主要交易模式。但是二手车经纪公司这种收车买车的变相经营行为是不符合《二手车交易规范》规定的。

c. 与品牌4S店联手获得置换车辆。二手车经纪公司与4S店新车置换业务形成一种互补关系。对品牌4S店而言，主营的是新车业务，处置消费者置换后的旧车是比较棘手的事情，而二手车经纪公司经营二手车业务是其强项。两者结合既补充了二手车经纪公司车源，也推动了4S店新车置换业务的增长。

d. 通过二手车拍卖会获得车辆。

② 二手车拍卖　二手车拍卖建立在公开透明、公正交易的原则上，买卖双方信息沟通非常畅通，借助一个平等互信的中介平台，就可完成二手车的交易。二手车竞价拍卖以其直观、交易周期短、兑现快以及成交价最贴近市场真实价格等优势赢得消费者的青睐。对于买卖双方，拍卖均是一种非常理想的处理二手车交易的方式。

二手车拍卖包括现场拍卖会和网上拍卖两种拍卖形式。

a. 二手车现场拍卖会　二手车拍卖会是在现场公开的环境下进行的，其特点一是直观，可以现场看车、现场竞价成交；二是有拍卖师喊价与成交确认；三是过程公开、透明。

拍卖会竞买流程为看车咨询→竞买登记→付保证金→参加竞买→结清车款→提取车辆→办理过户。过户手续由二手车拍卖公司业务人员代办。

通过二手车现场拍卖会形式处置车辆是政府机关、大型团体、租赁公司等集团用户进行车辆更新换代的有效途径，可有效防止人为因素造成的不正常交易行为。

b．二手车网上拍卖　网上拍卖是指二手车拍卖公司利用互联网发布拍卖信息，公布拍卖车辆技术参数与直观图片，通过网上竞价，网下交接，将二手车销售给超过拍卖底价的最高应价者的经营活动。网上拍卖过程和手续应与现场拍卖相同。只有取得二手车拍卖人资质的企业方可开展二手车网上拍卖活动。

网上拍卖的特点：一是在虚拟网络化的环境下进行，竞价者通过网络远程竞价，不受地域限制；二是竞价者不受现场竞价气氛的影响，自由竞价；三是在设定的截止时间自动结束竞价，成交便捷、迅速；四是扩大二手车交易范围；五是成交成本低。

网上拍卖过程及手续应和现场拍卖相同。网上拍卖竞买流程为注册→浏览商品，确认拍卖标的→在指定的账号存入保证金→参加网上竞拍，如果最后以最高价竞拍成功→拍卖方以电话等多种形式进行通知确认→进行标的车辆和车款的交接以及办理车辆交易的相关手续→没有竞拍成功的参拍者退回保证金。

（4）二手车经营销售

① 二手车经销　二手车经销是指二手车销售企业收购、销售二手车的经营活动。汽车品牌经销商开展二手车与新车置换、销售置换下来的二手车销售也是一种二手车经销行为。二手车来源主要有社会个人私家车、拍卖二手车、4S店置换二手车。

② 二手车收购与销售规定

a．二手车经销企业在收购二手车时必须核实卖方身份和交易车辆的所有权或处置权，并查验车辆的合法性。

b．二手车经销企业将二手车销售给买方以前，应对车辆进行检测和整备。

c．二手车经销企业应和买方签订销售合同，并向买方开具二手车销售统一发票。

d．二手车经销企业向最终用户销售使用年限在3年以内或行驶里程在6万千米以内的车辆（以先到者为准，营运车除外），应向用户提供不少于3个月或5000千米（以先到者为准）的质量保证，并建立售后服务技术档案。

上述规定保证了买方能买到合法、放心的二手车。

③ 汽车置换和品牌二手车　汽车置换（也称二手车置换）是指客户在汽车销售公司购买新车时，将目前正在使用的汽车经过该公司的检测估价后以一定的折价抵扣部分新车款的一种交易方式。二手车置换强调以旧换新。二手车置换业务主要是在同品牌的车型中展开，汽车品牌经销商将置换的汽车经过一定的检测、维修后，当作一辆认证二手车卖给消费者。汽车品牌经销商按照厂家技术标准检测认证及质保的二手车称为品牌二手车。品牌二手车因为有汽车品牌信誉、技术做确保，而且售后服务也比较周到，所以得到消费者青睐和信赖。目前，我国大部分汽车品牌都开展了认证二手车销售业务，表6-1所列是国内知名汽车品牌设立的品牌二手车。

表6-1　国内知名汽车品牌设立的品牌二手车

汽车厂家/品牌	品牌二手车名称	认证项目/项	汽车厂家/品牌	品牌二手车名称	认证项目/项
上海通用	诚新二手车	106	一汽丰田	心悦二手车	203
上海大众	特选二手车（Techcare）	36		SMILE认证二手车	170
一汽大众	奥迪品荐二手车	110	东风标致	诚狮二手车	245
广州本田	喜悦二手车	203	东风雪铁龙	龙信二手车	107
奔驰	星睿二手车（Star Elite）	158	东风悦达起亚	至诚二手车	108
宝马	尊选二手车	100	东风日产	认证二手车	128

品牌二手车的最大优势是品牌与质量担保。4S 店在置换二手车时均要推行 100 多项严格检测，制定严格的操作流程及技术规范，二手车交易后可以提供一定里程的质量保修，同时提供一站式服务和 24 小时紧急救援等服务。以上海通用诚新二手车为例，置换的二手车必须通过 106 项全面检测并合格，满足以上标准，上海通用将提供原厂 6 个月或 10000km 的质保期。这样就相当于消费者用较低的价格购买了一款品质较高的车辆，且享受等同于新车的服务和保障。品牌二手车的优点是消费者购买放心及实惠，其缺点是消费者对车辆选择范围相对较小。

汽车销售商开展品牌二手车经营的目的：一是为了促进新车销售；二是稳定新车价格；三是带动售后业务的增长，例如维修、保养和保险等业务。

④ 二手车销售与二手车经纪的区别

a. 车辆所有权和处置权不同　二手车经营公司收购车辆时已经完成了商品的买卖过程，并签订了收购合同，实际上拥有了车辆所有权与处置权；而二手车经纪公司只是二手车交易的中介，对交易车辆没有所有权及约定外的处置权。

b. 纳税性质不同　二手车经营公司从事二手车交易是经营行为，要根据交易车辆销售价格的 2% 缴纳增值税；而二手车经纪公司从事的是中介活动，不需缴纳增值税。

（5）二手车交易的创新模式　上述介绍的几种常见二手车交易模式是传统的二手车交易模式，均是在有形市场里完成的交易，特别是当所有二手车经营主体全部集中在一个二手车交易市场里经营时，这种交易模式具有容易聚集二手车消费人气、形成市场行情、规范交易管理等各种优点，但二手车消费以本地消化为主，二手车社会资源属性配置不够充分。例如在经济发达地区新车消费活跃，社会汽车保有量大，也为二手车交易市场提供了充足的二手车车源，二手车供给量往往超出本地的消化能力；而经济欠发达地区新车消费能力不足，消费价格相对便宜的二手车明显能满足大多数人拥有汽车的欲望，但因为二手车资源量少，供应量往往不能满足本地消费需求。若能将二手车资源进行全国范围流通和合理配置，将会大大促进汽车销售和消费的均衡发展。通过网络交易二手车有利于达到这一目的。

① 二手车网络交易概念与特点　二手车网络交易是一种创新的交易模式。它是指利用计算机、网络、视频等技术将人工交易（服务）系统整合在一起，形成的新型二手车网上交易平台。二手车交易市场、二手车经纪公司、二手车拍卖公司以及二手车销售公司均可利用自身优势建立各具特色的网络交易平台。二手车网络交易具有信息及交易过程公开、透明，能实现远程交易，方便快捷和交易成本低的特点。运用二手车网络交易平台，有助于解决困扰企业经营的二手车来源问题；有利于打破二手车区域限制，实现二手车资源全国范围流通及合理配置；有利于企业发展客户与市场运作能力、加强抗风险能力。

② 二手车网络交易系统案例介绍

a. "即时拍"网络交易系统　"即时拍"网络交易系统是由北京市旧机动车交易市场有限公司建立的，该系统主要包括两部分：一部分业务是服务个人客户的即时拍卖；另一部分业务是与北京祥龙博瑞汽车服务集团旗下的几十家 4S 店合作，将即时拍引入新车 4S 店，为置换客户提供二手车拍卖服务。

"即时拍"给车主提供随到随拍的卖车服务，包括车辆确认、手续检查、底价确定、网络竞价以及交易支付等。车主从开车到服务中心再到拍卖结束，通常不会超过 1 小时。"网上即时拍"业务以其方便、快捷、价高的特点，赢得了广大车主及二手车经纪公司的积极参与。通过网络公开竞价的方式，很大程度上让车主得到了较高售价的实惠。

b. "车易拍"网络交易系统　"车易拍"是北京巅峰科技有限公司建立的一个二手车网上拍卖电子商务平台。车易拍包括"C to B"和"B to B"两种模式，"C to B"模式是针对个人车主的，"B to B"模式是针对品牌 4S 店合作联盟置换车辆的，两种模式的竞价方均是在系统内注册的二手车经营机构。

车易拍实现了远程不看车而看技术检测报告的竞价交易，这是由于企业对所有参加竞拍的车辆均经过 268V 标准化二手车检测系统检测并出具标准化检测报告，而且所有检测报告都附有诚信车况的赔付承诺。全部过程公开、透明、高效、安全。附有检测质量承诺的检测报告，最大限度避免了收购方在短时间很难对车况做出准确判断的风险；无需现场看车、互不见面的竞价方式，有效保障了交易价格的客观性与公平性。

车易拍的交易流程是检查车主和车辆的合法手续→车主报预期交易价格→车辆检测，形成检测报告→检测报告等相关信息上传网络交易平台→网上竞价→满足车主心理价位→成交→办理过户或外迁手续。若竞价结果没有满足车主心理价位，则不成交，不成交不收费；成交则收费 300 元。因为成交价都是市场的价格，所以能实现二手车价值的最大化。

6.2 二手车交易程序

二手车交易不像一般商品交易那么简单，需要遵守相关的政策规定，依照一定的交易程序进行，这样才能保证买卖双方的利益。目前，我国没有统一的二手车交易程序标准，各地二手车交易市场完成二手车交易的过程可能存在差异，但主要程序和最终目的是相同的。根据二手车交易类型及开具销售发票的权限，二手车交易程序分为二手车直接交易、二手车销售和二手车拍卖几种。

（1）二手车直接交易程序　二手车直接交易与通过二手车经纪公司进行的二手车交易，卖方无法直接给买方开具二手车销售统一发票，按照《二手车流通管理办法》规定，买卖双方达成交易意向后应当到二手车交易市场办理交易过户业务，由二手车交易市场经营者按照规定向买方开具二手车销售统一发票（发票上必须盖有工商验证章才有效），凭此发票办理车辆所有权转移登记手续的变更。这种交易程序如图 6-1 所示。

① 买卖双方达成交易意向　买卖双方达成交易意向是指买卖双方已就二手车交易谈妥了相关条件（如成交价格），达成的成交愿望。达成交易意向是买卖双方的一个谈判过程，这个过程可以在二手车交易市场内完成，也可以

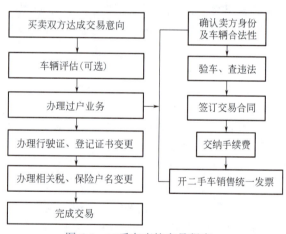

图 6-1　二手车直接交易程序

在市场外完成，一旦谈妥就可以进入市场内交易大厅办理交易过户的相关手续，完成交易。

② 车辆评估　二手车鉴定评估是买卖双方达成交易意向后自愿选择的项目。根据《二手车流通管理办法》规定：交易二手车时，除属于国有资产的二手车外，二手车鉴定评估应本着买卖双方自愿的原则，不得强制执行，更不得以此为依据强制收取评估费。

消费者要求鉴定评估的目的：一是想通过鉴定评估掌握二手车的技术状况，特别是发现车辆存在的故障和安全隐患；二是了解二手车的真实价值。对于不熟悉汽车性能的普通消费者而言，在购买二手车时，委托二手车鉴定评估机构进行鉴定评估还是十分必要的。但一定要委托正规的、有资质的第三方评估机构（例如二手车鉴定评估中心、资产评估事务所、价格认证中心），并签订鉴定评估委托书，以使自己的权益得到保障。消费者得到的鉴定评估结果是二手车鉴定评估

报告书,由评估机构签章后生效,作为车辆交易的参考。

③ 办理过户业务　办理过户业务是在二手车交易市场的交易大厅完成的。业务流程为验卖方身份和车辆证明→验车→查违法→签订交易合同→缴纳手续费→开具二手车销售统一发票。

④ 办理机动车行驶证、机动车登记证书变更　由新老车主一起持原机动车行驶证、机动车登记证书和二手车销售统一发票第二联(转移登记联俗称过户票)、身份证原件到车籍所属的车管所办理。

⑤ 办理相关税、保险户名变更　由新车主持新的机动车行驶证、机动车登记证书以及身份证原件到相关部门办理变更车辆购置税和保险合同的户名。

(2) 二手车销售交易程序　因为二手车销售企业能够直接给购车者开具二手车销售统一发票,所以只要购车者与二手车销售企业达成交易意向,双方即可签订二手车交易合同,购车者付清车款后,企业按照规定给购车者开具二手车销售统一发票,那么购车者即可携带发票和要求的证件去相关部门办理车辆相关证件(机动车行驶证、机动车登记证书、车辆购置税、保险合同)的户名变更。这种交易的程序如图6-2所示。关于车辆的合法性手续,二手车销售企业在收购车辆时已经查验过,可以通过二手车交易合同加以保证。

(3) 二手车拍卖交易程序　根据《二手车流通管理办法》规定,二手车拍卖企业也可以直接给买受人开具二手车销售统一发票,因此在拍卖会结束后,买受人与拍卖企业签订成交确认书(相当于二手车交易合同)、交款(包括标的成交款和约定佣金)得到二手车销售统一发票,凭成交确认书与发票第三联(出入库联)到指定地点提车,然后携带发票及要求的证件去相关部门办理车辆相关证件(机动车行驶证、机动车登记证书、车辆购置税、保险合同)的户名变更。二手车拍卖交易程序如图6-3所示。

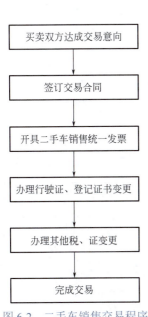

图6-2　二手车销售交易程序

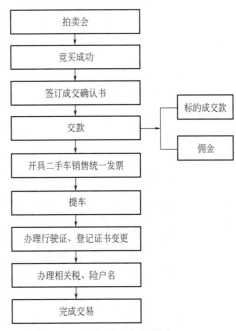

图6-3　二手车拍卖交易程序

目前国内大部分二手车拍卖公司都是到二手车交易市场开票,避免交纳40%增值税以减轻买受人的购车成本。

有关车辆的合法性手续,二手车拍卖企业在接受拍卖委托时已经检查过,可以通过二手车拍卖成交确认书加以保证。

6.3 二手车交易过户业务

二手车过户过程实际上分为两个步骤，即车辆交易过户与转移登记过户，两个步骤缺一不可。交易过户业务在二手车交易市场里办理，得到二手车销售统一发票；转移登记过户业务在车管所办理，主要办理《机动车登记证书》的变更登记、核发《机动车行驶证》和机动车号牌。办理二手车交易时，若原车主不来，可以授权委托其他人来办理交易和过户手续，但必须签署授权委托书。此委托书只在办理交易过户业务时使用，而办理转移登记过户业务不用。

（1）验车　验车是买卖双方到二手车市场办理过户业务的第一道程序，由市场主办方委派负责过户的业务人员办理。验车的主要目的为检查车辆和行驶证上的内容是否一致，对车辆的合法性进行验证。检查的内容有车主姓名、车辆名称、车辆的号牌号码、车辆类型、车辆识别代码、发动机号、排气量、初次登记日期等。经检查无误后，填写《车辆检验单》，进入检验手续阶段。进口车辆检验单式样如图 6-4 所示。

中华人民共和国出入境检验检疫
进口机动车辆随车检验单

检验单位：请输入您的单位名称　　电话：1234567　　编号：XXXXXXXXXXXXX

收货人	(中文)请输入您的公司真实的名称		
	(外文)****		
发货人	(中文)****		
	(外文) ASDFGHJKL ZXCVBNM		
入境日期	20××年××月××日	合同号	XXX-XXXXXXX
发货港（外文）	ASDFGL ZXC	发票号	XXX-XXXX
卸货港	FGHJKL ZXCVBNM	发票所列数量	**XX
运输工具	XXXXXX	提/运单号	XXXXXXXX
品名及型号（中、外文）	XXXX XXXXXXXX	提/运单日期	20××年××月××日
	型号XXXXXX	质量保证期	***
发动机号	FXXXXXXXXX	标记及号码 N/M	
底盘（车架）号	JFXXXXXXXX		
车辆识别代号（VIN）	JFXXXXXXXX		

检验情况

1. 一般项目检验

上述车辆一般项目检验合格

2. 安全性能检验

上述车辆安全性能检验合格

******

签字：　　日期：20XX年 XX月 XX日

中华人民共和国XX出入境检验检疫局 检验检疫专用章 (00)

注：1. 用户办理正式行车牌证前持第一联并车辆到当地检验检疫机关办理换证手续；
2. 销售单位凭第二联到当地工商行政管理部门办理进口汽车国内销售备案手续；
3. 在质量保证期内，车辆不得改装，如遇质量问题，到当地检验检疫机关申请检验，检验检疫机关凭本单出具证书；
4. 本单应妥善保管，切勿遗失，涂改及复印件无效。

[3-1（2000.1.1）]　　①办理换证　　AA2896712

图 6-4　进口车辆检验单式样

（2）验手续　验手续主要是检查车辆手续和机动车所有人身份证明。目的是检验买卖双方所提供的所有手续是否具备办理过户的条件，检查有无缺失和不符合规定的手续。

① 车辆手续检查　车辆手续是指能够满足机动车上路行驶所需要的各种手续，主要包括按照国家相关法律法规以及地方法规要求应该办理的各项有效证件以及应该交纳的税费凭证。在对车辆进行价值评估时，除了车辆本身的实体价值之外，车辆合法证件和税费等都属于无形价值，是构成车辆具有使用价值的重要组成部分。只有手续合法，所应交纳的税费及其凭证无缺失，方可使车辆在交易环节具有完全的价值。若车辆出现在使用中拖欠车船使用税、欠缴购置附加税、未按时年检等情况时，即使车辆状况很好，也不具有实际使用价值。

a. 查验证件。查验证件的目的是查验交易车辆的合法性。每辆合法注册登记的机动车均有车辆管理所核发的机动车登记证书及机动车行驶证、机动车号牌，号牌必须悬挂在车体指定位置。二手车交易时主要查验的证件包括机动车来历证明、机动车登记证书和机动车行驶证。

b. 查验税费证明。根据《二手车流通管理办法》规定，二手车交易必须提供车辆购置税、车船使用税以及车辆保险单等税费缴付凭证。

② 机动车所有人身份证明　机动车所有人身份证明是证实车主身份的证明，目的是检查机动车所有人是否合法拥有该车的处置权。车主的身份证明有以下几种情况。

a. 若车主为自然人，则身份证件为个人身份证。个人身份又有本地个人和外地个人之分。本地个人，只需身份证原件；外地个人，需身份证原件和暂住证原件。

b. 若车主为企业，则身份证件为企业的法人代码证书。

c. 若车主为外籍公民，则身份证件为其护照及工作（居留）证。

根据《二手车交易规范》规定，二手车交易市场经营者和二手车经营主体应按以下项目确认卖方的身份及车辆的合法性。

a. 卖方身份证明或者机构代码证书原件合法有效。

b. 车辆号牌、机动车登记证书、机动车行驶证、机动车安全技术检验合格标志真实、合法、有效。

c. 交易车辆不属于《二手车流通管理办法》第二十三条规定禁止交易的车辆。

同时，二手车交易市场经营者和二手车经营主体应核实卖方的所有权或处置权证明。车辆所有权或处置权证明应符合下列条件。

a. 机动车登记证书、机动车行驶证与卖方身份证明名称一致；国家机关、国有企事业单位出售的车辆，应附有资产处理证明。

b. 委托出售的车辆，卖方应提供车主授权委托书和身份证明。

c. 二手车经销企业销售的车辆，应具有车辆收购合同等能够证明经销企业拥有该车所有权或处置权的相关材料，以及原车主身份证明复印件。原车主名称应与机动车登记证书、行驶证名称一致。

（3）查违法　查违法即是查询交易的二手车是否有违法行为记录。具体方法是登录车辆管理部门的信息数据库或查询网站进行查询。如北京市机动车违法行为的查询可登录北京市公安局公安交通管理局网站，输入车牌号和发动机号（图6-5）即可查询到该车是否有违法记录。

（4）签订交易合同　根据《二手车流通管理办法》规定，二手车交易双方需签订交易合同，要在合同当中对二手车的状况、来源的合法性、费用负担以及出现问题的解决方法等各方面进行约定，以便分清各自的责任及义务。

图 6-5 机动车违法行为查询

二手车经过查验和评估后,其车辆的真实性和基本价格已基本确定。若车主不同意评估价格,可以与二手车销售企业协商达成最终交易的价格,同时,需要原车主对其车辆的一些其他事宜(使用年限、行驶里程数、安全隐患、有无违章记录等)作出一个书面承诺。这些均是以签订交易合同的形式来确定的。交易合同是确立买卖双方交易关系及履行责任的法律合约,是办理交易手续和过户手续的必要凭证之一。目前,全国还没有统一的二手车交易合同格式,以下介绍一下北京市二手车买卖合同。

北京市二手车买卖合同

合同编号:_____

提示:本合同适用于在我市行政区域内进行的二手车买卖交易。签订合同前,当事人请仔细阅读合同各项条款,并根据自身情况如实填写。

依据《中华人民共和国合同法》及相关规定,买卖双方在平等、自愿、公平、诚实信用的基础上,就二手车买卖的有关事宜协商达成协议如下。

第一条 卖方依法出卖具备以下条件的二手车(注:批量交易车辆请填写合同附件)

车主名称_____;号牌号码_____;厂牌型号_____;

初次登记日期_____;行驶里程数_____。

车辆使用性质□客运、□货运、□出租、□租赁、□非营运、□其他。

车辆状况_____。

第二条 车辆成交价格及交验车

车辆成交价格为(不含税费)____元;大写____元。

车辆过户、转籍过程中发生的税、费负担方式为□买方负责、□卖方负责、□____。

买方应于____年____月____日在_____(地点)同卖方当面验收车辆及审验相关文件,并自验收、审验无误起____日内向卖方支付车价款。

卖方应在收到车价款后向买方交付车辆及相关文件,并在____日内协助买方办理完车辆过户、转籍手续(注:双方约定分期付款的,可就付款时间及车辆交付等问题在第六条中约定)。相关文件包括机动车行驶证、机动车登记证书、车辆购置税证明、税讫证明、车辆年检证明、_____。

第三条 双方权利义务

1. 卖方应保证对出卖车辆享有所有权或处置权,且该车符合相关规定,能够依法办理过户、转籍手续。

2. 卖方应保证向买方提供的相关文件真实有效及其对车辆状况的陈述完整、真实,不存在隐瞒或虚假成分。

3. 买方应按约定时间、地点与卖方当面验收车辆及审验相关文件，并按约定支付车价款。
4. 卖方收取车价款后，应开具合法、有效的收款凭证。
5. 车辆交付后办理过户、转籍过程中，因车辆使用发生的问题由 ____ 负责。

第四条　违约责任

1. 第三人对车辆主张权利并有确实证据的，卖方应承担由此给买方造成的一切损失。
2. 买方未按约定支付车价款的，应每日按未交车价款 ____% 的标准支付违约金。
3. 卖方未按约定交付车辆及相关文件的，应每日按车价款 ____% 的标准支付违约金。
4. 因卖方原因致使车辆在规定期间内不能办理过户、转籍手续的，买方有权要求卖方返还车价款并承担一切损失；因买方原因致使车辆在规定期限不能办理过户、转籍手续的，卖方有权要求买方返还车辆并承担一切损失。

第五条　合同争议的解决办法

本合同项下发生的争议，由双方当事人协商或申请调解解决；协商或调解解决不成的，依法向 _____ 人民法院起诉，或按另行达成的仲裁条款或仲裁协议提起仲裁。

第六条　其他约定事项： _____
_____。

本合同一式三份，买方一份，卖方一份，备案部门一份。本合同在双方签字盖章后生效。合同生效后，双方对合同内容的变更或补充应采取书面形式，作为本合同的附件。附件与本合同具有同等的法律效力。

买方（章）：	卖方（章）：
住所：	住所：
电话：	电话：
证照号码：	证照号码：
委托代理人：	委托代理人：
电话：	电话：
签订时间：	签订地点：

（5）交纳手续费　手续费，俗称过户费，是指在二手车交易市场中办理交易过户业务相关手续的服务费用。

2005年10月颁布实施《二手车流通管理办法》以前，二手车过户费是按照车辆评估价值的一定比例征收的，也是二手车交易市场的主要利润来源。

以北京为例，过户费是根据车辆评估价2.5%的比例来收取的。例如，某二手车评估值为10万元，按照2.5%的比例，即过户费为2500元。若交易一辆评估值为50万元的二手车，过户费就是12500元；而一辆评估值为5万元的车辆，过户费为1250元。就过户业务本身来说，两辆车的过户手续办理步骤是一致的，所需要的时间和人工成本也是一样的，但过户费却相差10倍，显然有失公允，这实际上抬高了交易成本，并且转嫁给消费者。

2005年10月1日实施《二手车流通管理办法》以后，取消了强制评估，也就意味着，按照车辆评估价一定比例征收过户费的情况已经被取消，取而代之的是收取服务费。对于服务费的收取标准，国家没有统一规定，由各个市场根据服务项目及内容自己决定。

目前，很多二手车交易市场的服务费是依据汽车的排量来进行定额收取的，小排量少收，大排量多收。例如北京市二手车交易市场收取标准按排量、年份、价格划分，并设起始价和最低价。车辆初次登记日期1年以内的车型按照起始价收取费用，然后按使用年份逐年递减，直到最低价。微型轿车的过户费用200元起，1.0L排量的轿车300元起，两者的过户费用最高都为600元。然后随着排量的增大，过户费用也随着增加，3.0L排量的轿车最高的过户费用是4000元，最低为500元。相同排量的客车和货车的过户费用低于轿车，最低的微型货车和农用车的过户费用仅需100元。

北京中联二手车交易市场服务费采用定额收取的方式，统一标准是每辆车800元。对于1.3～3.0L排量的车型实行减半，即400元的优惠征收标准；对于1.3L排量以下的，采取200元的优惠征收标准。

（6）开具二手车销售统一发票　二手车销售发票是二手车的来历证明，是办理转移登记手续变更的重要文件，所以，又被称为"过户发票"。过户发票的有效期是1个月，买卖双方应在此期间内，到车辆管理部门办理机动车行驶证、机动车登记证书的相关变更手续。

二手车销售统一发票由从事二手车交易的市场、有开票资格的二手车经销企业或拍卖企业开具；二手车经纪公司与消费者个人之间二手车交易发票由二手车交易市场统一开具。二手车销售统一发票是使用压感纸印制的计算机票，一式5联，其中存根联、记账联、入库联由开票方留存；发票联交购车方、转移登记联交公安车辆管理部门办理过户手续。二手车销售发票的价款中不包含过户手续费和评估费。

开具的发票必须经驻场工商部门审验合格后，在已经开具的"二手车销售统一发票"上加盖"工商行政管理局二手车市场管理专用章"，发票方能生效，这个步骤称为"工商验证"。

（7）手续交付　二手车交易完成后，卖方需及时向买方交付车辆、号牌及车辆法定证明、凭证。车辆法定证明、凭证主要包括以下内容。

①《机动车登记证书》。
②《机动车行驶证》。
③有效的机动车安全技术检验合格标志。
④车辆购置税完税证明。
⑤车船使用税缴付凭证。
⑥车辆保险单。

6.4　办理车辆转移登记手续

二手车交易像买房子一样属于产权交易范畴，涉及相关的证明文件及必要手续。二手车交易后必须办理这些证明文件的转移登记手续。机动车产权证明是指《机动车登记证书》《机动车行驶证》和机动车号牌。根据买卖双方的住所是否在同一车辆管理所管辖区内，机动车产权转移登记手续可分为同一车辆管理所管辖区内的所有权转移登记（即同城转移登记）与不同车辆管理所管辖区的所有权转移登记（即异地转移登记）两种登记方式。

二手车同城转移登记手续需在原车辆注册登记所在地公安交通管理部门办理。需要进行异地转移登记的，由车辆原属地公安交通管理部门办理车辆迁出手续，在接收地公安交通管理部门办理车辆迁入手续。

6.4.1 二手车办理转移登记所需的手续及证件

二手车在同城交易及所有权转移登记时，根据买卖双方身份不同，二手车交易分四种交易类型（前已叙述），办理转移登记时所需的手续和证件也存在不同。

（1）二手车所有权由个人转移给个人
① 卖方个人身份证原件和复印件。
② 买方个人身份证原件和复印件。
③ 车辆原始购置发票或上次交易过户发票原件和复印件。
④ 过户车辆的《机动车登记证书》原件和复印件。
⑤ 过户车辆的《机动车行驶证》原件和复印件。
⑥ 二手车买卖合同。
⑦ 外地户口需持暂住证。
⑧ 过户车辆到场。

（2）二手车所有权由个人转移给单位
① 卖方个人身份证原件和复印件。
② 买方单位法人代码证原件和复印件（须在年检有效期之内）。
③ 车辆原始购置发票或上次交易过户发票原件和复印件。
④ 过户车辆的《机动车登记证书》原件和复印件。
⑤ 过户车辆的《机动车行驶证》原件和复印件。
⑥ 二手车买卖合同。
⑦ 过户车辆到场。

（3）二手车所有权由单位转移给个人
① 卖方单位法人代码证原件和复印件（须在年检有效期之内）。
② 买方个人身份证原件和复印件。
③ 车辆原始购置发票或上次交易过户发票原件和复印件。
④ 卖方单位须按实际成交价格给买方个人开具成交发票，且提供复印件。
⑤ 过户车辆的《机动车登记证书》原件和复印件。
⑥ 过户车辆的《机动车行驶证》原件和复印件。
⑦ 二手车买卖合同。
⑧ 过户车辆到场。

（4）二手车所有权由单位转移给单位
① 卖方单位法人代码证原件和复印件（须在年检有效期之内）。
② 买方单位法人代码证原件和复印件（须在年检有效期之内）。
③ 车辆原始购置发票或上次交易过户发票原件和复印件。
④ 卖方单位须按实际成交价格给买方单位开具成交发票，且提供复印件。
⑤ 过户车辆的《机动车登记证书》原件和复印件。
⑥ 过户车辆的《机动车行驶证》原件和复印件。
⑦ 二手车买卖合同。
⑧ 过户车辆到场。

6.4.2 同城车辆所有权转移登记

办理已注册登记的机动车在同城（同一车辆管理所管辖区内）发生所有权转移时，只需要更改车主姓名（单位名称）及住所等资料，机动车和机动车号牌可以不变更。这种变更情形习惯上称为办理过户手续，即将机动车原车主的登记信息变更为新车主的登记信息。

（1）过户登记的程序

① 提出申请。现车主向车辆管理所提出机动车产权转移申请，要填写《机动车转移登记申请表》，见表6-2。

表6-2 机动车转移登记申请表

申请事项		□注册登记		□转入	
机动车所有人	姓名/名称			联系电话	
	住所地址			邮政编码	
	身份证明名称	号码		□常住人口	□暂住人口
	居住/暂住证明名称			号码	
机动车	机动车使用性质	□公路客运 □公交客运 □出租客运 □旅游客运 □租赁 □货运 □非营运 □警用 □消防 □救护 □工程抢险 □营转非 □出租营转			
	机动车获得方式	□购买 □仲裁裁决 □继承 □赠予 □协议抵偿债务 □中奖 □资产重组 □资产整体买卖 □调拨 □境外自带 □法院调解、裁定、判决			
	机动车品牌型号				
	车辆识别代号/车架号				
	发动机号码				
相关资料	来历凭证	□销售/交易发票 □《调解书》 □《裁定书》 □《判决书》 □相关文书 □批准文件 □调拨证明 □《仲裁裁决书》		机动车所有人签章：	
	进口凭证	□《货物进口证明书》 □《没收走私汽车、摩托车证明书》 □《中华人民共和国海关监管车辆进(出)境领(销)牌证通知书》			
	其他	□国产机动车的整车出厂合格证 □机动车档案 □身份证明 □《协助执行通知书》 □《公证书》			
申请方式	□由机动车所有人申请 □机动车所有人委托_____代理申请			（个人签字/单位盖章） 　　年　月　日	

续表

代理人		姓名/名称																		
		住所地址													联系电话					
		身份证明名称		号码																
	经办人	姓名											代理人签章:							
		身份证明名称		号码																
		住所地址											(个人签字/单位盖章)							
		签字		年 月 日											年 月 日					

填表说明：
（1）填写时使用黑色、蓝色墨水笔，字体工整。
（2）标注有"□"符号的为选择项目，选择后在"□"中画"√"。
（3）现机动车所有人的住所地址栏，属于个人的，填写实际居住的地址；属于单位的，填写组织机构代码证书上签注的地址。
（4）机动车栏的"机动车品牌型号""车辆识别代码/车架号""发动机号码"项目，按照车辆的技术说明书、合格证等资料标注的内容与车辆核对后填写。
（5）申请方式栏，属于由机动车所有人委托代理单位或者代理人代为申请的，除在"□"内画"√"外，还应当在下划线处填写代理单位或者代理人的全称。
（6）机动车所有人的签字/盖章栏，属于个人的，由机动车所有人签字，属于单位的，盖单位公章。
（7）代理人栏，属于个人代理的，填写代理人的姓名、住所地址以及身份证明名称、号码，在代理人栏内签名，不必填写经办人姓名等项目；属于单位代理的，应填写代理人栏的所有内容，代理单位应盖单位公章，经办人应签字。

② 交验车辆。现车主将机动车送到机动车检测站检测，检查车辆识别代码/车架号码是否有凿改、车辆识别代码/车架号码的拓印膜（图6-6）是否一致。若是已经超过检验周期的机动车，还要进行安全检测。

图6-6　VIN编码拓印膜

③ 受理审核资料。受理转移登记申请，查验并保存相关资料，向现车主出具受理凭证。审批相关手续，符合规定的在计算机登记系统中确认；不符合规定的，说明理由开具退办单，将资料退回车主。

④ 办理新旧车主信息资料的转移登记手续。若需要改变机动车登记编号的，则进行机动车号牌选号、照相，重新确定机动车登记编号，最后在《机动车登记证书》上记载转移登记事项。
⑤ 收回原《机动车行驶证》，核发新的《机动车行驶证》。
⑥ 需要改变机动车登记编号的，收回原机动车号牌、《机动车行驶证》，确定新的机动车登记号，重新核发机动车号牌、《机动车行驶证》及检验合格标志。
（2）过户登记需要的材料
① 机动车转移登记申请表。
② 现车主的身份证明。
a. 机关、学校、工厂、公司等行政、事业、企业单位和社会团体的身份证明为《组织机构代码证书》。上述单位已经注销、撤销或者破产，其机动车需要办理变更登记、转移登记、注销登记以及补领机动车登记证书、号牌、行驶证的，已注销的企业单位的身份证明，是工商行政管理部门出具的注销证明。已撤销的机关、事业单位的身份证明，是其上级主管机关出具的相关证明。已破产的企业单位的身份证明，是依法成立的财产清算机构出具的相关证明。

b. 外国驻华使馆、领馆和外国驻华办事机构、国际组织驻华代表机构的身份证明，是该使馆、领馆或者该办事机构、代表机构出具的证明。

c. 居民的身份证明是居民身份证和居民户口簿；在暂住地居住的内地居民，其身份证明是居民身份证及公安机关核发的居住、暂住证明。

d. 军人（含武警）的身份证明是军官证。

e. 香港、澳门特别行政区和台湾地区居民的身份证明是其入境的身份证明及居留证明。

f. 外国人的身份证明是其入境的身份证明及居留证明。

g. 外国驻华使馆、领馆人员，国际组织驻华代表机构人员的身份证明是外交部核发的有效身份证件。

③《机动车登记证书》（原件）。

④《机动车行驶证》（原件）。

⑤ 解除海关监管的机动车，需提交监管海关出具的《中华人民共和国海关监管车辆解除监管证明书》。

⑥ 机动车来历凭证（二手车交易的机动车来历凭证是二手车销售统一发票）。

⑦ 车辆购置税完税证明。

⑧ 所购买的二手车。

（3）过户登记的事项

① 现车主的姓名和单位名称、身份证明名称、身份证明号码、住所地址、邮政编码和联系电话。

住所地址是指以下内容。

a. 单位住所的地址为其《组织机构代码证书》记载的地址。

b. 居民住所的地址为其居民户口簿、居民身份证或者暂住证记载的地址。

c. 军人住所的地址为其团以上单位出具的本人住所地址证明记载的地址。

d. 香港、澳门、台湾居民和外国人住所的地址为其居留证件记载的地址。

② 机动车获得方式。机动车获得方式是指人民法院调解、裁定、判决、仲裁机构仲裁裁决、购买、继承、赠予、中奖、协议抵偿债务、资产重组、资产整体买卖和调拨等。

③ 机动车来历凭证的名称、编号。

④ 转移登记的日期。

⑤ 海关解除监管的机动车，登记海关出具的《中华人民共和国海关监管车辆解除监管证明书》的名称、编号。

⑥ 改变机动车登记编号的，登记机动车登记编号。

（4）不能办理过户登记的情形　有以下情形之一的，不能办理过户登记。

① 车主提交的证明、凭证无效的。

② 机动车来历凭证涂改的，或是机动车来历凭证记载的车主与身份证明不符的。

③ 车主提交的证明、凭证和机动车不符的。

④ 机动车未经国家机动车产品主管部门许可生产、销售或者未经国家进口机动车主管部门许可进口的。

⑤ 机动车的有关技术数据和国家机动车产品主管部门公告的数据不符的。

⑥ 机动车达到国家规定的强制报废标准的。

⑦ 机动车属于被盗抢的。

⑧ 机动车和该车的档案记载的内容不一致的。

⑨ 机动车未被海关解除监管的。

⑩ 机动车在抵押期间的。
⑪ 机动车或者机动车档案被人民法院、人民检察院行政执法部门依法查封、扣押的。
⑫ 机动车涉及未处理完毕的道路交通安全违法行为或者交通事故的。

6.4.3 异地车辆所有权转移登记

二手车交易后，若新车主和原车主的住所不在同一个城市里，无法直接办理《机动车登记证书》和《机动车行驶证》的变更，需要到新车主住所所属的车辆管理所管辖区内办理。

这就牵涉到二手车转出与转入登记问题。

（1）转出登记　车辆转出登记是指在现车辆管理所管辖区内已注册登记的车辆，办理车辆档案转出的手续。

① 转出登记程序　现车主提出申请（填写《机动车转移登记申请表》，见表6-2）→车辆管理所受理审核资料→确认车辆→在《机动车登记证书》上记载转出登记事项→收回机动车号牌及《机动车行驶证》→核发临时行驶车号牌，密封机动车档案→交机动车所有人。

② 转出登记的规定　根据《机动车登记规定》，二手车交易后且现车主的住所不在原车辆管理所管辖区的，现车主需在机动车交付之日（以二手车销售发票上登记日期为准）起30日内向原二手车管辖地车辆管理所提出转移登记申请，并填写《机动车转移登记申请表》（表6-2），有些地方还需要车主签订外迁保证书。

③ 转出登记需要的资料　现车主在规定的时间内，持以下资料，向原二手车管辖地车辆管理所申请转出登记，并交验与车辆相关的以下材料。

a．机动车转移登记申请表。
b．现车主的身份证明。
c．《机动车登记证书》（原件）。
d．机动车来历凭证（二手车销售发票注册登记联原件）。
e．若属于解除海关监管的机动车，应当提交监管海关出具的《中华人民共和国海关监管车辆解除监管证明书》。
f．交回机动车号牌和《机动车行驶证》。

④ 转出登记事项　车辆管理所办理转出登记时，应在《机动车登记证书》上记载以下转出登记事项。

a．现车主的姓名和单位名称、身份证明名称、身份证明号码、住所地址、邮政编码及联系电话。
b．机动车获得方式。
c．机动车来历凭证的名称、编号。
d．转移登记的日期。
e．海关解除监管的机动车，登记海关出具的《中华人民共和国海关监管车辆解除监管证明书》的名称、编号。
f．改变机动车登记编号的，登记机动车登记编号。
g．登记转入地车辆管理所的名称。

完成转出登记的办理后，收回机动车号牌与《机动车行驶证》，核发临时行驶车号牌，密封机动车档案，交给车主到转入地办理转入登记手续。

（2）转入登记
① 机动车转入登记的条件
a．现车主的住所属于本地车管所登记规定范围的。

b. 转入机动车符合国家机动车登记规定的。

② 转入登记规定　按照《机动车登记规定》，机动车档案转出原车辆管理所后，机动车所有人必须在 90 日内到住所地车辆管理所申请机动车转入登记。

③ 转入登记程序　车主提出申请→交验车辆→车辆管理所受理申请→审核资料→在《机动车登记证书》上记载转入登记事项→核发机动车号牌、《机动车行驶证》和检验合格标志。

a. 提出申请。车主向转入地车辆管理所提出转入申请，填写《机动车注册、转移、注销登记 / 转入申请表》（表 6-3）。

表 6-3　机动车注册、转移、注销登记 / 转入申请表

号牌种类			号牌号码	
申请事项		□注册登记　□注销登记　□转入 □车辆管理所辖区内的转移登记　□转出车辆管理所辖区的转移登记		
注销登记原因		□报废　□灭失　□退车　□出境		
机动车	品牌型号		车辆识别代号	
	获得方式	□购买　□境外自带　□继承　□赠予　□协议抵偿债务　□协议离婚　□中奖 □调拨　□资产重组　□资产整体买卖　□仲裁裁决　□法院调解　□法院裁定 □法院判决　□其他		
	使用性质	□非营运　□公路客运　□公交客运　□出租客运　□旅游客运　□租赁　□教练 □幼儿校车　□小学生校车　□其他校车　□货运　□危险化学品运输　□警用 □消防　□救护　□工程救险　□营转非　□出租营转非		
机动车所有人	姓名 / 名称			机动车所有人及代理人对申请材料的真实有效性负责
	邮寄地址			
	邮政编码		固定电话	
	电子信箱		移动电话	机动车所有人签字：
转移出车辆管理所辖区的转移登记		转入： 车辆管理所	省（自治区、直辖市）	年　月　日
代理人	姓名 / 名称			代理人签字：
	邮寄地址			
	邮政编码		联系电话	
	电子信箱			年　月　日
	经办人姓名		联系电话	

填表说明：
（1）填写时请使用黑色或者蓝色墨水笔，字体工整，不得涂改。
（2）标注有"□"符号的为选择项目，选择后在"□"中画"√"，各栏目只能选择一项。
（3）"邮寄地址"栏，填写可通过邮寄送达的地址。
（4）"电子信箱"栏，填写接收电子邮件的 E-mail 地址，尚未申请电子信箱的可不填写。
（5）"机动车"栏的"品牌型号"项目，根据车辆的技术说明书、合格证等资料标注的内容填写。
（6）"机动车所有人"栏，机动车属于个人的，由机动车所有人签字；属于单位的，由单位的被委托人签字。由代理人办理的，机动车所有人不签字。
（7）"代理人"栏，属于个人代理的，填写代理人的姓名、邮寄地址、邮政编码、联系电话和电子信箱，在代理人栏内签名，不必填写经办人姓名等项目；属于单位代理的，应填写代理人栏的所有内容，代理单位的经办人签字；属于单位的机动车，由本单位被委托人办理的不需填写本栏。
（8）"号牌种类"栏，按照大型汽车号牌、小型汽车号牌、普通摩托车号牌、轻便摩托车号牌、低速车号牌、挂车号牌、使馆汽车号牌、使馆摩托车号牌、领馆汽车号牌、领馆摩托车号牌、教练车号牌、教练摩托车号牌、警用车号牌、警用摩托车号牌填写。

b. 交验车辆。车主将机动车送到机动车检测站检测，车管所民警确认机动车的唯一性，检查车辆识别代号（车架号码）有无凿改嫌疑。

c. 车辆管理所受理申请。受理转入登记申请,检查并收存机动车档案,向车主出具受理凭证。

d. 审核资料。审批相关手续，符合规定的在计算机登记系统中确认，不符合规定的解释理由并开具退办单，将资料退回车主。

e. 办理转入登记手续。审验合格后，进行机动车号牌选号、照相，确定机动车登记编号，并在《机动车登记证书》上记载转入登记事项。

f. 核发新的机动车号牌与《机动车行驶证》。

④ 转入登记需要的资料

a．机动车注册登记/转入申请表。

b．车主的身份证明。

c．《机动车登记证书》。

d．机动车密封档案（原封条无断裂、破损）。

e．申请办理转入登记的机动车的标准照片。

f．海关监管的机动车，还需提交监管海关出具的《中华人民共和国海关监管车辆进（出）境领（销）牌照通知书》。

因为各地区对车辆环保要求执行不同的标准，如北京市执行"京 V"标准，并要求所有在办理注册登记以及申请转入本市的车辆，必须加装 OBD 车辆诊断系统（图 6-7）。满足上述条件的，允许机动车注册登记，以及接受转入登记的申请。因此，车主在将车辆转入"转入地"前，需向转入地的车辆管理部门征询该车辆是否符合转入条件。

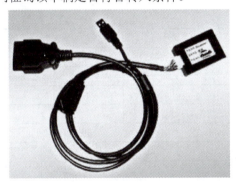

图 6-7　汽车故障诊断系统 OBD

⑤ 转入登记事项　车辆管理所办理转入登记时，应在《机动车登记证书》上记载下列登记事项。

a．车主的姓名和单位名称、身份证明号码或者单位代码、住所的地址、邮政编码和联系电话。

b．机动车的使用性质。

c．转入登记的日期。

属于机动车所有权发生转移的，还应当登记以下事项。

a．机动车获得方式。

b．机动车来历凭证的名称、编号和进口机动车的进口凭证的名称、编号。

c．机动车办理保险的种类、保险的日期和保险公司的名称。

d．机动车销售单位或者交易市场的名称和机动车销售价格。

⑥ 不能办理转入登记的情形　有以下情形之一的，不予办理转入登记。

a. 机动车所有人擅自改动、更换机动车或者机动车档案的。
b. 以下同"不能办理过户登记的情形"。

6.5 办理其他税、证变更

6.5.1 车辆购置税的变更

车辆购置税的征收部门是车辆登记注册地的主管税务机关，办理变更时，应填写《车辆变动情况登记表》（表6-4），并携带下列资料办理。

表6-4 车辆变动情况登记表

填表日期：　　年　　月　　日

车主名称			邮政编码	
联系电话			地址	
完税证明号码				
车辆原牌号			车辆新牌号	
车辆变动情况				
过户	过户前车主名称		有效凭证号码	
	过户前车主身份证件及号码			
转籍	转出	车主名称		
		地址		
	转入	车主名称		
		地址		
变更	变更项目			
	发动机	车架（底盘）		其他
	变更前号码	变更前号码		
	变更后号码	变更后号码		
	变更原因：			
以下由税务机关填写				
接收人：	接收时间：　　年　　月　　日		车购办（印章）：	
备注				

填表说明：
1. 本表由车主到车购办申请办理车辆过户、转籍、变更档案手续时填写。
2. "完税证明号码"栏按下列要求填写。
（1）过户车辆填写过户前车购办核发的完税证明号码。
（2）转籍车辆填写转出地车购办核发的完税证明号码。
（3）变更车辆填写变更前车购办核发的完税证明号码。
3. "有效凭证号码"栏，填写车辆交易时开具的有效凭证的号码。
4. 本表备注栏填写新核发的完税证明号码。
5. 本表一式两份（一车一表），一份由车主留存，一份由车购办留存。

(1) 车辆购置税同城过户业务办理

① 办理车辆购置税同城过户业务提供的资料

a. 新车主的身份证明。

b. 二手车交易发票。

c. 《机动车行驶证》。

d. 车辆购置税完税证明（正本）。

上述资料均需提供原件和复印件。

② 办理车辆购置税同城过户业务流程　填写《车辆变动情况登记表》→报送资料→办理过户→换领车辆购置税完税证明。

(2) 车辆购置税转籍（转出）业务办理

① 办理转籍（转出）业务提供的资料

a. 车主身份证明。

b. 车辆交易有效凭证原件（二手车交易发票）。

c. 车辆购置税完税证明（正本）。

d. 公安车管部门出具的车辆转出证明材料。

上述资料均需提供原件和复印件。

② 办理转籍（转出）业务流程　填写《车辆变动情况登记表》→报送资料→领取档案资料袋。

(3) 车辆购置税转籍（转入）业务办理

① 办理转籍（转入）业务提供资料

a. 车主身份证明。

b. 本地公安车管部门核发的机动车行驶证。

c. 车辆交易有效凭证原件（二手车交易发票）。

d. 车辆购置税完税证明。

e. 档案转移通知书。

f. 转出地车辆购置税的封签档案袋。

② 办理转籍（转入）业务流程　填写《车辆变动情况登记表》→报送资料→换领车辆购置税完税证明（正本）。

6.5.2　车辆保险合同的变更

在二手车买卖的过程中，办理车辆保险过户是非常重要的一个环节，由于车辆所有权的转移并不意味着车辆保险合同也转移。通常情况下，保险利益随着保险标的所有权的转让而消失，只有经保险公司同意批改后，保险合同才能重新生效。因此，保险车辆依法过户转让后应到保险公司办理保险合同主体的变更手续，否则车辆受损时保险公司是有权拒赔的。我国《保险法》第 34 条规定："保险标的的转让应当通知保险人，经保险人同意继续承保后，依法变更合同。"保险公司和车主签订的保险合同通常也约定，在保险合同的有效期限内，保险车辆转卖、转让、赠送他人、变更用途或增加危险程度，被保险人需事先书面通知保险人并申请办理批改，否则，保险人有权解除保险合同或者有权拒绝赔偿。

(1) 办理车辆保险过户的方式

① 对保单要素进行更改，如更换被保险人与车主。

② 申请退保，即把原来那份车险退掉，终止以前的合同。此时保险公司会退还剩余的保费。以后，新车主就可以到任何一家保险公司去重新办理一份车险。

（2）车辆保险合同变更的程序

① 填写一份汽车保险过户申请书，向原投保的保险公司申请办理批改被保险人称谓的手续。申请书上写明保险单号码、车牌号、新旧车主的姓名和过户原因，并签字或盖章，以便保险公司重新核保。

② 带保险单和已过户的机动车行驶证，找保险公司的业务部门办理。

通常情况下，保险公司都会受理并出具一张变更被保险人的批单，批单上面注明了被保险人的变化情况。

 例 6-1　买卖二手车莫忘保险过户

很多人在买卖二手车时，以为只需向当地车管所提出机动车转籍更新申请即可，却忘记同时还要通知车辆的保险公司，给车辆保险办理相关的批改手续。

实际上，在二手车买卖的过程中，办理车险过户非常重要，因为车辆所有权的转移并不代表车辆保险合同也跟着转移了。

有位王先生就是由于这样的疏忽，失去了要求保险公司为自己车辆赔偿的权利。2014 年 11 月，王先生向刘某购买了一辆二手大众小轿车，并且办理了相关的转籍入户手续。此前，该车已投保车辆损失险和附加险，保险金额为人民币 15 万元，保险期限为 2014 年 1 月 1 日零时至 12 月 31 日 24 时。王先生在买下此车后，并没有将车主、车牌号变更的情况通知保险公司。

2014 年 11 月底，该车发生重大交通事故，保险公司接到报案后，才发现车主和车牌已经变更。因为"被保险人未及时履行如实告知义务"，保险公司拒绝了保险车辆的赔偿要求。对此，王先生难以接受，一纸诉状将保险公司告上法庭。他认为保险合同约定的是对车辆的保险，在本案中，虽然车主与车牌变了，但车辆本身并未变更，保险公司理需承担此次事故的赔偿责任。

法院开庭审理后，法院判决不予以支持王先生的诉讼请求。由于保险合同是一种基于最大诚信原则订立的合同，双方的诚信义务高于一般合同，法律要求投保人对保险标的的陈述必须真实。通常情况下，保险利益随着保险标的所有权的转让而消失，只有经过保险公司同意批改后，保险合同方才重新生效。

同时，机动车辆保险条款中都有规定，在保险有效期内，保险车辆转卖、转让、赠送他人、变更用途或增加危险程度，被保险人需书面通知保险公司并申请办理批改，否则保险公司有权拒绝赔偿。

 # 6.6　二手车交易合同

（1）订立二手车交易合同的基本准则　二手车交易合同是指二手车经营公司、经纪公司与法人、其他组织及自然人相互之间为达到二手车交易的目的，确定相互权利义务关系，所订立的协议。订立交易合同时须遵守如下基本原则。

① 合法原则　订立二手车交易合同，必须遵守法律及行政法规。法律法规集中体现了人民的利益和要求。合同的内容和订立合同的程序、形式只有与法律法规相符合，才能具有法律效力，当事人的合法权益才可以得到保护。任何单位和个人均不得利用经济合同进行违法活动，扰乱市场秩序，损害国家和社会利益，牟取非法收入。

② 平等互利、协商一致原则　订立合同的当事人法律地位一律平等，任何一方不能以大欺小、以强凌弱，将自己的意愿强加给对方，双方均必须在完全平等的地位上签订二手车交易合同。二手车交易合同应当在当事人之间充分协商、意愿表示一致的基础上订立，采取胁迫、乘人之危、违背当事人真实意志而订立的合同均为无效，也不允许任何单位和个人进行非法干预。

（2）交易合同的主体　二手车交易合同的主体是指为了达到二手车交易目的，以自己名义签订交易合同，享有合同权利、承担合同义务的组织和个人。根据《中华人民共和国合同法》的规定，我国合同当事人从其法律地位来划分，可分为下列几种。

① 法人　法人是指具有民事权利能力和民事行为能力，依法独立享有民事权利和承担民事义务的组织。

法人必须具备如下条件。

a. 依法成立。

b. 有必要的财产或经费。

c. 有自己的名称、场所及组织机构。

d. 可以独立承担民事责任的企业法人、机关法人、事业单位法人和社会团体法人。

② 其他组织　其他组织是指合法成立、有一定的组织机构与财产，但又不具备法人资格的组织，如私营独资企业、合伙组织和个体工商户。

③ 自然人　自然人是指具有完全民事行为能力、可以独立进行民事活动的人。

（3）交易合同的内容

① 主要条款

a. 标的。指合同当事人双方权利、义务共同指向的对象，可以是物也可以是行为。二手车交易合同的标的为被交易的二手车。

b. 数量。

c. 质量。是标的内在因素与外观形态优劣的标志，是标的满足人们一定需要的具体特征。

d. 履行期限、地点和方式。

e. 违约责任。

f. 根据法律规定的或按照合同性质必须具备的条款及当事人一方要求必须规定的条款。

② 其他条款　包括合同的包装要求、某种特定的行业规则和当事人之间交易的惯有规则。

（4）交易合同的变更和解除

① 交易合同的变更　一般是指依法成立的交易合同尚未履行或未完全履行之前，当事人就其内容进行修改和补充而达成的协议。

交易合同的变更必须以有效成立的合同作为对象：凡未成立或无效的合同，不存在变更问题。交易合同的变更是在原合同的基础上，达成一个或是几个新的合同作为修正，以新协议代替原协议。因此，变更作为一种法律行为，使原合同的权利义务关系消灭，新权利义务关系产生。

② 交易合同的解除　交易合同的解除，是指交易合同订立后，没有履行或没有完全履行之前，当事人依法提前终止合同。

③ 交易合同变更和解除的条件　合同法规定，凡发生下列情况之一，允许变更或解除合同。

a. 当事人双方经协商同意，并且不因此损害国家利益和社会公共利益。

b. 因为不可抗力致使合同的全部义务不能履行。

c. 因为另一方在合同约定的期限内没有履行合同。

（5）违约责任　是指交易合同一方或双方当事人因为自己的过错造成合同不能履行或不能完全履行，依照法律或合同约定必须承受的法律制裁。

① 违约责任的性质

a. 等价补偿　凡是已给对方当事人造成财产损失的，就需要承担补偿责任。

b. 违约惩罚　合同当事人违反合同的，不论这种违约是否已经给对方当事人造成财产损失，均要依照法律规定或合同约定承担相应的违约责任。

② 承担违约责任的条件

a. 要有违约行为　要追究违约责任，必须存在合同当事人不履行或不完全履行的违约行为。它可分为作为违约与不作为违约。

b. 行为人要有过错　过错是指当事人违约行为主观上出于故意或是过失。故意，是指当事人应当预见自己的行为会产生一定的不良后果，但仍然用积极的不作为或者消极的不作为希望或放任这种后果的发生；过失，是指当事人对于自己行为的不良后果应当预见或能够预见到，而因为疏忽大意没有预见到或虽已预见到但轻信可以避免，以致产生不良后果。

③ 承担违约责任的方式

a. 违约金　指合同当事人由于过错不履行或不适当履行合同，依据法律规定或合同约定支付给对方一定数额的货币。根据《合同法》和有关条例或实施细则的规定，违约金分为法定违约金和约定违约金。

b. 赔偿金　指合同当事人一方过错违约给另一方当事人带来损失超过违约金数额时，由违约方当事人支付给对方当事人的一定数额的补偿货币。

c. 继续履行　指合同违约方支付违约金、赔偿金后，按照对方的要求，在对方指定或双方约定的期限内，继续完成未履行的那部分合同义务。

违约方在支付了违约金、赔偿金后，合同关系尚未终止，违约方有义务继续按约执行，最终实现合同目的。

(6) 合同纠纷处理方式　合同纠纷是指合同当事人之间因为对合同的履行状况及不履行的后果所发生的争议。根据《合同法》及有关条例的规定，我国合同纠纷的解决方式通常有协商解决、调解解决、仲裁和诉讼四种方式。

① 协商解决　是指合同当事人之间直接磋商，自行解决彼此之间发生的合同纠纷。这是合同当事人在自愿、互谅互让基础上，根据法律、法规的规定和合同的约定，解决合同纠纷的一种方式。

② 调解解决　是指由合同当事人之外的第三人（交易市场管理部门或二手车交易管理协会）出面调解，使得争议双方在互谅互让基础上自愿达成解决纠纷的协议。

③ 仲裁　是指合同当事人将合同纠纷提交国家规定的仲裁机关，通过仲裁机关对合同纠纷做出裁决的一种活动。

④ 诉讼　是指合同当事人之间发生争议而合同中未规定仲裁条款或发生争议后也没有达成仲裁协议的情况下，由当事人一方将争议提交有管辖权的法院按诉讼程序审理做出判决的活动。

(7) 二手车交易合同的种类　二手车交易合同按照当事人在合同中处于出让、受让或居间中介的不同情况，可分为二车买卖合同和二手车居间合同两种。

① 二手车买卖合同

a. 出让人（售车方）　有意向出让二手车合法产权的法人或其他组织、自然人。

b. 受让人（购车方）　有意向受让二手车合法产权的法人或其他组织、自然人。

② 二手车居间合同（通常有三方当事人）

a. 出让人（售车方）　有意向出让二手车合法产权的法人或其他组织、自然人。

b. 受让人（购车方）　有意向受让二手车合法产权的法人或其他组织、自然人。

c. 中介人（居间方）　合法拥有二手车中介交易资质的二手车经纪公司。

 **例 6-2** 二手车买卖合同

上海市二手车买卖合同

合同编号：_____

签约地址：_____

出卖人（以下简称甲方）：_____

买受人（以下简称乙方）：_____

第一条　目的

依据有关法律、法规和规章的规定，甲、乙双方在自愿、平等和协商一致的基础上，就二手车买卖和完成其他服务事项，签订本合同。

第二条　当事人及车辆情况

（一）甲方基本情况

1. 单位代码证号□□□□□□□-□　　　法定代表人_____

经办人_____身份证号码□□□□□□□□□□□□□□□□□□

单位地址_____

邮政编码_____联系电话_____

2. 自然人身份证号码□□□□□□□□□□□□□□□□□□

现居住地址_____

邮政编码_____联系电话_____

（二）乙方基本情况

1. 单位代码证号□□□□□□□-□　　　法定代表人_____

经办人_____身份证号码□□□□□□□□□□□□□□□□□□

单位地址_____

邮政编码_____联系电话_____

2. 自然人身份证号码□□□□□□□□□□□□□□□□□□

现居住地址_____

邮政编码_____联系电话_____

（三）车辆基本情况

车辆牌号_____　　　车辆类型_____

厂牌、型号_____　　颜色_____

初次登记日期_____　登记证号_____

发动机号码_____　　车架号码_____

行驶里程_____km　　使用年限至_____年_____月_____日

车辆年检签证有效期至_____年_____月　排放标准_____

车辆购置税完税证明证号_____（征税、免税）

车船使用税纳税记录卡缴付截止日期_____

车辆养路费交讫截止日期_____年_____月（证号_____）（注：2009年1月1日已取消）

车辆保险险种_____

保险有效期截止日期_____年_____月_____日

配置＿＿＿＿＿＿＿＿＿＿＿＿＿＿＿＿＿＿＿＿＿＿＿＿＿＿＿＿＿＿
其他情况＿＿＿＿＿＿＿＿＿＿＿＿＿＿＿＿＿＿＿＿＿＿＿＿＿＿＿

第三条　车辆价款、过户手续费

本车价款为人民币＿＿＿＿＿元（大写＿＿＿＿元），其中包含车辆、备胎以及＿＿＿＿＿＿＿＿＿＿＿＿＿＿＿＿＿＿＿＿等款项。

过户手续费约为人民币＿＿＿＿＿元（大写＿＿＿＿＿＿元），由＿＿＿＿＿＿＿＿＿＿＿＿＿＿＿＿＿＿承担（以实际发生费用为准支付）。

第四条　定金和价款的支付、过户手续、车辆交付

（一）乙方应于本合同签订时，按车价款＿＿＿＿％（≤20%）人民币＿＿＿＿元（大写＿＿＿＿＿＿元）作为定金支付给甲方。

（二）车辆在过户、转籍手续完成前，选择以下第（　　）项方式使用和保管。

1. 继续由甲方使用和保管。
2. 交由乙方使用和保管。

（三）＿＿＿＿方应于本合同签订后＿＿＿＿＿日内，将本车办理过户□／转籍□所需的有关证件原件及复印件交付给＿＿＿＿方（做好签收手续），由＿＿＿＿方负责办理手续；＿＿＿＿方为二手车经销企业时，由＿＿＿＿方负责办理（过户□／转籍□）手续。

（四）自过户、转籍手续完成之日起＿＿＿＿＿日内，乙方应向甲方支付车价款人民币＿＿＿＿元（大写＿＿＿＿＿＿＿＿＿＿＿＿＿＿＿＿元），同时＿＿＿＿方付清过户手续费。支付方式：现金□／转账□。

（五）如由甲方办理过户、转籍手续的，应于收到全部车价款之日起＿＿＿＿＿日内将有关证件交给乙方；如车辆由甲方使用和保管的应于收到全部车价款之日起＿＿＿＿＿日内将车辆交给乙方（交付地点＿＿＿＿＿＿＿＿＿＿＿＿＿＿＿＿＿＿＿＿＿＿＿＿）。

（六）＿＿＿＿＿＿＿＿＿＿＿＿＿＿＿＿＿＿＿＿＿＿＿＿＿＿＿＿＿

第五条　双方的权利义务

（一）甲方承诺出卖车辆不存在任何权属上的法律问题和尚未处理完毕的道路交通安全违法行为或者交通事故；应提供车辆的使用、维修、事故、检验以及是否办理抵押登记、海关监管、交纳税费期限、使用期限等真实情况和信息。

（二）甲方属二手车经销企业的，还应向乙方提供质量保证及售后服务承诺。

（三）对转出本市的车辆，乙方应了解、确认买受车辆能在转入所在地办理转入手续。

（四）双方应在约定的时间内提供各类证明、证件并保证真实有效。

（五）＿＿＿＿＿＿＿＿＿＿＿＿＿＿＿＿＿＿＿＿＿＿＿＿＿＿＿＿

第六条　违约责任

（一）违反本合同第四条第（三）款，致使车辆不能过户、转籍，合同无法继续履行的，本合同解除。甲方违约的，甲方向乙方双倍返还定金并赔偿乙方相应损失；乙方违约的，则乙方无权要求返还定金并赔偿甲方相应损失。

（二）违反本合同第四条第（四）款，乙方未按合同约定支付的，应按延期天数向甲方支付违约金每天人民币＿＿＿＿＿＿＿＿元。

（三）违反本合同第四条第（五）款，甲方延期交付过户、转籍的有关证件或车辆的，应按延期天数向乙方支付违约金每天人民币＿＿＿＿＿＿＿＿元。

（四）违反本合同第五条第（一）款，乙方有权解除本合同，甲方应无条件接受退回的车辆并退回乙方全部车款，双倍返还定金并赔偿乙方相应损失。

（五）违反本合同第五条第（二）款，甲方应向乙方支付车辆价款＿＿＿＿％（人民币＿＿＿＿元）的违约金，并继续提供质量保证及售后服务承诺。

（六）违反本合同第五条第（三）款，致使车辆不能在转入所在地办理转入手续的，本合同解除，乙方无权要求返还定金，并赔偿甲方相应经济损失。

（七）违反本合同第五条第（四）款，致使出让车辆不能过户、转籍的，守约方有权解除本合同，违约方应支付人民币_____元给守约方，守约方另有损失的，由违约方赔偿损失。

（八）_____

第七条　风险承担

本合同签订后，车辆在过户、转籍手续完成并实际交付前：

（一）甲方使用和保管的，由甲方承担风险责任；

（二）乙方使用和保管的，由乙方承担风险责任。

第八条　争议解决方式

因本合同发生的争议，由双方协商解决，或向有关行业组织及消费者权益保护委员会申请调解。

当事人不愿协商、调解，或协商、调解不成的，按下列第_____种方式解决。

（一）向上海仲裁委员会申请仲裁。

（二）向人民法院起诉。

第九条　其他

（一）本合同未约定的事项，按照《中华人民共和国合同法》《二手车流通管理办法》以及有关的法律、法规和规章执行。

（二）双方因履行本合同而签署的补充协议及提供的其他书面文件，均为本合同不可分割的一部分，具有同等法律效力。

（三）本合同经双方当事人签字或盖章后生效。本合同一式三份，由甲方、乙方和二手车交易市场各执一份，具有同等法律效力。

（四）_____

甲方（签章）：	乙方（签章）：
法定代表人（签章）：	法定代表人（签章）：
经办人：	经办人：
开户银行：	开户银行：
账号：	账号：
签约时间：　年　月　日	签约时间：　年　月　日

例 6-3　二手车居间合同

上海市二手车交易合同

合同编号：_____

签约地址：_____

出卖委托人（以下简称甲方）：_____

买受委托人（以下简称乙方）：_____

居间人（以下简称丙方）：_____

第一条　目的

依据有关法律、法规、规章的规定，为完成二手车交易的相关事项，三方在自愿、平等和协商一致的基础上签订本合同。

第二条　当事人及车辆情况

（一）甲方基本情况

1. 单位代码证号□□□□□□□－□　法定代表人_____

经办人_____身份证号码□□□□□□□□□□□□□□□□□□

单位地址_____

邮政编码_____联系电话_____

2. 自然人身份证号码□□□□□□□□□□□□□□□□□□

现居住地址_____

邮政编码_____联系电话_____

（二）乙方基本情况

1. 单位代码证号□□□□□□□－□　法定代表人_____

经办人_____身份证号码□□□□□□□□□□□□□□□□□□

单位地址_____

邮政编码_____联系电话_____

2. 自然人身份证号码□□□□□□□□□□□□□□□□□□

现居住地址_____

邮政编码_____联系电话_____

（三）丙方基本情况

单位代码证号□□□□□□□－□　法定代表人_____

执业经纪人_____执业经纪人证书号□□□□□□□□

执业经纪人身份证号码□□□□□□□□□□□□□□□□□□

单位地址_____

邮政编码_____联系电话_____

（四）车辆基本情况

车辆牌号_____　车辆类型_____

厂牌、型号_____　颜色_____

初次登记日期_____　登记证号_____

发动机号码_____　车架号码_____

行驶里程_____km　使用年限至____年____月____日

车辆年检签证有效期至____年____月　排放标准_____

车辆购置税完税证明证号_____（征税、免税）

车船使用税纳税记录卡缴付截止日期____年____月

车辆养路费交讫截止日期____年____月（证号_____）（注：2009年1月1日已取消）

车辆保险险种_____

保险有效期截止日期____年____月____日

配置_____

其他情况_____

第三条　车辆价款、过户手续费

本车价款为人民币_____元（大写_____元），其中包含车辆、备胎以及_____等款项。

过户手续费约为人民币_____元（大写_____元），由_____承担（以实际发生费用为准支付）。

第四条　定金和价款的支付、过户手续、车辆保管

（一）乙方应于本合同签订时，按车价款_____%（≤20%）人民币_____元（大写_____元）作为定金支付给甲方。

（二）车辆在过户、转籍手续完成前，选择以下第（　　）项方式使用和保管。

1. 继续由甲方使用和保管。
2. 交由乙方使用和保管。
3. 交由丙方代为保管（车辆应存放于丙方指定地点_____，并由丙方和甲、乙双方查验认可）。

（三）_____方应于本合同签订后_____日内，将本车办理（过户□/转籍□）手续所需的有关证件原件及复印件交付给_____方（做好签收手续），由_____方负责办理手续。

（四）自过户、转籍手续完成之日起_____日内，乙方应向甲方支付车价款人民币_____元（大写_____元），同时，_____方付清过户手续费。支付方式：现金□/转账□。

（五）自甲方收到全部车价款之日起，_____方应于_____日内将有关证件交给乙方；车辆使用人或保管人应于_____日内将车辆交给乙方（交付地点_____）。

（六）_____

第五条　佣金数额、支付期限、方式

本车成交的佣金为人民币_____元（大写_____元），其中：甲方支付_____元（大写_____元），乙方支付_____元（大写_____元）。

自本合同签订之日起_____日内，甲乙双方各按佣金的_____%支付给丙方；自过户、转籍手续完成之日起_____日内付清余款。支付方式：现金□/转账□。

第六条　三方的权利义务

（一）甲方承诺出卖车辆不存在任何权属上的法律问题和尚未处理完毕的道路交通安全违法行为或者交通事故；应提供车辆的使用、修理、事故、检验以及是否办理抵押登记、海关监管、交纳税费期限、使用期限等真实情况和信息。

（二）对转出本市的车辆，乙方应了解、确认买受车辆能在转入所在地办理转入手续。

（三）丙方应向甲乙双方出示营业执照、经纪执业证书等有效证件，收取委托方的各项款项后应分别出具收款凭证。

（四）丙方未经甲乙双方同意不得转委托，并为甲乙双方保守商业秘密。丙方不得采取欺诈、胁迫和恶意串通等手段促成交易。

（五）各方应在约定的时间内提供各类证明、证件并保证真实有效。

（六）_____

第七条　违约责任

（一）违反本合同第四条第（三）款，致使车辆不能过户、转籍，合同无法继续履行的，本合同解除。甲方违约的，向乙方双倍返还定金、赔偿乙方相应损失，并向丙方支付违约金人民币_____元；乙方违约的，无权要求返回定金、赔偿甲方相应损失，并向丙方支付违约金人民币_____元；丙方违约的，向甲乙双方各支付违约金人民币_____元。

（二）违反本合同第四条第（四）款，乙方未按合同约定支付的，应按延期天数向甲方支付违约金每天人民币_____元。

（三）违反本合同第四条第（五）款，延期交付的违约方应按延期天数向乙方支付违约金每天人民币_____元。

（四）违反本合同第六条第（一）款，乙方有权解除本合同，甲方应无条件接受退回的车辆并退回乙方全部车价款，双倍返还定金并赔偿乙方相应损失，同时向丙方支付违约金人

民币_____元。

（五）违反本合同第六条第（二）款，致使车辆不能在转入所在地办理转入手续的，本合同解除，定金不予返还，乙方应赔偿甲方相应经济损失，并向丙方支付违约金人民币_____元。

（六）违反本合同第六条第（四）款，守约方有权解除本合同，丙方返还已收取的佣金，并赔偿相应损失。

（七）违反本合同第六条第（五）款，致使出让车辆不能过户、转籍的，守约方有权解除本合同，违约方应支付人民币_____元给守约方，守约方另有损失的，由违约方赔偿损失。

（八）_____

第八条　风险承担

本合同签订后，车辆在过户、转籍手续完成并实际交付前：

（一）甲方使用和保管的，由甲方承担风险责任；

（二）乙方使用和保管的，由乙方承担风险责任；

（三）丙方代为保管的，由丙方承担相应责任。

第九条　争议解决方式

因本合同发生的争议，由当事人协商解决，或向有关行业组织及消费者权益保护委员会申请调解。

当事人不愿协商、调解，或协商、调解不成的，按下列第_____种方式解决。

（一）向上海仲裁委员会申请仲裁。

（二）向人民法院起诉。

第十条　其他

1. 本合同未约定的事项，按照《中华人民共和国合同法》《上海市经纪人条例》《二手车流通管理办法》以及有关的法律、法规和规章执行。

2. 各方因履行本合同而签署的补充协议及提供的其他书面文件，均为本合同不可分割的一部分，具有同等法律效力。

3. 本合同经各方当事人签字或盖章后生效。本合同一式四份，由甲、乙、丙三方和二手车交易市场各执一份，具有同等法律效力。

4. _____

甲方（签章）：

法定代表人（签章）：

经办人：

开户银行：

账号：

签约时间：　　年　　月　　日

乙方（签章）：

法定代表人（签章）：

经办人：

开户银行：

账号：

签约时间：　　年　　月　　日

丙方（签章）：
营业执照注册号：
法定代表人（签章）：
执业经纪人（签名）：
执业经纪人证书号：
账号：
签约时间：　　年　　月　　日

6.7　二手车经销

6.7.1　二手车收购定价

（1）二手车的收购定价的影响因素

① 车辆的总体价值　二手车收购应充分考虑车辆的总体价值，主要包括车辆实体产品价值与各项手续价值。

a．车辆实体产品价值　除了用鉴定估价的方法评估车辆实体的产品价值之外，还应根据经验，结合目前市场行情综合评定。主要评定的项目有车身外观整齐程度、漆面质量如何等静态检查项目，以及发动机怠速声音、尾气排放情况等动态检查项目。此外，配置、装饰、改装等项目也很重要，包括有无 GPS、ABS、助力装置、真皮座椅、电动门窗、中控防盗锁、CD 音响等；有效的改装有动力改装、悬架系统改装、音响改装、座椅及车内装饰改装等。

b．各项手续价值　主要包括登记证、原始购车发票和交易过户发票、行驶证、购置税本、车船使用税证明、车辆保险合同等。若欲收购车辆的证件和规费凭证不全，就会影响收购价格，代办手续不但要耗费人工成本，而且可能造成转籍过户中意想不到的麻烦和带来很多难以解决的后续问题。

② 二手车收购后应支出的费用　二手车收购除了支付车辆产品的货币之外，从收购到售出的期间内，还需支出的费用有保险费、日常维护费、停车费、收购支出的货币利息和其他管理费等。

③ 市场宏观环境的变化　二手车收购应关注国家的宏观政策、国家和地方法规条例的变化因素以及这些影响导致的车辆经济性贬值。

例如，从 2015 年 11 月 15 日起，济南市开始按照环保标志对不符合环保要求的机动车（俗称黄标车）进行限行。未持有环保检验合格标志的汽车将全天 24 小时禁止在市内五区、长清区、章丘区、平阴县、济阳县、商河县规定区域内通行；自 2016 年 1 月 1 日起，全市区域内全天禁止黄标车通行。对黄标车闯禁行交通违法行为给予罚款 200 元，驾驶员记 3 分的处罚。

据了解，2015 年济南市黄标车有 37019 辆，在全面限行后，这些黄标车也必须将要重新找出路。汽车专业人士分析表示"在这样的情况下，黄标车如果想在济南的二手车市场里以比较理想的价格出售是不可能的事情，除非是个别二手车商将这些黄标车购入，然后卖到外地去。"因此，黄标车禁行后，这些车将加速贬值，也将加快黄标车退出济南市场。

④ 市场微观环境的变化　这里的市场微观环境主要指新车价格的变动以及新车型的上市对收购价格的影响。比如，新上市的轿车降价后，旧车的保值率就降低了，贬值后收购价格自然也会降低。此外，新款车型问世也会挤压旧车型，"老面孔"身价自然受影响。

⑤ 经营的需要 二手车经营者为了稳定经营，应依据本公司库存车辆的多少提高或降低收购价格。例如，本期库存车辆减少、货源紧张时，可以适当提高车辆收购价格，以补充货源，确保库存的稳定；反之，库存车辆较多时，则应降低收购价格。另外一种情况是，若某一畅销车型出现断档，则该车型的收购价格必定提高。例如某公司本期二手桑塔纳轿车销售一空，为了确保货源供应，该公司会马上提高桑塔纳车型的收购价格；反之，若某公司本期二手桑塔纳轿车销路不畅，库存积压严重，那么应降低桑塔纳轿车的收购价格，同时库存桑塔纳轿车的销售价格也会下降。

⑥ 品牌知名度和维修服务条件 对不同品牌的二手车，因为其品牌知名度和售后服务的质量不同，也会影响到收购价格的制定。像一汽、上汽、东风、广本等汽车企业，均是国内颇具实力的企业，其产品具有很高的品牌知名度，技术相对成熟，售后服务体系也健全，二手车收购定价可以适当提高。

（2）二手车收购定价的方法 二手车收购价格的确定是依据其特定的目的，在二手车鉴定估价的基础上，充分考虑市场的供求关系，对评估的价格进行快速变现的特殊处理。按不同的原则，通常有以下几种方法。

① 以现行市价法、重置成本法的方法确定收购价格。由现行市价法、重置成本法对二手车进行鉴定估算产生的客观价格，再依据快速变现原则，估定一个折扣率并以此确定二手车收购价格。如运用重置成本法估算某机动车辆价值是 10 万元，据市场销售调查得知，估定折扣率为 20% 可出售，则该车辆收购价格为 8 万元。

② 以清算价格的方法确定收购价格。清算价格的特点是企业(或个人)因为破产或其他原因，欲在一定的期限内（在企业清算之日）将车辆卖出，实现快速变现。具体来说主要根据二手车技术状况，运用现行市价法估算其正常价值，然后根据处置情况和变现要求，乘以一个折扣率，最后确定收购价格。

以清算价格的方法确定收购价格，因为顾客要求快速转卖变现，所以收购估价可以大大低于二手车市场成交的同类型车辆的公平市价，通常来说也低于车辆现时状态客观存在的价格。

③ 以快速折旧的方法确定收购价格。根据机动车的价值，计算折旧额来确定收购价格。年折旧额的计算方法建议采用年份数求和法与双倍余额递减折旧法两种方法。

（3）二手车收购价格的计算 二手车收购价格的计算是指在被收购车辆手续齐全的前提下对车辆实体价格的确定。若所缺失的手续可以以货币支出补办，则收购价格应扣除补办手续的货币支出、时间及精力的成本支出，具体可以采用下列几种方法。

① 运用重置成本法对二手车进行鉴定估价，然后根据迅速变现的原则，估定一个折扣率，将被收购车辆的估算价格乘以折扣率，就是二手车的收购价格。用数学式表示为

$$收购价格 = 评估价格 \times 折扣率 \qquad (6\text{-}1)$$

折扣率是指车辆可以当即出售的清算价格与现行市场价格的比值。折扣率的确定是经营者通过对市场销售情况的充分调查和了解凭经验估算的。

② 运用现行市价法确定二手车评估价格，然后根据折扣率计算收购价格，表达式同运用重置成本法的收购价格表达式。

③ 运用快速折旧法。首先计算出二手车已使用年数累计折旧额，然后，用重置成本全价减去累计折旧额，再减去车辆需要维修换件的总费用，得到二手车收购价格。用数学式表达为

$$收购价格 = 重置成本全价 - 累计折旧额维修费用 \qquad (6\text{-}2)$$

重置成本全价一律使用国内现行的新车市场价格。

累计折旧额的计算方法：先用年份数求和法或余额递减折旧法计算出年折旧额，然后将已使用年限内各年的折旧额汇总累加，即得累计折旧额。

维修费用是指车辆现时状态下，某项功能完全丧失，需要维修与换件的费用总支出。

在快速折旧计算时，机动车原值通常取机动车的重置成本全价，而不采用机动车账面原值。

（4）二手车收购的相关法律规定　《二手车交易规范》第十三条规定，二手车经销企业在收购车辆时，应按下列要求进行。

① 确认卖方的身份和车辆的合法性

a．卖方身份证明或者机构代码证书原件合法、有效。

b．车辆号牌、机动车登记证书、机动车行驶证、机动车安全技术检验合格标志真实、合法、有效。

c．交易车辆不属于《二手车流通管理办法》第二十三条规定禁止交易的车辆。

② 核实卖方的所有权或处置权证明

a．机动车登记证书、行驶证和卖方身份证明名称一致；国家机关、国有企事业单位出售的车辆，需附有资产处理证明。

b．委托出售的车辆，卖方应提供车主授权委托书及身份证明。

c．二手车经销企业销售的车辆，应具有车辆收购合同等可以证明经销企业拥有该车所有权或处置权的相关材料，以及原车主身份证明复印件。原车主名称应和机动车登记证和行驶证名称一致。

③ 与卖方商定收购价格　如对车辆技术状况以及价格存有异议，经双方商定可委托二手车鉴定评估机构对车辆技术状况和价值进行鉴定评估。

④ 签订合同　达成车辆收购意向的，签订收购合同，收购合同中需明确收购方享有车辆的处置权。

⑤ 付款　按收购合同向卖方支付车款。

（5）二手车收购中的风险分析与防范　在二手车收购的过程中，二手车市场交易环境的变化有可能带来机会，也有可能带来风险。风险是指因为客观环境的变化带来损失，从而难以实现某种目的的可能性。二手车收购中的风险是指因为二手车收购环境的变化，给二手车的销售带来的各种损失。所以，二手车流通企业的生存与发展，必须增强收购活动中的风险管控，能否获得期望利润，关键在于能否有效地控制并降低风险损失。

因为二手车收购价格的某些不可预见的因素，收购过程比销售过程的风险更大，给企业或个人带来的潜在损失也更大。所以，如何有效地将收购风险控制在一定的范围内，精确分析研究环境变化可能带来的风险，发现并及时规避风险，对于降低收购成本、提高企业的利润、最大限度地减小可能遭受的损失具有重大意义。

二手车收购的环境变化是绝对的、必然的，收购风险也时常发生。收购风险不可能完全避免，只能掌握战胜风险的策略及技巧，化险为夷，将风险变为机会，实现成功的转化，总体原则如下。

a．要提高识别二手车收购风险的能力。需随时收集、分析并研究市场环境变化的资料和信息，判断收购风险发生的可能性，积累经验，培养并加强对二手车收购风险的敏感性，及时发现或预测收购风险。

b．要提高风险的防范能力，尽量规避风险。可通过预测风险，从而尽早采取防范措施来规避风险。在二手车收购工作中，每个环节均需谨慎，最大限度地杜绝二手车收购风险的发生。

c．在无法避免的情况下，要提高处理二手车收购风险的能力，尽量最大限度地降低损失，并避免引发其他负面效应和有可能派生出来的消极影响。

在二手车收购中的风险防范上，具体可从如下几个方面考虑影响二手车收购中的风险因素及其相应的防范措施。

① 新车型的影响　相对老车型而言，新车型往往应用了大量的新技术，新车型技术含量的

提高使得老车型相对贬值甚至被淘汰。从国内市场看，近几年新车型投放显著加快，技术含量和配置也越来越高。例如助力转向、安全气囊、ABS+EBD、电子防盗、CD 音响等都已成了标准装备。以一汽捷达及上汽桑塔纳为例，两者在国内生产 30 多年来经历了多次改款，虽然生产平台未变，但是早期的捷达与桑塔纳和现在的新款车型在外观及配置上已不可同日而语。所以，二手车市场在收购旧车时应以最新款车型的技术装备及价格来做参照，否则会给二手车收购带来较大的风险。

② 车市频繁降价的影响　　在新车市场频繁降价、促销活动众多的环境下，二手车经销公司面临着极大的风险，如出现损失只能自己承担。因此，在二手车收购过程中都是以某一款车目前新车市场的开票价格来计算折旧，而不会去考虑消费者买车时的价格。若某一款车最近有降价的可能，二手车经销公司应考虑新车降价所带来的风险，开价往往要比正常的收购价还要低一些。若某一款车刚降价，那么收购价就会稳定一段时期。为了降低新车频繁降价带来的风险，规范市场、稳定价格成为当务之急。此外通过二手车代卖的方式，一方面可从中收取一定的手续费；另一方面可以降低风险。

③ 折旧加快的影响　　从实际行情看，使用期限在 3 年以内的车辆折旧最高，使用 3 年的车辆通常要折旧到 40%～50%，其后的几年进入一个相对稳定的低折旧期，接近 10 年折旧又开始加速。因此，3 年以内的车要收购的话，收购定价要考虑车辆的大幅折旧因素的影响。

④ 尾气排放标准提高的影响　　尾气排放标准提高也加快了在用车辆的折旧和淘汰。全国各地越来越严格的尾气排放标准将使老旧车型加速淘汰。所以，在确定二手车收购价格时应考虑车辆排放标准提高对老旧车型的影响。

⑤ 车况好坏的影响　　有的车虽然开的时间不长，但是因为保养维护差，机件的磨损却很严重，操作起来感觉极差。而有的车虽然车龄较长，发动机的状况却依旧良好，各机件操作顺畅。这些车辆技术状况的差异自然会影响到二手车的收购价格。

⑥ 品牌知名度的影响　　知名品牌的汽车因为其市场保有量大、质量可靠甚至保值率高而深受消费者的青睐。这些品牌的汽车在新车市场售价比较稳定，口碑好，因此在二手车市场认同率较高，贬值的程度相对来说要低一些。而一些知名度不高的品牌车辆在市场上的认同率低，贬值的程度也就相对较高，在确定二手车的收购价格时，应加以考虑。

⑦ 库存的影响　　如果二手车市场交易活跃，销售顺畅，求大于供，二手车经纪公司的库存急剧减少，商家们为了维持正常的经营运转，保证一定的库存，可适当抬高一些收购价格；反之在二手车市场销售低迷时，商家们的库存急剧增加，供大于求，流通不畅，商家的主要矛盾是消化库存，这个时期通常压低收购价格，规避因为库存增加而带来的风险。

⑧ 二手车收购合法性的影响　　二手车的收购要避免收购盗抢车、伪劣拼装车，要防止收购那些伪造手续凭证，伪造车辆档案的车辆。一旦有所失误，不但给公司造成直经济损失，更重要的是造成社会的不良影响，从而损害公司的公众形象。

⑨ 宏观环境的影响　　要密切关注国家关于二手车交易的政策与法规的变化，做到未雨绸缪。要能够根据已有的和即将颁布的国家关于二手车交易的政策及法规预测二手车价格的市场可能走势，及时调整二手车的收购价格，保证二手车的收购风险降到最低。

6.7.2　二手车销售定价

（1）二手车销售定价的影响因素

① 成本因素　　产品成本是定价的基础和最低界限，二手车的销售价格若不能保证成本，企业的经营活动就很难维持。二手车流通企业销售定价需分析价格、需求量、成本、销量、利润

之间的关系，正确地估算成本，并以此作为定价的根据。二手车销售定价时应考虑收购车辆的总成本费用，总成本费用由固定成本费用与变动成本费用之和构成。

　　a. 固定成本费用　固定成本费用是指在既定的经营目标内，不随收购车辆的不同而变动的成本费用。比如分摊在这一经营项目的固定资产的折旧、管理费等项支出。

　　b. 固定成本费用摊销率　固定成本费用摊销率是指单位收购价值所包含的固定成本费用，即固定成本费用和收购车辆总价值之比。如某企业根据经营目标，预计某年度收购100万元的车辆价值，分摊固定成本费用1万元，则单位固定成本费用摊销率是1%。如花费5万元收购一辆旧桑塔纳轿车，则需将500元（即5万元的1%）计入固定成本费用。

　　c. 变动成本费用　变动成本费用指随收购价格及其他费用而相应变动的费用。主要包括车辆实体的价格、运输费、保险费、日常维护费、维修翻新费、资金占用的利息等。

　　由上述成本分析可知，一辆二手车收购的总成本费用是这辆车应分摊的固定成本费用和变动成本费用之和，用数学式表达为

　　　　某二手车的总成本费用 = 收购价格 × 固定成本费用摊销率 + 变动成本费用　　　　(6-3)

　　② 供求关系　在市场经济中，产品的价格由买卖双方的相互作用进行决定，以市场供求为前提，决定价格的基本因素包括两个，即市场供给与市场需求。如果市场需求大于市场供给（尤其是供不应求），价格就会上升；市场需求小于市场供给（尤其是有市场积压现象），价格就会下降，市场的一切交易活动及价格的变动都受这一定律的支配。这即是供求规律或称供求法则，它是市场价格变化的基本规律。供求关系表明价格仅围绕价值上下波动，而价值仍然是确定价格水平及其变动的决定性因素。企业在定价决策时，除以产品价值作为基础外，还可以自觉运用供求关系来分析并制定产品的价格。

　　价格在受供求影响而有规律性的变动过程中，不同商品的变动幅度是不一样的。所以，在销售定价时还应考虑需求的价格弹性。所谓需求的价格弹性，是指因为价格变动而引起的需求相应的变动率，它反映需求变动对价格变动的敏感程度。依照西方经济学理论，当某种产品需求弹性较小时（需求对价格不敏感），可以通过提高价格增加企业利润；反之，当产品需求富有弹性时（需求对价格敏感），企业可以通过降低价格从而扩大销量来增加企业收益，同时还能起到打击竞争对手，提高自己产品市场占有率的作用。

　　对于二手车而言，其需求弹性较强，即二手车价格的上升（或下降）会引起需求量较大幅度减少（增加）。所以，在给二手车进行销售定价时，应该将价格定得低一些，以薄利多销达到增加盈利、服务顾客的目的。

　　③ 竞争状况　在产品供不应求时，企业可以自由地选择定价方式。然而在供大于求时，竞争必然随之加剧，定价方式的选择只能被动地依据市场竞争的需要来进行。为了稳定维持自己的市场份额，二手车的销售定价应考虑本地区同行业竞争对手的价格状况，根据自己的市场地位及定价的目标，选择和竞争对手相同的价格，甚至低于竞争对手的价格。

　　④ 国家政策法令　任何国家对物价均有适度的管理，所不同的是，各个国家及地区对价格的控制程度、范围、方式等存在着一定的差异，绝对放开和绝对控制的情况是没有的。通常而言，国家可以通过物价部门直接对企业定价进行干预，也可以采用一些财政、税收手段对企业定价实行间接影响。

　　(2) 二手车销售定价的目标　二手车销售定价的目标是指二手车流通企业通过制定二手车的销售价格，凭借价格产生的效益来达到预期的目的。企业在定价以前，必须依靠其内部和外部环境，制定出既不违背国家的方针政策，又可以协调企业的其他经营目标的价格。企业定价目标类型较多，二手车流通企业需根据自己树立的市场观念和市场微观、宏观环境，确定自己的销售定价目标。企业定价目标主要有两大类，即以获取利润为目标和以占领市场为目标。

① 以获取利润为目标　利润是评价与分析二手车流通企业营销工作优劣的一项综合性指标，是二手车流通企业最主要的资金来源。以利润为定价目标包括3种基本形式，即预期收益、最大利润和合理利润。

a. 获取预期收益目标　预期收益目标是指二手车流通企业以预期利润（包括预交税金）为定价基点，并以利润加上商品的完全成本构成价格出售商品，从而获取预期收益的一种定价目标。

预期收益目标分为长期目标和短期目标，大部分企业采用长期目标。预期收益高低的确定，应当考虑商品的质量和功能、同期的银行利率、消费者对价格的反应以及企业在同类企业中的地位以及在市场竞争中的实力等因素。预期收益定得过高，企业会处在市场竞争的不利地位；定得过低，又会影响企业的利润，使投资回收期延长。通常情况下，预期收益适中，可能获得长期稳定的收益。

b. 获取最大利润目标　最大利润目标是指二手车流通企业在一定时期内综合考虑各种因素后，以总收入减去总成本的最大差额作为基点，确定单位商品的价格，以取得最大利润的一种定价目标。

最大利润是企业在一定时期内可能并且准备实现的最大利润总额，而不是单位商品的最高价格，最高价格不一定能够获取最大利润。当企业的产品在市场上处于绝对有利地位时，经常采取这种定价目标，它能够使企业在短期内获得高额利润。最大利润通常以长期的总利润为目标，在个别时期，甚至允许以低于成本的价格出售，以便招揽顾客。

c. 获取合理利润目标　合理利润目标是指二手车流通企业在补偿正常情况下的社会平均成本基础上，适当地增加一定的利润作为商品销售价格，以获取正常情况下合理利润的一种定价目标。企业在自身力量不足，无法实行最大利润目标或预期收益目标时，经常采取这一定价目标。这种定价目标以稳定市场价格、避免不必要的竞争、获取长期利润为前提，因此商品价格适中，顾客乐于接受，政府积极鼓励。

② 以占领市场为目标　以市场占有率作为定价目标是一种志存高远的选择方式。市场占有率是指一定时期内某二手车流通企业的销售量占当地细分市场销售总量的份额。市场占有率高意味着企业的竞争能力较强，说明企业对消费信息把握得比较准确、充分。资料表明，企业利润和市场占有率正向相关。提高市场占有率是增加企业利润的有效途径。

因为企业所处的市场营销环境不同，自身条件与营销目标不同，企业定价目标也大相径庭。所以，二手车流通企业应在综合考虑市场环境、自身实力和经营目标的基础上，将利润目标和占领市场目标结合起来，兼顾企业的眼前利益和长远利益，来确定适当的定价目标。

(3) 二手车销售的定价方法　定价方法是二手车流通企业为了在细分市场实现定价目标，给产品制定基本价格及浮动范围的技术思路。因为成本、需求和竞争是影响企业定价的最基本因素，产品成本决定了价格的最低限，产品本身的特点决定了需求状况，从而决定了价格的最高限，竞争者产品与价格又为定价提供了参考的基点，所以形成了以成本、需求、竞争为导向的三大基本定价思路。

① 成本导向定价法　成本导向定价法可分为成本加成定价法、目标收益定价法及边际成本定价法3种。

a. 成本加成定价法　成本加成定价法也称为加额定价法、标高定价法或成本基数法，是一种使用比较普遍的定价方法。它首先确定单位产品总成本（包括单位变动成本与平均分摊的固定成本），然后在单位产品总成本基础上增加一定比例的（即成数）利润，从而形成产品的单位销售价格。该方法的计算公式为

$$单位产品价格 = 单位产品总成本 \times (1 + 成本加成率) \tag{6-4}$$

由此可知，成本加成定价法的关键是成本加成率的确定。通常来说，加成率应与单位产品

成本成反比，与资金周转率成反比，与需求价格弹性成反比，需求价格弹性保持不变时，加成率也需保持相对稳定。

b. 目标收益定价法　目标收益定价法又称投资收益率定价法，是依据企业的投资总额、预期销量和投资回收期等因素来确定销售价格。在产品供不应求的条件下，或是产品需求的价格弹性很小的细分市场中，可以采用目标收益法。

c. 边际成本定价法　边际成本是指每增加或减少单位产品所引起的总成本的增加量或减少量。采用边际成本定价法时是以单位产品的边际成本作为定价依据及可接受价格的最低界限。当销售价格超过边际成本时，企业出售产品的收入除完全补偿变动成本外，还可用此补偿一部分固定成本，甚至可能提供利润。在竞争激烈的市场条件下，边际成本定价法具有较大的灵活性，对于有效地应对竞争、开拓新市场、调节需求的季节差异、形成最优产品组合可以发挥巨大的作用。

② 需求导向定价法　需求导向定价是以消费者的认知价值、需求强度以及对价格的承受能力作为依据，以市场占有率、品牌形象和最终利润为目标，真正按照有效需求来制定价格。需求导向定价法也叫作顾客导向定价法，是二手车流通企业根据市场需求状况及消费者的不同反应来确定产品价格的一种定价方式。其特点为平均成本相同的同一产品的价格随市场需求变化而变化，通常是以该产品的历史价格为基础，根据市场需求变化情况，在一定的幅度内改变价格，致使同一商品可以按照两种或两种以上价格销售。这种差价可以因为顾客的购买能力、对产品的需求情况、产品的型号和式样以及时间、地点等因素的差异而采取不同的形式。

③ 竞争导向定价法　竞争导向定价是以企业所处的行业地位及竞争定位来制定价格的一种方法，是二手车流通企业依据市场竞争状况确定二手车销售价格的一种定价方式。其特点为价格的制定与成本和需求直接关系不大，而主要以竞争对手的价格作为参照物，并与竞争品价格保持一定的比例。也就是竞争品价格未变，即使产品成本或市场需求变动了，也应维持原价；竞争品价格变动，即使产品成本和市场需求未变，也需相应调整价格。

上述定价方法中，企业应考虑产品成本、市场需求和竞争形势，研究价格怎样适应这些因素，但在实际定价过程中，企业常常只能侧重于某一类因素，选择某种定价方法，并通过一定的定价政策对计算结果进行修订，而成本加成定价法深受欢迎，主要有下列原因。

a. 定价过程简化　因为成本的不确定性比需求的不确定性小得多，定价着眼于成本可以使定价工作显著简化，不必随时随需求情况的变化而频繁地调整，所以大大地简化了企业的定价工作。

b. 可降低价格竞争程度　只要同行业全部采用这种定价方法，那么在成本与加成率相似的情况下价格也大致相同，这样可以使价格战的竞争降到最低限度。

c. 对买卖双方都比较公平　卖方不利用买方需求量增大的优势而趁机哄抬价格，因此有利于买方，固定的加成率也可以使卖方获得相当稳定的投资收益。

（4）二手车销售定价的策略　在二手车的市场营销中，虽然非价格竞争作用在增长，但价格仍然是影响销售的重要因素，是营销组合中的关键因素。定价是否恰当，不但直接关系到二手车的销量和企业的利润，而且还影响企业其他营销策略的制定。定价策略的意义在于有助于挖掘新的市场机会，实现企业的整体目标。在市场经济条件下，价格决策是企业经营决策者面临的具有现实意义的重大课题。

二手车销售定价策略是指二手车流通企业依据不同因素对二手车价格的影响程度而采用不同的定价方法，制定出适于市场竞争的二手车销售价格，进而实现定价目标的营销战术。

二手车销售定价策略分为阶段定价策略、心理定价策略及折扣定价策略等。

① 阶段定价策略　所谓阶段定价策略就是依据产品寿命周期各阶段不同的市场特征而采用不同的定价目标和对策。产品投入期以打开市场为主，成长期以取得目标利润为主，成熟期以

保持市场份额、利润总量最大为主,衰退期以回笼资金为主。此外还要兼顾不同时期的市场行情,相应调整销售价格。

② 心理定价策略　不同的消费者具有不同的消费心理,有的注重经济实惠、物美价廉,有的注重产品的品牌,有的注重产品的文化情感含量,有的追赶消费潮流等。心理定价策略即是在补偿成本的前提下,按照不同的需求心理确定价格水平和调价幅度。如尾数定价策略就是企业针对消费者的求廉心理,在二手车定价时故意制定一个带有尾数(故意不凑成整数)的价格。这是一种具有强烈刺激作用的心理定价策略。价格尾数的微小差别,可以明显影响消费者的购买行为,会给消费者一种经过精确计算的、最低价格的感觉,例如某品牌的二手车标价为89998元,给人以便宜的感觉,认为只要8万多(不到9万)就可以买一辆保养不错的品牌二手车。

③ 折扣定价策略　二手车流通企业在市场营销活动中,通常按照确定的目录价格或标价出售商品。但随着市场环境的变化,为了促使销售者、顾客更多地销售和购买本企业的产品,经常根据交易数量、付款方式等条件的不同,在价格上给销售人员及顾客一定的让价空间,这种给销售人员或消费者的一定幅度的价格让利空间即为折扣。灵活运用价格折扣策略,可以刺激需求、刺激购买,有助于企业搞活经营,提高经济效益。

(5)二手车销售最终价格的确定　二手车流通企业通过以上程序制定的价格只是基本价格,只是确定了价格的范围及调整的途径。为了实现定价目标,二手车流通企业还应考虑国家的价格政策、用户的要求、产品的性价比、品牌价值以及公司的服务水平,运用各种灵活的定价策略对基本价格进行调整,同时将价格策略及其他营销策略结合起来,如针对不同消费心理的心理定价以及让利促销的各种折扣定价等,以确定具体的最终市场价格。

6.7.3　二手车置换

(1)汽车置换的定义　汽车置换的定义可分为广义和狭义两类。广义的汽车置换概念是指在以旧换新业务的基础上,还同时兼容二手车整新、跟踪服务以及二手车在销售乃至折抵分期付款等项目的一系列业务组合,从而使其成为一种独立的营销方式。从狭义上来说,汽车置换只是以旧换新业务。经销商通过二手车的收购和新车的对等销售获取利益。目前,狭义的置换业务在世界各国均已成为流行的销售方式。国际上发达国家二手车与新车的销售量几乎为1∶1,某些国家可以达到2∶1,甚至更高,我国的二手车市场虽然起步较晚,但目前的交易已初具规模,年交易量达800多万辆,占到新车交易量的3成左右,狭义置换业务也得到长足的发展;广义的置换业务在国内尚处于萌芽阶段,亟待各方面的关心和扶持。

(2)我国汽车置换

① 我国汽车置换模式　从国内的交易情况来看,目前在我国进行的汽车置换包括3种模式。

a.用本厂旧车置换新车(即以旧换新)。如厂家为"一汽大众",车主可以将旧捷达车折价卖给一汽车大众的经销商,同时,在该经销商处再买一辆新宝来或捷达。

b.用本品牌旧车置换新车。如品牌为"大众",假如某车主拥有一辆捷达,现在想买一辆帕萨特,那么他可以在任何一家"大众"的经销商处进行置换,也就是将他的捷达卖给经销商,交上差价,买到一辆帕萨特。

c.只要购买新车,置换的旧车不限品牌。国外基本上都是采用这种置换方式,我国现在很多经销商也接受了这种方式。例如上海通用汽车的"诚新二手车"开展的就是这种汽车置换模式,消费者可以通过任何品牌的二手车置换别克品牌的新车。

第三种方式给予消费者最大的选择空间和便利,但是,这种方式对厂商和经销商而言非常具有挑战性。这是由于,我国的车主一般既不从一而终地在指定维修点进行维修保养,自己也不保留车辆的维修档案,车况不明;再者,不同品牌、不同型号的车在技术和零部件上千差万别,尤其是对于个别已经停产车型更换零部件将越来越麻烦,这些车到了经销商手里想要再出售有一定难度。

另外,我国也出现了委托寄卖等置换新模式。委托寄卖主要分为三类:一是自行定价型,即由车主自行定价,委托商家代卖,成交后再支付佣金;二是两次付款型,即商家先行支付一些费用,等到成交后再付余款,佣金按照利润的一定比例来定;三是周期寄卖型,其方式是由商家向车主承诺交易周期,车价由双方共同确定,而佣金则以成交时间及成交金额双重标准来定。

车辆更新对于车主而言,是一个烦琐的过程,首先要到二手车市场将旧车卖掉,这其中要经历了解市场行情、咨询二手车价格、与二手车经纪公司讨价还价直到成交、办理各种手续和等待回款,最少要好几天,等拿到钱后再到新车市场买新车,又是一番周折。对于车主来说更新一辆车要比买新车麻烦得多。在生活节奏逐渐加快的今天,人们期盼能否有一种便捷的以旧换新业务,使得人们能够在自由选择新车的同时,又很方便地处理原有的旧车。所以,具有汽车置换资质的经销商作为中介的重要作用就显现出来。

② 汽车置换授权经销商 汽车置换授权经销商是我国汽车置换运作的中介主体。汽车置换授权经销商的车辆置换服务将消费者淘汰旧车与购买新车的过程结合在一起,一次完成甚至一站完成卖旧车、购新车的全部业务,为车主节约了时间,提供了便利。我国汽车置换授权经销商的汽车置换服务通常具有以下特点。

a. 打破车型限制 与既往的一些开展汽车置换的厂家或品牌专卖店不同,汽车置换授权经销商对所要置换的旧车和选择购买的新车,都没有品牌及车型的限制,可以随意置换。汽车置换授权经销商采用汽车连锁超市的模式经营新车的销售,连锁超市中经营的汽车品牌较多,可以满足不同消费者的各种需求,也可根据顾客的要求,到指定的经销商处,为顾客选购指定的车辆,真正做到了无品牌限制的置换。

b. 让利置换,旧车增值 汽车置换授权经销商将车辆置换作为顾客购买新车的一项增值服务,和顾客将旧车出售给二手车经纪公司不同,汽车置换授权经销商一般是以二手车交易市场二手车收购的最高价格甚至更高的价格,确定二手车价格,经过双方认可后,置换二手车的钱款直接冲抵新车的价格。

汽车置换授权经销商有自己的二手车经纪公司,同时和二手车交易市场中的众多经纪公司保持联系,确保市场信息渠道的畅通,以及所置换的旧车可以有快速的销路。车况较好的旧车,汽车置换授权经销商经过整修后,补充到租赁车队中进入低端租车市场,用租赁收入弥补旧车的增值部分后,到二手车市场处置;或者发挥汽车置换授权经销商租车网络优势,在中小城市进行租赁运营。

c. "全程一对一"的置换服务 汽车置换授权经销商提供的车辆置换服务,是一种"全程一对一"的服务模式。因为汽车置换授权经销商的业务涉及汽车租赁、销售、汽车金融以及二手车经纪,所以顾客在汽车置换授权经销商选择置换的购车方式后,从旧车定价、过户手续,一直到新车的贷款、购买、保险、牌照等过程都由汽车置换授权经销商公司内部的专业部门完成,确保了效率和服务水准。

d. 完善的售后服务 在汽车置换授权经销商处通过置换购买的新车,汽车置换授权经销商将提供包括保险、救援、替换车、异地租车等服务在内的一系列完善的售后服务。对于符合条件的顾客,汽车置换授权经销商还能够提供更加个性化的车辆保值回购计划,使顾客可以无需考虑再次更新时的车辆残值,放心使用车辆。

(3) 汽车置换质量认证 汽车置换业务中一个最重要、最容易引起争议的问题即是置换旧车的质量问题。和新车交易相比，二手车市场存在许多信息不对称的地方，二手车评估本身就非常复杂，加上二手车交易又是"一旦售出，后果自理"，因此在购买二手车的时候，大部分的二手车买家并不信任卖家。

为了保障交易双方权益、减少纠纷，国外汽车厂商从20世纪90年代即开始对二手汽车进行质量认证，近几年我国的汽车厂商也开始进行这一业务。汽车厂家借助自己的技术、设备、人员以及信誉优势，对回购的二手车进行检测和修复，给当前庞大的二手车消费群体提供"放心车""明白车"，即使价格高出市场上的其他二手车，消费者也认为值得。同时汽车厂家介入二手车市场也为规范二手车市场、降低交通安全隐患带来积极影响。

① 认证的基本概念　经汽车厂商授权的汽车经销商将收上来的该品牌二手车进行一系列检测、维修以后，使该车成为经品牌认证的车辆，可以给予一定的质量担保和品质保障，这一过程通就是二手车认证。

二手车认证的开展是市场对二手车刮目相看的首要原因，现在已经得到广泛的认可，很多汽车生产厂家还针对二手车推出一些令人称赞的消费措施。目前，认证方案项目通常包括合格的质量要求、严格的检测标准、质量改进保证、过户保证以及比照新车销售推出的送货方案，一些大公司开展的认证还包括提供和新车一样利率的购车贷款。通过认证，顾客与经销商双方都从中得到了实惠。顾客对自己购买二手车的心态更加趋于平和，相对经销商也实现了认证车辆的溢价销售。而且，顾客不会有二手车刚买到手就出现故障的担忧，经销商也不必再面对恼怒顾客的争吵。

② 我国的二手车认证　我国二手车认证主要是在一些合资企业中开展的，这其中以上汽通用公司和一汽大众公司为代表，我国一般的二手车认证流程如图6-8所示。

a. 上汽通用公司的二手车认证　上海通用汽车认证的二手车需经过多道程序的严格筛选。首先，认证的二手车有自己统一的品牌，是与诚信谐音的"诚新"，能通过认证，并打上这个牌子的二手车要达到下列条件：首先是无法律纠纷，非事故车，无泡水经历；其次使用不超过5年，行驶10万千米以内；以前用途不是用于营运和租赁。

上汽通用的二手车认证有106项检验项目，这106项检验需进行2次，进场时1次，整修后还要进行1次。106项检验主要包括车身、电气设备、底盘、制动等6大类，基本包括了整个汽车的零配件。通过筛选的二手车，经过整修，再进行106项检测，全部合格后方可获得上海通用公司的认证书。经认证过的二手车出售后能获得半年或1万千米的质量保证，在质保期间，若车辆出现质量问题，客户可以在全国联网的品牌专业维修店获得免费修理或零配件更换。

b. 一汽大众公司的二手车认证　一汽大众的二手车认证具有141项检测标准，包括发动机（检查压缩比、排放、点火正时等11项）、离合器（离合器线束调整、噪声检测等5项）、变速器（变速器各挡位操控性、变速器油油位等8项）、转向系统（转向齿条等7项）、仪表（仪表灯亮度等15项）、灯光系统（车内外灯光光线、报警灯等10项）、车辆内部（座椅、杯架、后视镜等9项）、空调（气流、风向等6项）、收音机及CD（播放器、扬声器等3项）、内饰外观（各种塑料件、装饰件等3项）、电子电器（蓄电池、各种熔断器等8项）、悬架（减振器泄漏等5项）、传动系统（差速器泄漏和噪声等4项）、制动系统（制动蹄片磨损情况等8项）、制冷系统（管道泄漏等4项）、轮胎轮辋（前轮定位等5项）、车辆外部（刮水器胶皮磨损等7项）、车身及漆面（破裂、剐蹭等5项）、完备性（备胎、说明书等7项）、最终路试（操控性、循迹性等11项）。

（4）汽车置换的程序　汽车置换包括旧车出售与新车购买两个环节。不同的汽车置换授权经销商对汽车置换流程的规定不完全相同，一汽大众二手车置换流程如图6-9所示。

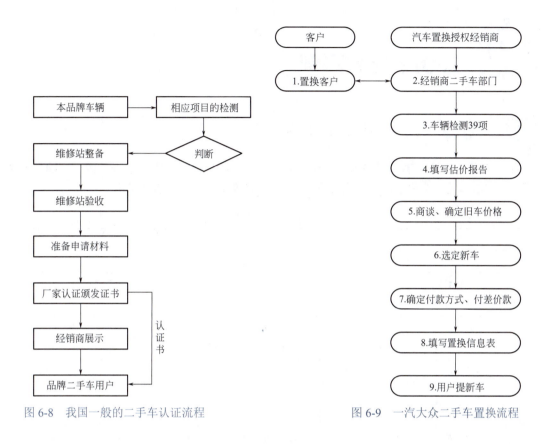

图 6-8　我国一般的二手车认证流程　　图 6-9　一汽大众二手车置换流程

① 顾客利用电话或直接到汽车置换授权经销商处进行咨询，也可以登录汽车置换授权经销商的网站进行置换登记。

② 汽车评估定价。

③ 汽车置换授权经销商销售顾问陪同顾客选订新车。

④ 签订旧车购销协议和置换协议。

⑤ 置换旧车的钱款直接冲抵新车的车款，顾客交付新车差价后，办理提车手续，或由汽车置换授权经销商的销售顾问协助在指定的经销商处提取所订车辆，汽车置换授权经销商提供"一条龙"服务。

⑥ 顾客如需贷款购新车，则置换旧车的钱款用作新车的首付款，汽车置换授权经销商为顾客办理购车贷款手续，提供汽车消费信贷所产生的资信管理服务，并且建立个人资信数据库。

⑦ 汽车置换授权经销商办理旧车过户手续，顾客提供必要的协助及材料。

⑧ 汽车置换授权经销商为顾客提供全程后续服务。

在汽车置换中，新车可选择仍然使用原车牌照，或上新牌照，购买新车需交钱款：新车价格减去旧车评估价格，若旧车贷款尚未还清，可由经销商垫付还清贷款，款项计入新车需交钱款。

6.8 二手车交易案例

 例6-4 二手车收购定价案例

王先生急于转让一辆骏捷轿车，经与二手车交易中心洽谈，由中心收购车辆。车辆基本情况汇总于二手车鉴定估价登记表中（表6-5）。试用快速折旧法计算收购价格。

表6-5 二手车鉴定估价登记表

车主		王××	所有权性质		私	联系电话		××××××××	
住址		×××××××××××				经办人		××	
原始情况	车辆名称	中华骏捷	型号		1.6L 手动经济型	生产厂家			
	结构特点	普通	发动机型号		BL16L	车架号			
	载重量/座位数/排量	1.6L	燃料种类		汽油				
使用情况	初次登记日期	2012年2月	牌照号		浙C×××××	车籍			
	已使用年限	3年6个月	累计行驶里程		85000km	工作性质		私用	
	大修次数	发动机	次			工作条件		一般	
		整车	次						
	维修情况	好	现时状态		在用				
	事故情况				无				
	现时技术状况	离合器有打滑现象，变速器挂挡有异响，转向系统低速有摆振现象，转向不灵敏							
手续情况	证件	养路费黄牌标识遗失							
	税费				齐全、有效				
价值反映	购置日期	2012年1月	账面原值/元		83600	账面净值/元			
	车主报价/元	35000	重置价值/元		59800	初估价值/元		34000	

（1）价值计算 根据登记表得知，该型号的现行市场购置价为59800元，规定使用年限15年，残值忽略不计，现分别以年份数求和法和余额递减折旧法计算，结果见表6-6和表6-7。这里 K_0 取机动车重置成本价59800元，机动车规定折旧年限 $N=15$ 年，折旧率按直线折旧率 $1/N$ 的2倍取值，即有 $a=2/N=2/15=13.3\%$，t 从2012年2月～2016年1月共4个年度。

表6-6 用年份数求和法计算折旧额

时间	重置成本 K_0/元	年折旧率	年折旧额/元	累计折旧额/元
2012年2月～2013年1月	59800	15/120	7475	7475
2013年2月～2014年1月		14/120	6977	14452
2014年2月～2015年1月		13/120	6478	20930
2015年2月～2016年1月		12/120	5980	26910

表 6-7 用双倍余额递减法计算折旧额

时间	重置成本 K_0/元	年折旧率	年折旧额/元	累计折旧额/元
2012 年 2 月～2013 年 1 月	59800	2/15	7973	7973
2013 年 2 月～2014 年 1 月	51827	2/15	6910	14883
2014 年 2 月～2015 年 1 月	44917	2/15	5989	20872
2015 年 2 月～2016 年 1 月	38928	2/15	5190	26062

因为车辆已使用年限为 3 年 6 个月，用年份数求和法和双倍余额递减法计算折旧额分别为 23920 元（20930+5980/2）和 23467 元（20872+5190/2）。

（2）技术状况鉴定　离合器有打滑现象，变速器挂挡有异响，需维修费 600 元；转向系统低速有摆振现象，转向不灵敏，需维修费 1200 元；黄牌标识遗失，登报声明补办的费用为 100 元。上述费用合计为 600+1200+100=1900（元）。

（3）确定收购价值　根据前述收购价值计算公式，确定收购价格如下。

用年份数求和法计算收购价格为 59800-23920-1900=33980（元）。

用双倍余额递减法计算收购价格为 59800-23467-1900=34433（元）。

根据收购价格评估，与车主最后协商后，确定收购价格为 33000 元。

例 6-5

某二手车经销公司 2013 年 4 月收购了一辆二手车，二手车的基本资料如下：品牌为上汽大众斯柯达，车牌号码为辽 B×××××，发动机号码为××××××，车辆识别代号/车架号为 LSVW×××，注册登记日期为 2010 年 1 月 23 日，年审检验合格至 2015 年 7 月，有车辆购置税完税证明，收购价格为 6 万元，计划该车欲于 2015 年 12 月前销售出去。请给该二手车制定一合适的销售价格。

解：其销售价格确定方法如下。

① 固定成本费用　摊销售率的确定按该 4S 店的固定成本构成情况分析，分摊在二手车销售这一块的固定成本摊销售率为 1%。

② 变动成本的确定

a. 该车实体价格即为收购价格，6 万元。

b. 收购车辆时的运输燃油消耗费为 80 元。

c. 从收购日起到预计的销售日，分摊在该车上的日常维护费用约为 280 元。

d. 该车收购后，维修翻新费用合计 2000 元。

e. 车辆存放期间，银行的活期存款利率为 0.36%。

二手车的变动成本 =（收购价格 + 运输燃油消耗费 + 维护费用 + 维修翻新费用）×（1+ 银行活期利率）

=（60000+80+280+2000）×（1+0.36%）

=62584.5（元）

该二手车的总成本费用 = 收购价格 × 固定成本费用摊销率 + 变动成本

=60000×1%+62584.5

=63184.5（元）

③ 确定销售价格　按成本加成定价法，本车型属于大众车型，市场保有量较大，且销售情况平稳。根据销售时日的市场行情，通常成本加成率在 5% 左右。所以该车的销售价格为

$$二手车销售价格 = 该车总成本 \times (1 + 成本加成率)$$
$$= 63184.5 \times (1 + 5\%)$$
$$= 66343.7（元）$$

④ 确定最终价格

a. 该 4S 店目前处于比较稳定的经营时期，二手车经销状况也比较稳定，故应取获取合理利润为目标，因此成本加成率不调整，即仍取 5%。

b. 该车不准备采用折扣定价策略，而上述计算结果中有精确的尾数，即采用尾数定价策略，只是取整即可，故该二手车的最终销售价格确定为 66344 元。

附录 1
机动车强制报废标准规定

第一条 为保障道路交通安全、鼓励技术进步、加快建设资源节约型、环境友好型社会,根据《中华人民共和国道路交通安全法》及其实施条例、《中华人民共和国大气污染防治法》《中华人民共和国噪声污染防治法》,制定本规定。

第二条 根据机动车使用和安全技术、排放检验状况,国家对达到报废标准的机动车实施强制报废。

第三条 商务、公安、环境保护、发展改革等部门依据各自职责,负责报废机动车回收拆解监督管理、机动车强制报废标准执行有关工作。

第四条 已注册机动车有下列情形之一的应当强制报废,其所有人应当将机动车交售给报废机动车回收拆解企业。由报废机动车回收拆解企业按规定进行登记、拆解、销毁等处理,并将报废机动车登记证书、号牌、行驶证交公安机关交通管理部门注销。

(一)达到本规定第五条规定使用年限的。

(二)经修理和调整仍不符合机动车安全技术国家标准对在用车有关要求的。

(三)经修理和调整或者采用控制技术后,向大气排放污染物或者噪声仍不符合国家标准对在用车有关要求的。

(四)在检验有效期届满后连续 3 个机动车检验周期内未取得机动车检验合格标志的。

第五条 各类机动车使用年限分别如下。

(一)小、微型出租客运汽车使用 8 年,中型出租客运汽车使用 10 年,大型出租客运汽车使用 12 年。

(二)租赁载客汽车使用 15 年。

(三)小型教练载客汽车使用 10 年,中型教练载客汽车使用 12 年,大型教练载客汽车使用 15 年。

(四)公交客运汽车使用 13 年。

(五)其他小、微型营运载客汽车使用 10 年,大、中型营运载客汽车使用 15 年。

(六)专用校车使用 15 年。

(七)大、中型非营运载客汽车(大型轿车除外)使用 20 年。

(八)三轮汽车、装用单缸发动机的低速货车使用 9 年,装用多缸发动机的低速货车以及微型载货汽车使用 12 年,危险品运输载货汽车使用 10 年,其他载货汽车(包括半挂牵引车和全挂牵引车)使用 15 年。

(九)有载货功能的专项作业车使用 15 年,无载货功能的专项作业车使用 30 年。

(十)全挂车、危险品运输半挂车使用 10 年,集装箱半挂车使用 20 年,其他半挂车使用 15 年。

(十一)正三轮摩托车使用 12 年,其他摩托车使用 13 年。

对小、微型出租客运汽车（纯电动汽车除外）和摩托车，省、自治区、直辖市人民政府有关部门可结合本地实际情况，制定严于上述使用年限的规定，但小、微型出租客运汽车不得低于 6 年，正三轮摩托车不得低于 10 年，其他摩托车不得低于 11 年。

小、微型非营运载客汽车、大型非营运轿车、轮式专用机械车无使用年限限制。

机动车使用年限起始日期按照注册登记日期计算，但自出厂之日起超过 2 年未办理注册登记手续的，按照出厂日期计算。

第六条 变更使用性质或者转移登记的机动车应当按照下列有关要求确定使用年限和报废。

（一）营运载客汽车与非营运载客汽车相互转换的，按照营运载客汽车的规定报废，但小、微型非营运载客汽车和大型非营运轿车转为营运载客汽车的累计使用年限 = 原状态已使用年 +（1- 原状态已使用年 / 原状态使用年限）× 状态改变后年限，且不得超过 15 年。

（二）不同类型的营运载客汽车相互转换，按照使用年限较严的规定报废。

（三）小、微型出租客运汽车和摩托车需要转出登记所属地省、自治区、直辖市范围的，按照使用年限较严的规定报废。

（四）危险品运输载货汽车、半挂车与其他载货汽车、半挂车相互转换的，按照危险品运输载货车、半挂车的规定报废。

距本规定要求使用年限 1 年以内（含 1 年）的机动车，不得变更使用性质、转移所有权或者转出登记地所属地市级行政区域。

第七条 国家对达到一定行驶里程的机动车引导报废。

达到下列行驶里程的机动车，其所有人可以将机动车交售给报废机动车回收拆解企业，由报废机动车回收拆解企业按规定进行登记、拆解、销毁等处理，并将报废的机动车登记证书、号牌、行驶证交公安机关交通管理部门注销。

（一）小、微型出租客运汽车行驶 60 万千米，中型出租客运汽车行驶 50 万千米，大型出租客运汽车行驶 60 万千米。

（二）租赁载客汽车行驶 60 万千米。

（三）小、中型教练载客汽车行驶 50 万千米，大型教练载客汽车行驶 60 万千米。

（四）公交客运汽车行驶 40 万千米。

（五）其他小、微型营运载客汽车行驶 60 万千米，中型营运载客汽车行驶 50 万千米，大型营运载客汽车行驶 80 万千米。

（六）专用校车行驶 40 万千米。

（七）小、微型非营运载客汽车和大型非营运轿车行驶 60 万千米，中型非营运载客汽车行驶 50 万千米，大型非营运载客汽车行驶 60 万千米。

（八）微型载货汽车行驶 50 万千米，中、轻型载货汽车行驶 60 万千米，重型载货汽车（包括半挂牵引车和全挂牵引车）行驶 70 万千米，危险品运输载货汽车行驶 40 万千米，装用多缸发动机的低速货车行驶 30 万千米。

（九）专项作业车、轮式专用机械车行驶 50 万千米。

（十）正三轮摩托车行驶 10 万千米，其他摩托车行驶 12 万千米。

第八条 本规定所称机动车是指上道路行驶的汽车、挂车、摩托车和轮式专用机械车；非营运载客汽车是指个人或者单位不以获取利润为目的的自用载客汽车；危险品运输载货汽车是指专门用于运输剧毒化学品、爆炸品、放射性物品、腐蚀性物品等危险品的车辆；变更使用性质是指使用性质由营运转为非营运或者由非营运转为营运，小、微型出租、租赁、教练等不同类型的营运载客汽车之间的相互转换，以及危险品运输载货汽车转为其他载货汽车。本规定所称检验周期是指《中华人民共和国道路交通安全法实施条例》规定的机动车安全技术检验周期。

第九条　省、自治区、直辖市人民政府有关部门依据本规定第五条制定的小、微型出租客运汽车或者摩托车使用年限标准，应当及时向社会公布，并报国务院商务、公安、环境保护等部门备案。

第十条　上道路行驶拖拉机的报废标准规定另行制定。

第十一条　本规定自 2013 年 5 月 1 日起施行。2013 年 5 月 1 日前已达到本规定所列报废标准的，应当在 2014 年 4 月 30 日前予以报废。《关于发布＜汽车报废标准＞的通知》（国经贸经〔1997〕456 号）、《关于调整轻型载货汽车报废标准的通知》（国经贸经〔1998〕407 号）、《关于调整汽车报废标准若干规定的通知》（国经贸资源〔2000〕1202 号）、《关于印发＜农用运输车报废标准＞的通知》（国经贸资源〔2001〕234 号）、《摩托车报废标准暂行规定》（国家经贸委、发展计划委、公安部、环保总局令〔2002〕第 33 号）同时废止。

附录 2
二手车交易规范

商务部公告 2006 年第 22 号
二〇〇六年三月二十四日

第一章 总则

第一条 为规范二手车交易市场经营者和二手车经营主体的服务、经营行为，以及二手车直接交易双方的交易行为，明确交易规程，增加交易透明度，维护二手车交易双方的合法权益，依据《二手车流通管理办法》，制定本规范。

第二条 在中华人民共和国境内从事二手车交易及相关的活动适用于本规范。

第三条 二手车交易应遵循诚实、守信、公平、公开的原则，严禁欺行霸市、强买强卖、弄虚作假、恶意串通、敲诈勒索等违法行为。

第四条 二手车交易市场经营者和二手车经营主体应在各自的经营范围内从事经营活动，不得超范围经营。

第五条 二手车交易市场经营者和二手车经营主体应按下列项目确认卖方的身份及车辆的合法性。

（一）卖方身份证明或者机构代码证书原件合法有效。

（二）车辆号牌、机动车登记证书、机动车行驶证、机动车安全技术检验合格标志真实、合法、有效。

（三）交易车辆不属于《二手车流通管理办法》第二十三条规定禁止交易的车辆。

第六条 二手车交易市场经营者和二手车经营主体应核实卖方的所有权或处置权证明。车辆所有权或处置权证明应符合下列条件。

（一）机动车登记证书、行驶证与卖方身份证明名称一致；国家机关、国有企事业单位出售的车辆，应附有资产处理证明。

（二）委托出售的车辆，卖方应提供车主授权委托书和身份证明。

（三）二手车经销企业销售的车辆，应具有车辆收购合同等能够证明经销企业拥有该车所有权或处置权的相关材料，以及原车主身份证明复印件。原车主名称应与机动车登记证、行驶证名称一致。

第七条 二手车交易应当签订合同，明确相应的责任和义务。交易合同包括收购合同、销售合同、买卖合同、委托购买合同、委托出售合同、委托拍卖合同等。

第八条 交易完成后，买卖双方应当按照国家有关规定，持下列法定证明、凭证向公安机关交通管理部门申办车辆转移登记手续。

（一）买方及其代理人的身份证明。

（二）机动车登记证书。

（三）机动车行驶证。

（四）二手车交易市场、经销企业、拍卖公司按规定开具的二手车销售统一发票。

（五）属于解除海关监管的车辆，应提供《中华人民共和国海关监管车辆解除监管证明书》。

车辆转移登记手续应在国家有关政策法规所规定的时间内办理完毕，并在交易合同中予以明确。

完成车辆转移登记后，买方应按国家有关规定，持新的机动车登记证书和机动车行驶证到有关部门办理车辆购置税、养路费变更手续。

第九条　二手车应在车辆注册登记所在地交易。二手车转移登记手续应按照公安部门有关规定在原车辆注册登记所在地公安机关交通管理部门办理。需要进行异地转移登记的，由车辆原属地公安机关交通管理部门办理车辆转出手续，在接收地公安机关交通管理部门办理车辆转入手续。

第十条　二手车交易市场经营者和二手车经营主体应根据客户要求提供相关服务，在收取服务费、佣金时应开具发票。

第十一条　二手车交易市场经营者、经销企业、拍卖公司应建立交易档案，交易档案主要包括以下内容。

（一）本规范第五条第二款规定的法定证明、凭证复印件。

（二）购车原始发票或者最近一次交易发票复印件。

（三）买卖双方身份证明或者机构代码证书复印件。

（四）委托人及授权代理人身份证或者机构代码证书以及授权委托书复印件。

（五）交易合同原件。

（六）二手车经销企业的《车辆信息表》（见附件一）、二手车拍卖公司的《拍卖车辆信息》（见附件二）和《二手车拍卖成交确认书》（见附件三）。

（七）其他需要存档的有关资料。

交易档案保留期限不少于3年。

第十二条　二手车交易市场经营者、二手车经营主体发现非法车辆、伪造证照和车牌等违法行为，以及擅自更改发动机号、车辆识别代号（车架号码）和调整里程表等情况，应及时向有关执法部门举报，并有责任配合调查。

第二章　收购和销售

第十三条　二手车经销企业在收购车辆时，应按下列要求进行。

（一）按本规范第五条和第六条所列项目核实卖方身份以及交易车辆的所有权或处置权，并查验车辆的合法性。

（二）与卖方商定收购价格，如对车辆技术状况及价格存有异议，经双方商定可委托二手车鉴定评估机构对车辆技术状况及价值进行鉴定评估。达成车辆收购意向的，签订收购合同，收购合同中应明确收购方享有车辆的处置权。

（三）按收购合同向卖方支付车款。

第十四条　二手车经销企业将二手车销售给买方之前，应对车辆进行检测和整备。

二手车经销企业应对进入销售展示区的车辆按《车辆信息表》的要求填写有关信息，在显要位置予以明示，并可根据需要增加《车辆信息表》的有关内容。

第十五条　达成车辆销售意向的，二手车经销企业应与买方签订销售合同，并将《车辆信息表》作为合同附件。按合同约定收取车款时，应向买方开具税务机关监制的统一发票，并如实填写成交价格。

买方持本规范第八条规定的法定证明、凭证到公安机关交通管理部门办理转移登记手续。

第十六条　二手车经销企业向最终用户销售使用年限在3年以内或行驶里程在6万千米以内的车辆（以先到者为准，营运车除外），应向用户提供不少于3个月或5000km（以先到者为准）的质量保证。质量保证范围为发动机系统、转向系统、传动系统、制动系统、悬架系统等。

第十七条　二手车经销企业向最终用户提供售后服务时，应向其提供售后服务清单。

第十八条　二手车经销企业在提供售后服务的过程中，不得擅自增加未经客户同意的服务项目。

第十九条　二手车经销企业应建立售后服务技术档案。售后服务技术档案包括以下内容。

（一）车辆基本资料。主要包括车辆品牌型号、车牌号码、发动机号、车架号、出厂日期、使用性质、最近一次转移登记日期、销售时间、地点等。

（二）客户基本资料。主要包括客户名称（姓名）、地址、职业、联系方式等。

（三）维修保养记录。主要包括维修保养的时间、里程、项目等。

售后服务技术档案保存时间不少于3年。

第三章　经纪

第二十条　购买或出售二手车可以委托二手车经纪机构办理。委托二手车经纪机构购买二手车时，应按《二手车流通管理办法》第二十一条规定进行。

第二十一条　二手车经纪机构应严格按照委托购买合同向买方交付车辆、随车文件及本规范第五条第二款规定的法定证明、凭证。

第二十二条　经纪机构接受委托出售二手车，应按以下要求进行。

（一）及时向委托人通报市场信息。

（二）与委托人签订委托出售合同。

（三）按合同约定展示委托车辆，并妥善保管，不得挪作他用。

（四）不得擅自降价或加价出售委托车辆。

第二十三条　签订委托出售合同后，委托出售方应当按照合同约定向二手车经纪机构交付车辆、随车文件及本规范第五条第二款规定的法定证明、凭证。

车款、佣金给付按委托出售合同约定办理。

第二十四条　通过二手车经纪机构买卖的二手车，应由二手车交易市场经营者开具国家税务机关监制的统一发票。

第二十五条　进驻二手车交易市场的二手车经纪机构应与交易市场管理者签订相应的管理协议，服从二手车交易市场经营者的统一管理。

第二十六条　二手车经纪人不得以个人名义从事二手车经纪活动。

二手车经纪机构不得以任何方式从事二手车的收购、销售活动。

第二十七条　二手车经纪机构不得采取非法手段促成交易，以及向委托人索取合同约定佣金以外的费用。

第四章　拍卖

第二十八条　从事二手车拍卖及相关中介服务活动，应按照《拍卖法》及《拍卖管理办法》的有关规定进行。

第二十九条　委托拍卖时，委托人应提供身份证明、车辆所有权或处置权证明及其他相关材料。拍卖人接受委托的，应与委托人签订委托拍卖合同。

第三十条　委托人应提供车辆真实的技术状况，拍卖人应如实填写《拍卖车辆信息》。

如对车辆的技术状况存有异议，拍卖委托双方经商定可委托二手车鉴定评估机构对车辆进行鉴定评估。

第三十一条　拍卖人应于拍卖日 7 日前发布公告。拍卖公告应通过报纸或者其他新闻媒体发布，并载明下列事项。

（一）拍卖的时间、地点。

（二）拍卖的车型及数量。

（三）车辆的展示时间、地点。

（四）参加拍卖会办理竞买的手续。

（五）需要公告的其他事项。

拍卖人应在拍卖前展示拍卖车辆，并在车辆显著位置张贴《拍卖车辆信息》。车辆的展示时间不得少于 2 天。

第三十二条　进行网上拍卖，应在网上公布车辆的彩色照片和《拍卖车辆信息》，公布时间不得少于 7 天。

网上拍卖是指二手车拍卖公司利用互联网发布拍卖信息，公布拍卖车辆技术参数和直观图片，通过网上竞价，网下交接，将二手车转让给超过保留价的最高应价者的经营活动。

网上拍卖过程及手续应与现场拍卖相同。网上拍卖组织者应根据《拍卖法》及《拍卖管理办法》有关条款制定网上拍卖规则，竞买人则需要办理网上拍卖竞买手续。

任何个人及未取得二手车拍卖人资质的企业不得开展二手车网上拍卖活动。

第三十三条　拍卖成交后，买受人和拍卖人应签署《二手车拍卖成交确认书》。

第三十四条　委托人、买受人可与拍卖人约定佣金比例。

委托人、买受人与拍卖人对拍卖佣金比例未作约定的，依据《拍卖法》及《拍卖管理办法》有关规定收取佣金。

拍卖未成交的，拍卖人可按委托拍卖合同的约定向委托人收取服务费用。

第三十五条　拍卖人应在拍卖成交且买受人支付车辆全款后，将车辆、随车文件及本规范第五条第二款规定的法定证明、凭证交付给买受人，并向买受人开具二手车销售统一发票，如实填写拍卖成交价格。

第五章　直接交易

第三十六条　二手车直接交易方为自然人的，应具有完全民事行为能力。无民事行为能力的，应由其法定代理人代为办理，法定代理人应提供相关证明。

二手车直接交易委托代理人办理的，应签订具有法律效力的授权委托书。

第三十七条　二手车直接交易双方或其代理人均应向二手车交易市场经营者提供其合法身份证明，并将车辆及本规范第五条第二款规定的法定证明、凭证送交二手车交易市场经营者进行合法性验证。

第三十八条　二手车直接交易双方应签订买卖合同，如实填写有关内容，并承担相应的法律责任。

第三十九条　二手车直接交易的买方按照合同支付车款后，卖方应按合同约定及时将车辆及本规范第五条第二款规定的法定证明、凭证交付买方。

车辆法定证明、凭证齐全合法，并完成交易的，二手车交易市场经营者应当按照国家有关规定开具二手车销售统一发票，并如实填写成交价格。

第六章　交易市场的服务与管理

第四十条　二手车交易市场经营者应具有必要的配套服务设施和场地，设立车辆展示交易区、交易手续办理区及客户休息区，做到标识明显，环境整洁卫生。交易手续办理区应设立接待窗口，明示各窗口业务受理范围。

第四十一条　二手车交易市场经营者在交易市场内应设立醒目的公告牌，明示交易服务程序、收费项目及标准、客户查询和监督电话号码等内容。

第四十二条　二手车交易市场经营者应制定市场管理规则，对场内的交易活动负有监督、规范和管理责任，保证良好的市场环境和交易秩序。由于管理不当给消费者造成损失的，应承担相应的责任。

第四十三条　二手车交易市场经营者应及时受理并妥善处理客户投诉，协助客户挽回经济损失，保护消费者权益。

第四十四条　二手车交易市场经营者在履行其服务、管理职能的同时，可依法收取交易服务和物业等费用。

第四十五条　二手车交易市场经营者应建立严格的内部管理制度，牢固树立为客户服务、为驻场企业服务的意识，加强对所属人员的管理，提高人员素质。二手车交易市场服务、管理人员须经培训合格后上岗。

第七章　附则

第四十六条　本规范自发布之日起实施。

附件一：车辆信息表

附件二：拍卖车辆信息

附件三：二手车拍卖成交确认书

附件一　车辆信息表

质量保证类别							
车　牌　号							
经销企业名称							
营业执照号码			地　　址				
车辆基本信息	车辆价格	￥　　　元	品牌型号			车身颜色	
	初次登记	年　月　日	行驶里程	千米		燃料	
	发动机号		车架号码			生产厂家	
	出厂日期	年　月	年检到期	年　月		排放等级	
	结构特点	□自动挡	□手动挡	□ABS		□其他	
	使用性质	□营运　□出租车　□非营运　□营转非　□出租营转非　□教练车　□其他					
	交通事故记录次数/类别/程度						
	重大维修记录时间/部件						
	法定证明、凭证	□号牌　□行驶证　□登记证　□年检证明　□车辆购置税完税证明　□养路费缴付证明　□车船使用税完税证明　□保险单　□其他					
车辆技术状况							
质量保证							

续表

声明	本车辆符合《二手车流通管理办法》有关规定，属合法车辆。		
买方（签章）	经销企业（签章） 经办人（签章）		年　月　日
备注	1. 本表由经销企业负责填写 2. 本表一式三份，一份用于车辆展示，其余作为销售合同附件		

填表说明：

1. 质量保证类别。车辆使用年限在 3 年以内或行驶里程在 6 万千米以内（以先到者为准，营运车除外），填写"本车属于质量保证车辆"。

如果超出质量保证范围，则在质量保证类别栏中填写"本车不属于质量保证车辆"，质量保证栏填写"本公司无质量担保责任"。

2. 经销企业名称、营业执照号码及地址应按照企业营业执照所登记的内容填写。

3. 车辆基本信息按车辆登记证书所载信息填写。

（1）行驶里程按实际行驶里程填写。如果更换过仪表，应注明更换之前行驶里程；如果不能确定实际行驶里程，则应予以注明。

（2）年检到期日以车辆最近一次年检证明所列日期为准。

（3）车辆价格按二手车经销企业拟卖出价格填写，可以不是最终销售价。

（4）其他信息根据车辆具体情况，符合项在"□"中划√。

（5）使用性质按表中所列分类，符合项在"□"中划√。

（6）交通事故记录次数／类别／程度，应根据可查记录或原车主的描述以及在对车辆进行技术状况检测过程中发现的，对车辆有重大损害的交通事故次数、类别及程度填写。未发生过重大交通事故填写"无"。

（7）重大维修记录应根据可查记录或原车主的描述以及在车辆检测过程中发现的更换或维修车辆重要部件部分（比如发动机大中修等）填写有关内容。车辆未经过大中修填写"无"。

4. 法定证明、凭证等按表中所列项目，符合项在"□"中划√。

5. 车辆技术状况是指车辆在展示前，二手车经销企业对车辆技术状况及排放状况进行检测，检测项目及检测方式根据企业具体情况实施，并将检测结果在表中填写。同时，检验员应在表中相应位置签字。

6. 属于质量担保车辆的，经销企业根据交易车辆的实际情况，填写质量保证部件、里程和时间。一般情况下，质量保证可按以下内容填写。

（1）质量保证范围为从车辆售出之日起 3 个月或行驶 5000km，以先到为准。

（2）本公司在车辆销售之前或之后质量保证期内，保证车辆安全技术性能。

（3）质量保证不包括轮胎、蓄电池、内饰和车身油漆，也不包括因车辆碰撞、车辆用于赛车或拉力赛等非正常使用造成的质量问题。

经销企业也可根据实际情况适当延长质量保证期限，放宽对使用年限和行驶里程的限制。

7. 当车辆实现销售时，由经销企业及其经办人和买方分别在签章栏中签章。

附件二　拍卖车辆信息

拍卖企业名称							
营业执照号码			地　　址				
拍卖时间		年　月　日	拍卖地点				

车辆基本信息	车 牌 号		厂牌型号			车身颜色	
	初次登记日期	年　月　日	行驶里程		千米	燃　料	
	发动机号			车架号			
	出厂日期	年　月		发动机排量			
	年检到期日	年　月		生产厂家			
	结构特点	□自动挡	□手动挡	□ABS		□其他	
	使用性质	□营运　□出租车　□非营运　□营转非　□出租营转非　□教练车　□其他					
	交通事故记录次数/类别/程度						
	重大维修记录						
	其他提示						

法定证明、凭证等	□号牌　□行驶证　□登记证　□年检证明　□车辆购置税完税证明 □养路费缴付证明　□车船使用税完税证明　□保险单　□其他

车辆技术状况	检测日期		检测人	

质量保证	
声明	本车辆符合《二手车流通管理办法》有关规定，属合法车辆。
其他载明事项	

拍卖人（签章）：

备注	1. 本表由拍卖人填写 2. 本表一式三份，一份用于车辆展示，其余作为拍卖成交确认书附件

填表说明：

1．拍卖企业名称、营业执照号码及地址应按照企业营业执照所登记的内容填写。
2．拍卖时间、地点项填写拍卖会举办的时间和地点。
3．车辆基本信息按车辆登记证书所载信息填写。
（1）行驶里程按实际行驶里程填写。如果更换过仪表，应注明更换之前的行驶里程；如果不能确定实际行驶里程，则应予以注明。
（2）年检到期日以车辆最近一次年检证明所列日期为准。
（3）其他信息根据车辆具体情况，符合项在"□"中划√。
（4）使用性质按表中所列分类，符合项在"□"中划√。
（5）交通事故记录次数/类别/程度，应根据可查记录或委托方的描述以及在对车辆进行技术状况检测过程中发现的，对车辆有重大损害的交通事故次数、类别及程度填写。确定未发生过重大交通事故填写"无"。
（6）重大维修记录应根据可查记录或委托方的描述以及在车辆检测过程中发现的更换或维修车辆重要部件部分（比如发动机大中修等）填写有关内容。确定未经过大中修填写"无"。
（7）拍卖企业应在其他提示栏中指出车辆存在的质量缺陷、未排除的故障等方面的瑕疵。
4．法定证明、凭证等按表中所列项目，符合项在"□"中划√。
5．车辆技术状况是指车辆在展示前，拍卖企业对车辆技术状况及排放状况进行检测，检测项目及检测方式根据企业具体情况实施，并将检测结果在表中填写。同时，检验员应在表中相应位置签字。
6．有能力的拍卖企业可为拍卖车辆提供质量保证，质量担保范围可参照经销企业的《车辆信息表》有关要求。质量保证部件、里程和时间可根据实际情况由企业自行掌握。
7．其他载明事项是拍卖企业需要对车辆进行特殊说明的事项。
8．当车辆拍卖成交时，拍卖人在签章栏中签章。

附件三　二手车拍卖成交确认书

二手车拍卖成交确认书

拍卖人：
买受人：
签订地点：
签订时间：
经审核本拍卖标的手续齐全，符合国家有关规定，属于合法车辆。

拍卖人于 _____ 年 ____ 月 ____ 日在 _____ 举行拍卖会上，竞标号码为 _____ 的竞买人 _____，经过公开竞价，成功竞得 _____。拍卖标的物的详情见附件《拍卖车辆信息》。依照《二手车流通管理办法》《中华人民共和国拍卖法》及有关法律、行政法规的规定，双方签订拍卖成交确认书如下：

一、成交拍卖标的：拍卖编号为 _____ 的二手机动车，车牌号码为 _____。

二、成交价款及佣金：标的成交价款为人民币大写 _____ 元（￥ _____），佣金比例为成交总额的 ____%，佣金为人民币大写 _____ 元（￥ _____），合计大写 _____ 元（￥ _____）。

三、付款方式：拍卖标的已经拍定，其买受人在付足全款后方可领取该车。

四、交接：拍卖人在买受人付足全款后，应将拍出的车辆移交给买受人，并向买受人提供车辆转移登记所需的号牌、《机动车登记证书》《机动车行驶证》、有效的机动车安全技术检验合格标志、车辆购置税完税证明、养路费缴付凭证、车船使用税缴付凭证、车辆保险单等法定证明、凭证。

五、转移登记：买受人应自领取车辆及法定证明、凭证之日起 30 日内，向公安机关交通管理部门申办转移登记手续。

六、质量保证：_____。

七、声明：买受人已充分了解拍卖标的全部情况，承认并且愿意遵守《中华人民共和国拍卖法》和国家有关法律、行政法规的各项条款。

八、其他约定事项：
_____
_____
_____
_____

买受人（签章）：　　　　　　　　　　　拍卖人（签章）：

法定代表人：　　　　　　　　　　　　　法定代表人：

参 考 文 献

[1] 姜正根. 二手车鉴定评估与交易 [M]. 北京：中国劳动社会保障出版社，2011.
[2] 陆向华. 二手车销售实务 [M]. 北京：人民交通出版社，2015.
[3] 杨智勇. 二手车评估与交易 500 问答 [M]. 北京：化学工业出版社，2014.
[4] 刘军. 二手车置换全程通 [M]. 北京：化学工业出版社，2015.
[5] 张艳芳. 二手车鉴定评估与交易 [M]. 北京：清华大学出版社，2015.
[6] 潘秀艳. 二手车评估与交易 [M]. 上海：上海科学技术文献出版社，2016.
[7] 王贵槐. 二手车鉴定与评估 [M]. 武汉：华中科技大学出版社，2015.
[8] 王宇. 二手车鉴定与评估 [M]. 北京：中国劳动社会保障出版社，2011.
[9] 乔文山，艾锋. 二手车鉴定与评估 [M]. 北京：清华大学出版社，2013.
[10] 明光星. 二手车鉴定与评估 [M]. 北京：中国人民大学出版社，2010.
[11] 卢伟，韩平. 二手车鉴定与评估 [M]. 北京：北京大学出版社，2012.
[12] 辛长平，邱贺平. 二手车鉴定评估基础与实务 [M]. 北京：电子工业出版社，2014.